Beurskens
Lauterkeits- und Kartellrecht

Lauterkeits- und Kartellrecht

von

Dr. Michael Beurskens

LL.M. (University of Chicago),
LL.M. (Gew. Rechtsschutz Düsseldorf),
Attorney at Law (New York)
Professor an der Universität Passau

2. Auflage 2022

C.H.BECK

www.beck.de

ISBN 978 3 406 77715 8

Wilhelmstraße 9, 80801 München
Druck: Druckerei C.H.Beck Nördlingen
(Adresse wie Verlag)

Satz: DTP-Vorlagen des Autors
Umschlaggestaltung: Druckerei C.H.Beck Nördlingen

chbeck.de/nachhaltig

Gedruckt auf säurefreiem, alterungsbeständigem Papier
(hergestellt aus chlorfrei gebleichtem Zellstoff)

Vorwort

Die Bedeutung von Lauterkeits- und Kartellrecht ist in der digitalisierten Welt unübersehbar – das Internet ist nicht nur die Grundlage marktmächtiger Plattformen, sondern auch ein Spielfeld innovativer Werbe- und Vermarktungsformen. Dennoch gehört das Wettbewerbsrecht im weiteren Sinne nicht zum Pflichtfachstoff der juristischen Ausbildung.

Dieses Werk vermittelt einen Überblick über die geltende Rechtslage und ihre praktischen Implikationen. Angesichts der großen Bedeutung von *„case law"* wird auf zahlreiche Beispiele aus der Rechtsprechung zurückgegriffen. Vorangestellt ist ein Überblick über die wirtschaftlichen Zusammenhänge, den als schutzwürdig erachteten Wettbewerb selbst.

Es empfiehlt sich, zumindest einige der zitierten Entscheidungen, etwa bei beck-online, auch im Original zu lesen, um den Aufbau, sowie typische Phrasen und Argumente nachzuvollziehen.

Selbstverständlich kann dieses Werk nicht mit umfangreicheren Publikationen konkurrieren. Ziel ist nicht die Detaildarstellung aller Probleme oder deren ausführliche Erörterung, sondern die Vermittlung derjenigen Eckpunkte, die dauerhaft im Gedächtnis verbleiben. Daher bietet sich das Buch vor allem für die Vorbereitung auf Prüfungen oder für die erstmalige Einarbeitung in die Materie an.

Ich danke meinem gesamten Lehrstuhlteam, Frau Marleen *Berg*, Frau Franziska *Gehann*, Herrn Christoph *Halder*, Herrn Felix *Hein*, Frau Zoe *Schomburgk*, Herrn Tim *Steppan* und Herrn Benjamin *Weiß* für die kritische Durchsicht des Manuskripts und ihre Anregungen. Herrn Johannes *Rottmann* danke ich für zahllose Korrekturen, Verbesserungsvorschläge und grundlegende ökonomische Erklärungen.

Um dieses Buch auch künftig zu verbessern, würde ich mich über Anregungen, Informationen zu Fehlern oder auch konzeptionelle Kritik freuen. Sie erreichen mich per Email (michael.beurskens@uni-passau.de) oder über die gängigen sozialen Netzwerke im Internet.

Passau, Januar 2022 *Michael Beurskens*

Inhaltsverzeichnis

Abkürzungsverzeichnis

a.E.	am Ende
AEUV	Vertrag über die Arbeitsweise der Europäischen Union
AG	Aktiengesellschaft
AktG	Aktiengesetz
Aufl.	Auflage
BGB	Bürgerliches Gesetzbuch
BGH	Bundesgerichtshof
BGHZ	Entscheidungen des Bundesgerichtshofs in Zivilsachen
BKartA	Bundeskartellamt
BVerfG	Bundesverfassungsgericht
bzw.	beziehungsweise
CPC-VO	Cooperation Protection Consumers-Verordnung
d.h.	das heißt
ders	derselbe
EGKS	Europäische Gemeinschaft für Kohle und Stahl
ErwG	Erwägungsgrund
EU	Europäische Union
EuG	Europäisches Gericht (erster Instanz)
EuGH	Europäischer Gerichtshof
f., ff..	folgende
FKVO	Fusionskontrollverordnung
FTC	Federal Trade Commission
GeschGehG	Geschäftsgeheimnisgesetz
GmbH	Gesellschaft mit beschränkter Haftung
grds.	grundsätzlich
GRUR	Gewerblicher Rechtsschutz und Urheberrecht (Zeitschrift)
GWB	Gesetz gegen Wettbewerbsbeschränkungen
HS	Halbsatz
idR	in der Regel
iSd	im Sinne des
iSv	im Sinne von
iVm	in Verbindung mit
KG	Kommanditgesellschaft
KGaA	Kommanditgesellschaft auf Aktien
LG	Landgericht
MarkenG	Markengesetz
MarkenV	Markenverordnung
min.	mindestens

NJW	Neue Juristische Wochenschrift
OHG	Offene Handelsgesellschaft
OLG	Oberlandesgericht
PartG	Partnerschaftsgesellschaft
PatG	Patentgesetz
ProdHaftG	Produkthaftungsgesetz
ProdSG	Produktsicherheitsgesetz
RG	Reichsgericht
RL	Richtlinie
Rn.	Randnummer
S.	Satz/Seite
sog.	sogenannte(r/s)
str.	streitig
TKG	Telekommunikationsgesetz
TTDSG	Telekommunikations-Telemediendatenschutz-Gesetz
u.a.	unter anderem, und andere
UGP-RL	Richtlinie über unlautere Geschäftspraktiken
UrhG	Urheberrechtsgesetz
uU	unter Umständen
UW	Gesetz gegen den Unlauteren Wettbewerb
vgl.	vergleiche
VO	Verordnung
VSchDG	Gesetz zur Durchführung der Verordnung (EU) 2017/2394 des Europäischen Parlaments und des Rates über die Zusammenarbeit zwischen den für die Durchsetzung der Verbraucherschutzgesetze zuständigen nationalen Behörden und zur Aufhebung der Verordnung (EG) Nr. 2006/2004
WRP	Wettbewerb in Recht und Praxis (Zeitschrift)
z.B.	zum Beispiel
ZIP	Zeitschrift für Wirtschaftsrecht und Insolvenzpraxis
ZPO	Zivilprozessordnung
zT	zum Teil

Literaturverzeichnis

Alexander, Fälle zum Kartellrecht, 3. Aufl., München 2022.

Alexander, Wettbewerbsrecht, 2. Aufl., Köln 2019.

Beater, Unlauterer Wettbewerb, Tübingen 2011.

Berlit, Wettbewerbsrecht, 10. Aufl., München 2017

Boesche, Wettbewerbsrecht, 5. Aufl., Heidelberg 2016.

Bunte/Stancke, Kartellrechtr, 4. Aufl., München 2022.

von Dietze/Janssen, Kartellrecht in der anwaltlichen Praxis, 6. Aufl., München 2022.

Dreher/Kulka, Wettbewerbs- und Kartellrecht, 11. Aufl., Heidelberg 2021.

Ekey, Grundriss des Wettbewerbs- und Kartellrechts, 6. Aufl., Heidelberg 2022.

Emmerich/Lange, Kartellrecht, 15. Aufl., München 2021.

Emmerich/Lange, Unlauterer Wettbewerb, 11. Aufl., München 2020.

Fritzsche, Wettbewerbs- und Kartellrecht, München 2023.

Glöckner, Kartellrecht – Recht gegen Wettbewerbsbeschränkungen, 3. Aufl., Stuttgart 2021.

Götting/Kaiser, Wettbewerbsrecht und Wettbewerbsprozessrecht, 2. Aufl., München 2016.

Haberstumpf/Husemann, Wettbewerbs– und Kartellrecht, Gewerblicher Rechtsschutz, Examenskurs für Referendare, 6. Aufl., München 2015.

Hönn, Examens-Repetitorium Wettbewerbs- und Kartellrecht, 3. Aufl., Heidelberg 2015.

Hönn/Karb, Klausurenkurs im Wettbewerbs- und Kartellrecht, 7. Aufl., Heidelberg 2019.

Jänich, Lauterkeitsrecht, München 2019.

Jestaedt, Wettbewerbsrecht: Ein fallbezogenes Lehrbuch, Köln 2008.

Kling/Thomas, Grundkurs Wettbewerbs- und Kartellrecht, 2. Aufl., München 2022.

Kling/Thomas, Kartellrecht, 2. Aufl., München 2016.

Köhler/Alexander, Fälle zum Lauterkeitsrecht, 4. Aufl., München 2021.

König/Schreiber, Europäisches Wettbewerbsrecht: Kartell- und Missbrauchsverbot, Fusionskontrolle, Beihilfen- und Vergaberecht, Tübingen 2010.

Lampmann /Pustovalov, Anspruchsdurchsetzung im Wettbewerbsrecht, Berlin/Boston 2019.
Lange/Pries, Einführung in das europäische und deutsche Kartellrecht, 2. Aufl., Berlin 2011.
Lettl, Kartellrecht, 5. Aufl., München 2021.
Lettl, Lauterkeitsrecht, 4. Aufl., München 2021.
Mestmäcker/Schweitzer, Europäisches Wettbewerbsrecht, 3. Aufl., München 2014.
Neef, Kartellrecht, Heidelberg 2008.
Peifer, Lauterkeitsrecht, 2. Aufl. Berlin 2016.
Sack, Internationales Lauterkeitsrecht, Köln 2019.
Säcker/Wolf, UWG und Markenrecht in Fällen, München 2009.
Säcker/Wolf, Kartellrecht in Fällen, 2. Aufl., München 2022.
Schmidt/Haucap, Wettbewerbspolitik und Kartellrecht: Eine interdisziplinäre Einführung, 10. Aufl., Berlin/Heidelberg/New York 2013.
Schwalbe/Zimmer, Kartellrecht und Ökonomie, 3. Aufl., Frankfurt a.M. 2021.
Schwintowski, Prüfe Dein Wissen Wettbewerbs- und Kartellrecht, 5. Aufl., München 2012.
Sosnitza, Fälle zum Wettbewerbs- und Kartellrecht, München 2011.
von Wallenberg, Kartellrecht, 3. Aufl., Köln 2010.

1. Teil: Grundbegriffe

A. Das Wettbewerbsrecht

1 In Deutschland versteht man traditionell unter dem Wettbewerbsrecht im weiteren Sinne einerseits das **Kartellrecht** (→ Rn. 252 ff.) und andererseits das Lauterkeitsrecht („**Wettbewerbsrecht im engeren Sinne**“, → Rn. 60 ff.). Das so verstandene Wettbewerbsrecht ist ein vergleichsweise junges Rechtsgebiet: Erst im 19. Jahrhundert zogen sich die späteren deutschen Staaten aus der unmittelbaren Regulierung des Marktverhaltens zurück und begründeten mit der **Gewerbefreiheit** die Grundlage für privaten Wettbewerb. Während in Großbritannien und Frankreich aufgrund der weiten deliktsrechtlichen Generalklauseln schon früh eine Kontrolle unerwünschter Geschäftspraktiken erfolgte, lehnte das Reichsgericht eine richterrechtliche Lösung noch 1880 unter Hinweis auf eben diese mühsam errungene Gewerbefreiheit ab.

I. Kartellrecht

2 **Kartelle**, insb. Preisabsprachen (→ Rn. 380 ff.), unter unmittelbaren Konkurrenten sind eine natürliche Reaktion von Unternehmen ähnlicher Marktmacht, die sich davon größere Sicherheit versprechen. Die Beurteilung solcher Absprachen war lange Zeit durchaus umstritten – vielfach wurden die gesamtökonomischen Folgen auch positiv bewertet. Im Dritten Reich wurde gar eine Zwangskartellierung angeordnet, um die Wirtschaftsmacht ggü. dem Ausland zu stärken. Demgegenüber wurde in den USA bereits im Jahr 1890 mit dem Sherman Act ein Kartellverbot erlassen, das Absprachen zwischen Unternehmen grundsätzlich verbot und mit der Federal Trade Commission (FTC) eine eigene Aufsichtsbehörde installierte. In Deutschland wurde hingegen zunächst versucht, den Missbrauch von Marktmacht über das Lauterkeitsrecht zu verhindern. **Europarechtlich** (→ Rn. 55 ff.) ist das Kartellrecht in den Art. 101, 102 AEUV geregelt und dient der Absicherung des (durch die Grundfreiheiten vor staatlichen Eingriffen geschützten) Binnenmarktes vor Beschränkungen durch private Akteure. Es schützt mittelbar auch die einzelnen Teilnehmer auf diesem Markt. Das deutsche Gesetz gegen Wettbewerbsbeschränkungen (GWB) von 1958 enthält sehr ähnliche Verbote, hat aber naturgemäß nicht den Handel innerhalb der EU im Blick, sondern den Schutz der deutschen

Marktteilnehmer. Es geht dabei um die Gewährleistung, **dass es überhaupt Wettbewerb gibt** („ob"). Gegenstand des modernen Abspracheverbots (§ 1 GWB, Art. 101 AEUV) sind nicht etwa nur Kartelle als horizontale Absprachen zwischen Konkurrenten, sondern auch vertikale Absprachen etwa zwischen (Marken-) Herstellern und Vertragshändlern. Davon unabhängig wird als zweite Säule des Kartellrechts der einseitige Missbrauch von bereits bestehender Marktmacht verboten (§ 19 GWB, Art. 102 AEUV; siehe auch die weitergehenden Verbote in § 20 GWB). Schließlich wird als dritte Säule *präventiv* der Zusammenschluss zu einem (noch) marktmächtigeren Unternehmen im weitesten Sinne einem präventiven Verbot unter Erlaubnisvorbehalt unterworfen (sog. Zusammenschluss-/Fusionskontrolle, Art. 1 FKVO, §§ 35 ff. GWB). Etwas irreführend bezeichnet man diese drei Säulen (Abspracheverbot, Missbrauchsverbot, Zusammenschlusskontrolle) insgesamt und nicht nur das Verbot von Absprachen in Deutschland als „Kartellrecht" (in der EU hingegen als „Wettbewerbsrecht").

3 Die **Durchsetzung** (→ Rn. 459 ff.) erfolgt traditionell durch Behörden (EU-Kommission, Bundeskartellamt, Landeskartellbehörden), das sog. „public enforcement". Der EuGH hat allerdings in einer Vielzahl von Entscheidungen betont, dass gerade auch die Rechtsdurchsetzung durch die Betroffenen die Wirksamkeit des Verbots stärkt – woraufhin mit der durch die 9. GWB-Novelle insb. in den §§ 33 ff. GWB umgesetzte KartellschadensersatzRL 2014/104/EU recht starke privatrechtliche Ansprüche geschaffen wurden. In der Praxis knüpft deren Geltendmachung aber dennoch vielfach an ein vorheriges behördliches Verfahren an – denn die Kartellbehörden haben sehr weitreichende Ermittlungsbefugnisse, die dem Opfer nicht zustehen.

II. Lauterkeitsrecht

4 Das im deutschen UWG geregelte **Lauterkeitsrecht** sollte traditionell sicherstellen, dass sich alle Marktteilnehmer an einheitliche Spielregeln halten (**„level playing field"**). Diese traditionelle Schutzrichtung finden Sie etwa noch bei der Aktivlegitimation für Unterlassungsansprüche in § 8 III UWG, welche nur (bestimmten) Mitbewerbern, aber weder Verbrauchern noch sonstigen Marktteilnehmern zusteht. **Erste Ansätze** für ein Lauterkeitsrecht fanden sich bereits im Warenzeichengesetz von 1894; im Jahr 1896 wurde mit dem ersten UWG versucht, kasuistisch in Einzelregelungen unerwünschte Verhaltensweisen aufzulisten. Im Jahr 1909 wurden in einem neuen UWG zwei Generalklauseln geschaffen, die in der Folge durch die Rechtsprechung in Fallgruppen konkretisiert wurden. Trotzdem gab es auch in der Folge immer wieder Modifikationen. So wurden in den 1930er-Jahren

durch das RabattG und die ZugabenVO bestimmte verkaufsfördernde Maßnahmen verboten; erst im Jahr 2001 wurde dies aufgehoben. Das aktuell geltende UWG geht auf eine Neufassung aus dem Jahr 2004 zurück. Seitdem gibt es eine Generalklausel (§ 3 UWG), die durch Regelbeispiele (§ 4 UWG) und Spezialregelungen (§§ 5, 5a, 6, 7 UWG) ergänzt wird.

Europarechtlich geht es im Lauterkeitsrecht hingegen vor allem um 5
Verbraucherschutz. Obwohl es keine primärrechtliche Regelung gibt, ist die UGP-RL 2005/29/EG **vollharmonisierend**, so dass es keine strengeren nationalen Verbote in ihrem Anwendungsbereich geben darf. Für gewerbliche Nutzer von Online-Vermittlungsdiensten (z.B. Amazon Marketplace) hat sich die EU sogar für eine unmittelbar geltende Verordnung, die Plattform-to-Business-VO 2019/1150 entschieden. Zudem sind nationale Vorgaben des Lauterkeitsrechts an den Grundfreiheiten des AEUV (insb. Warenverkehrs- und Dienstleistungsfreiheit) zu messen. Soweit eine Auslegung der „Unlauterkeit" im Sinne von § 3 I UWG eine Beschränkung bewirken würde, die nicht durch tatbestandsimmanente Schranken oder ausdrückliche Rechtfertigungsgründe des AEUV erlaubt wird, würde ein solches Verständnis durch den Anwendungsvorrang des Europarechts verdrängt. Die verbraucherschützenden europarechtlichen Vorgaben zeigen sich nicht nur an den Regelungen, die explizit nur Verbraucher schützen (etwa § 3 II UWG), sondern auch an der Klagebefugnis für Verbraucherschutzverbände (§§ 8 III Nr. 3, 10 I UWG) und dem eigenen Schadensersatzanspruch der Verbraucher in § 9 II UWG.

Das **heutige UWG** kombiniert das traditionellen deutsche (wettbe- 6
werbsschützende) Verständnis mit den europarechtlichen (verbraucherschützenden) Zielen. Schon kurz danach wurde aufgrund der UGP-RL eine weitere Reform im Jahr 2008 erforderlich, durch die insbesondere die „schwarze Liste" als Anhang ergänzt wurde. Aber auch diese Reform war unvollständig, so dass 2015 sprachliche und strukturelle Detailanpassungen erfolgen mussten. Danach herrschte zunächst für einige Jahre gesetzgeberische Ruhe – bis 2020 mit dem Gesetz zur Stärkung des fairen Wettbewerbs die Durchsetzungsmöglichkeiten im Interesse der Missbrauchsvermeidung stark beschränkt wurden. 2021 setzte das Gesetz zur Stärkung des Verbraucherschutzes im Wettbewerbs- und Gewerberecht die zwischenzeitlich durch die RL 2019/2161 aktualisierten europarechtlichen Vorgaben um, was u.a. die Ergänzung von § 1 II UWG, eine Umnummerierung von § 2 UWG, die Aufspaltung des bisherigen § 5a UWG in §§ 5a, 5b, 5c UWG sowie vor allem die Schaffung eines eigenen Schadensersatzanspruchs für Verbraucher (§ 9 II UWG) zur Folge hatte.

7 Anders als das Kartellrecht wird das Lauterkeitsrecht traditionell durch private Ansprüche (§§ 8 ff. UWG) und gerade nicht behördlich **durchgesetzt** (→ Rn. 212 ff.). Zwar verlangt die CPC-VO (Cooperation Protection Consumers) 2017/2394, dass jeder EU-Mitgliedstaat eine *behördliche* Zentralstelle für Verstöße gegen die UGP-RL benennt, in Deutschland das Bundesamt für Justiz. Dieses hat allerdings gemäß § 7 I EU-VSchDG einen Rahmenvertrag mit dem Verbraucherzentrale Bundesverband e.V. sowie der Zentrale zur Bekämpfung unlauteren Wettbewerbs Frankfurt/Main e.V. geschlossen, wonach diese mit der Durchsetzung von Verstößen nach § 8 I UWG beauftragt werden. Die daneben bestehenden eigenen Befugnisse des Bundesamtes nach Art. 9, 10 CPC-VO haben bislang keine praktische Bedeutung entfaltet. Mit der Schaffung der Bußgeldtatbestände in §§ 19, 20 UWG wurde allerdings die staatliche Durchsetzung gestärkt; die beiden Straftatbestände in § 16 UWG stehen in der Praxis hingegen nicht im Fokus.

III. Konkurrenzen

8 Da das Kartellrecht eigene, abschließende Rechtsbehelfe enthält, begründet ein Verstoß gegen die dort geregelten Verbote (etwa §§ 1, 19, 20, 21 GWB; Art. 101, 102 AEUV) nicht **gleichzeitig** einen Verstoß gegen §§ 3 I, 3a UWG (→ Rn. 155 ff.) – insoweit ist also das Kartellrecht lex specialis. Grund hierfür ist, dass dies für die durch einen Kartellrechtsverstoß Betroffenen (§ 33 II GWB) ausschließlich vorteilhaft ist, weil die Verjährung nach dem GWB deutlich länger ist (§ 33h GWB vs. § 11 UWG, → Rn. 494) – und es besondere Auskunftsansprüche (§ 33g GWB vs. § 242 BGB, → Rn. 497) gibt. Zudem ist die Aktivlegitimation deutlich weiter gefasst (§ 8 III UWG vs. § 33 I, III, IV GWB). Soweit ein Verhalten sowohl gegen ein bestimmtes Verbot des UWG (also §§ 4–7 UWG bzw. § 3 III UWG iVm dem Anhang) als auch gegen das GWB verstößt (also es gerade nicht um die bloß mittelbare Einbeziehung des Kartellrechts über den Umweg des § 3a UWG geht), finden beide Regelungssysteme nebeneinander Anwendung. Deutlich ist dies etwa beim Boykottaufruf, der sowohl eine gezielte Behinderung im Sinne von §§ 3 I, 4 Nr. 4 UWG (→ Rn. 150 f.) darstellt, als auch gegen § 21 I GWB (→ Rn. 374 ff.) verstößt. Andererseits darf man nicht das UWG als Auffangtatbestand heranziehen, um Wertungen des GWB zu unterlaufen. § 20 III 2 GWB verbietet den Verkauf unter Einstandspreis nur unter bestimmten Bedingungen (→ Rn. 331) – dies darf man nicht durch Rückgriff auf §§ 3 I, 4 Nr. 4 GWB als Generalklausel unterlaufen. Vielmehr ist ein Gleichlauf der beiden Teilgebiete des Wettbewerbsrechts anzustreben.

IV. Digital Markets Act und Digital Services Act

Die EU-Kommission hat 2020 mit dem **„Digital Markets Act (DMA)"** und dem **„Digital Services Act (DSA)"** zwei Entwürfe zur Regulierung von Internetmärkten vorgestellt, die neben das klassische Lauterkeits- und Kartellrecht treten sollen. 9

Der **Digital Markets Act** richtet sich – ähnlich wie § 19a GWB (→ Rn. 324 ff.) – an „Gatekeeper" auf digitalen Plattformen. Das sind Unternehmen, die zwischen Nutzern und Anbietern vermitteln (etwa die Google-Suche, der Amazon Marketplace oder auch Facebook) und eine bestimmte Größe überschreiten. Der DMA-Entwurf enthält zwar keine Generalklausel (wie Art. 102 S. 1 AEUV oder § 19 I GWB), unterwirft diese Unternehmen aber zahlreichen, recht detailliert ausgestalteten Verhaltenspflichten. Dabei wird zwischen absoluten Verboten („Black List") und ausgestaltungsbedürftigen Pflichten („Grey List") differenziert. 10

Der **Digital Services Act** betrifft vor allem die Verbreitung digitaler Inhalte im Internet und ähnelt insoweit dem deutschen NetzDG. Er differenziert nach Anbietertypen, sieht aber auch besondere Regelungen für „sehr große" Plattformen vor. Er ist damit eine grundlegende Abkehr von den bisher sehr weitreichenden Privilegierungen durch §§ 7 ff. TMG, welche die noch geltende E-CommerceRL umsetzen. Soweit Vermittlungsdienste sich weiterhin auf diese Haftungsprivilegierungen berufen wollen, müssen diese nach dem DSA-Entwurf eine aktive Rolle bei Maßnahmen gegen rechtswidrige Inhalte einnehmen, etwa durch schnelle Reaktion auf Meldung illegaler Inhalte, Beschwerdestellen, Transparenzpflichten, Streitbeilegungsverfahren, etc. 11

B. Wettbewerb

Das Wettbewerbsrecht schützt den **„Wettbewerb"**. Das UWG betont in §1 I 1 UWG zwar den (individuellen) Schutz der Marktteilnehmer, schiebt aber im zweiten Satz ausdrücklich nach, dass es auch um „das Interesse der Allgemeinheit an einem unverfälschten Wettbewerb" geht. Im GWB werden zwar die „Betroffenen" (§ 33 III GWB) unmittelbar durch Ansprüche begünstigt – aber die behördliche Durchsetzung (durch das Bundeskartellamt, die EU-Kommission und die Landeskartellbehörden) indiziert bereits, dass der Wettbewerb offenbar auch im öffentlichen Interesse liegt (vgl. auch Art. 156 BV und Art. 27 LVerf NRW). Beide Gesetze bezwecken damit den Schutz der Institution Wettbewerb, aber auch einen Individualschutz. 12

13 Was man sich nun aber unter „Wettbewerb“ vorzustellen hat, wird nirgends **definiert**. Vom Gesetzgeber wurde auch kein *juristisches* Verständnis zugrunde gelegt, sondern es ging vielmehr um *ökonomische* Grundüberlegungen, die (ungeschrieben) vorausgesetzt wurden.

I. Angebotsmenge und Preis: Das Nachfragegesetz

14 Will ein Anbieter seinen Gewinn maximieren, ist für ihn neben den Herstellungskosten seiner Leistung entscheidend, welchen **Preis die Marktgegenseite hierfür voraussichtlich zahlen wird:** Selbst wenn die Herstellung einer Vase nur 10 € kostet, würde ein Anbieter, 1.000 € verlangen wenn er die Gelegenheit dazu hätte.

15 Das Entgelt, welches die jeweilige Gegenseite für die Leistung zu erbringen bereit ist, wird nicht nur durch die **Leistungsfähigkeit** (insb. das Vermögen), sondern auch durch die **Leistungswilligkeit** begrenzt. Beides ist sehr individuell – so wird es bei jeder denkbaren Leistung Personen geben, für die eine objektiv hohe Gegenleistung subjektiv finanzierbar ist (etwa hochbezahlte Spitzensportler) oder für die es geradezu essentiell ist, ein bestimmtes Markenprodukt (das neueste iPhone, etc.) zu haben.

16 In einer aus Sicht der Anbieter perfekten Welt könnte man nun von jedem Nachfrager einen individuellen Preis verlangen (**Preisdiskriminierung**). Dies funktioniert aber in der Realität nicht – denn die Nachfrager können in aller Regel die Gegenstände untereinander handeln – wenn also A das Produkt zum Preis von 10 € erhält, B aber 100 € zahlen würde, liegt es nahe, dass A das Produkt an B für 20 € (also mit Gewinn) weiterverkauft und B so 80 € spart, während dem Hersteller mögliche 90 € entgehen. Ein Anbieter muss daher in aller Regel – wenn er nicht durch Design, Marken, Vertriebswege, etc. die Märkte voneinander trennen kann – von allen Nachfragern den gleichen Preis verlangen.

17 Dies führt zum **Nachfragegesetz**: Wer (von allen Nachfragern) einen hohen Preis verlangt, wird nur wenige Kunden finden – je geringer hingegen der Preis, desto mehr Personen sind bereit, die Leistung zu erwerben. Wie stark sich Preisveränderungen auswirken, ist allerdings je nach betroffener Leistung unterschiedlich: So wird eine allgemeine Preiserhöhung bei Trinkwasser oder Insulin mangels Ausweichmöglichkeit kaum Auswirkungen auf die Nachfrage haben (**niedrige Preiselastizität der Nachfrage)**, eine Preiserhöhung bei Luxusgütern wird dagegen alle Personen abschrecken, die sich die entsprechenden Leistungen zum alten Preis gerade noch leisten konnten und nun eben etwas anderes kaufen müssen (große Auswirkungen des Preises auf die Nachfrage = **hohe Preiselastizität der Nachfrage**).

Wenn ein Anbieter keine Konkurrenz hat (also **Monopolist** ist), kann er die gesamte Angebotsmenge auf dem Markt bestimmen. Seine Grenzeinnahmen pro Stück, (also die Gewinne, die er durch einen zusätzlich hergestellten Gegenstand erzielen kann), werden ab einem gewissen Punkt fallen – denn um eine größere Menge anzubieten, müsste er den Preis senken: Wer 5 Stück für 500 € verkaufen kann, aber 10 Stücke nur für 200 € los würde, hat keinen Anlass, 10 Stücke herzustellen – denn bei 5 würde er 2.500 € erzielen, bei 10 nur 2.000 €. Dies ist die Kehrseite des Nachfragegesetzes: Ein Monopolist wird nicht die gesamte Nachfrage abdecken, sondern nur diejenige, bei der er seinen Gewinn (die sog. „Produzentenrente") maximiert. **18**

Sobald es **mindestens einen unabhängigen Konkurrenten** gibt, sieht die Lage anders aus: Hier kann das einzelne Unternehmen zwar den Preis für die eigenen Produkte bestimmen, aber nicht die Gesamtmenge auf dem Markt. Wenn Kunden den Preis eines Anbieters zu hoch finden, erhalten sie das Produkt bei dessen Wettbewerber. Eine Verknappung, um die Preise zu steigern, kommt also nicht in Betracht. Für das einzelne Unternehmen erschwert dies die Preisbestimmung: Da die Gesamtmenge der auf dem Markt verfügbaren Produkte (auch) von der Konkurrenz abhängig ist, genügt es nicht, auf die eigenen Grenzeinnahmen zu schauen. Sicher sind hier nur die eigenen Kosten – die man rechnerisch auf die produzierten Produkte umlegen kann. Auch hier gibt es eine Grenze – wenn die Kosten eines zusätzlichen Stücks (die **Grenzkosten**) den mit diesem Stück erzielbaren Gewinn übersteigen, sollte man auf die Herstellung zusätzlicher Stücke verzichten. **19**

Das sog. **Marktgleichgewicht** ist die Produktionsmenge, bei welcher der Preis, den die Nachfrager zu zahlen bereit sind, den Grenzkosten entspricht. Dann wird die Nachfrage weitestmöglich befriedigt – es wäre ineffizient, mehr zu produzieren, da die weiteren Nachfrager nicht bereit wären, die durch die zusätzliche Produktion entstehenden Kosten zu tragen. **20**

Nun kann der **Staat** in den Wettbewerb eingreifen – etwa indem er Zulassungserfordernisse aufstellt (z.B. Rechtsberatung nur mit Erlaubnis) oder Steuern erhebt (z.B. Tabaksteuer oder Mineralölsteuer). Dies erhöht die Kosten pro Stück und damit den Preis, welchen die Anbieter verlangen müssen, um kostendeckend zu operieren. In der Folge gibt es eine ungedeckte (aber deckungsfähige) Nachfrage, d.h. Personen, die sich *ausschließlich* wegen dieser künstlichen Zusatzkosten die Leistung nicht (mehr) leisten können und wollen. Diese ungedeckte Nachfrage ist meist gerade gewollt, wird aber ökonomisch als Wohlfahrtsverlust eingeordnet. **21**

II. Wettbewerb und seine Folgen

22 Nach den obigen Ausführungen scheint das **Ziel von Wettbewerb** (statt einzelner Monopole) offensichtlich: Die Nachfrage nach bestimmten Leistungen wird so weit wie irgend möglich lückenlos befriedigt und der Preis orientiert sich an den Grenzkosten. Gleichzeitig haben die Anbieter ein fortwährendes Interesse, sich immer wieder von der Konkurrenz (durch bessere Qualität) abzugrenzen, um einen kleineren, durch weniger Konkurrenten bevölkerten Markt zu bedienen („Antriebsfunktion" des Wettbewerbs). Eine Vielzahl von Konkurrenten vermeidet auch Abhängigkeiten und fördert damit die Selbstständigkeit der Bürger und des Staats von einzelnen Marktbeherrschern.

23 Allerdings führt Wettbewerb nicht immer zu optimalen Ergebnissen. Würde jeder Strom-, Wasser- oder Gasanbieter eine eigene direkte Leitung zu jedem Kunden benötigen, würde jede Eisenbahngesellschaft ein eigenes Schienennetz aufbauen müssen oder jeder Telefonanbieter nur die eigenen Kunden miteinander verbinden, wäre dies zwar eine freie Konkurrenz, würde aber den Aufwand unnötig aufblähen. In solchen Fällen spricht man von einem **„natürlichen Monopol"** (→ Rn. 347). Es ist gesamtgesellschaftlich sinnvoll, dass es nur einen Anbieter gibt, da freie Konkurrenz auf dem Infrastrukturmarkt nicht nur redundant wäre, sondern die Kosten etwaige Preisvorteile weit übersteigen würden. Daher wird bei knappen Kapazitäten (Leitungen, Schienen, Straßen, Funkfrequenzen) stattdessen auf eine direkte staatliche Regulierung und Zulassungspflichten gesetzt – an die Stelle des „Wettbewerbsrechts" tritt das **„Regulierungsrecht"**.

24 Etwas schwächer ist die Lage bei Anwendungen mit starken **Netzwerkeffekten** – etwa bei sozialen Netzwerken oder Instant Messaging bzw. Chatdiensten (→ Rn. 307). Hier kann es selbstverständlich mehrere Anbieter geben. Soweit diese nicht einen Austausch der Nachrichten untereinander ermöglichen, steigt der Nutzen eines Dienstes mit der Zahl seiner Nutzer: Wenn alle den gleichen Anbieter nutzen, können auch alle mit allen kommunizieren. Je weniger Nutzer in einem Dienst erreichbar sind, desto uninteressanter (und nutzloser) wird er. Das ist etwa der Grund, warum WhatsApp sich weiterhin großer Beliebtheit erfreut – die Nutzerzahl ist hier so groß, dass der Dienst für viele unverzichtbar ist, um alle Freunde und Bekannte zu erreichen. Dies steht einem Wechsel des Einzelnen auf Konkurrenz (z.B. auf Telegram) entgegen, da man die bisherigen Kontakte nicht oder zumindest nicht vollständig erreichen kann.

25 Wettbewerb berücksichtigt auch nicht Auswirkungen außerhalb der unmittelbaren Austauschbeziehung (sog. **Externalitäten**). Aktuell in der Diskussion ist etwa das Thema Klimaschutz: Weder für die Anbie-

ter noch für die Nachfrager kostet (abseits besonderer Steuern, Verbote oder Abgaben) die Verbreitung klimafeindlicher Abgase etwas – sie erhöht also den Preis nicht und reduziert auch die Nachfrage nicht. Externalitäten können aber auch positiv sein – so profitiert auch ein Schwarzfahrer vom funktionierenden öffentlichen Personennahverkehr oder ein Flaschensammler vom Flaschenpfand (obwohl er gerade nicht in einer Vertragsbeziehung zum unmittelbaren Hersteller/Leistungsanbieter steht).

Wettbewerb ist schließlich auch nicht **„sozial"**: Zwar führt die feh- 26
lende Beherrschbarkeit der Gesamtproduktmenge dazu, dass die Nachfrage möglichst umfassend gedeckt wird. Praktisch bedeutet dies aber vor allem, dass diejenigen Nachfrager, die besonders zahlungsfähig und zahlungswillig wären, von günstigen Konditionen profitieren, während diejenigen, für welche bereits die Grenzkosten die Schmerzgrenze darstellen, bis zur Höchstbelastung beansprucht werden. Wettbewerb entlastet auch nicht von Fehlplanungen – wer (aufgrund der Unkenntnis der Aktivitäten der Konkurrenz) zu viel produziert, kann die bereits aufgewandten Ausgaben nicht mehr durch den Preis amortisieren und macht Verluste bzw. wird sogar vom Markt verdrängt. Es gilt daher ein „*survival of the fittest*", was im Extremfall dazu führen kann, dass nur noch ein Anbieter überlebt und potenzielle Konkurrenten aus Angst um den ggf. nicht amortisierungsfähigen Aufwand für den Markteintritt dem Markt fernbleiben.

Die Bedeutung von Wettbewerb lässt sich daher vor allem dadurch 27
erklären, dass wir aktuell **keine besseren Lösungen kennen**: Eine umfassende Regulierung durch den Staat scheitert daran, dass dieser ebenso wenig wie die Marktteilnehmer die Nachfrage vorhersehen kann. Das Gegenextrem der individualisierten Preise (jeder zahlt so viel, wie es ihm individuell angemessen erscheint) ist allenfalls in sehr kleinen Märkten oder bei streng durch technische Maßnahmen kontrollierten digitalen Märkten vorstellbar.

In den bisherigen Überlegungen sind wir davon ausgegangen, dass 28
alle Beteiligten **gut informiert sind und rational agieren**. Das ist aber nicht immer der Fall – oftmals weiß ein Marktteilnehmer mehr als andere (Informationsasymmetrie). Sichere Information liegt dabei nicht nur im Interesse der Nachfrageseite: Ein Kunde ist nur bereit, den Preis für die Leistung zu zahlen, die er erwartet. Ohne Informationen muss er aber pessimistisch von der schlechtmöglichsten Qualität ausgehen und wird daher einen Risikoabschlag vornehmen oder aber Sachverständige einschalten, die ebenfalls sein Vermögen reduzieren. Darunter leiden diejenigen, die sich gerade durch besondere Qualität abgrenzen wollen: Sie bekommen nicht die Gegenleistung, die sie eigentlich verdienen. Eine Behauptung des Anbieters über die Qualität seiner Leistung ist

aber nur etwas wert, wenn unwahre Aussagen Folgen auslösen. Denn sonst würde jeder Anbieter seine Produkte in den Himmel loben und die Aussagen wären für die Kunden nicht mehr wert als ein Schweigen (sog. **„Market for Lemons“**). Hier greift das Lauterkeitsrecht (UWG) durch starke Irreführungsverbote und aktive Informationspflichten korrigierend ein.

III. Wettbewerbstheorien: Ziel staatlicher Eingriffe

29 Im 18. Jahrhundert wurde vor dem Hintergrund der Arbeiten von Adam Smith als Ziel die **„vollständige Konkurrenz“** ausgemacht: Der Staat müsse alle bestehenden Hürden abbauen, um möglichst vielen Nachfragern (Polypson) eine möglichst große Auswahl an rechtlich und wirtschaftlich unabhängigen Anbietern (Polypol) für untereinander frei austauschbare Leistungen zu schaffen. Dies stand ziemlich offensichtlich im starken Kontrast zur damals noch weit verbreiteten Betonung staatlichen Interventionismus. Abgesehen davon, dass das vorgegebene Ziel wegen der Vielfältigkeit der Bedürfnisse praktisch unerreichbar ist (und wegen verlorener Skaleneffekte auch keine optimale Ressourcennutzung gewährleisten würde – eine Fabrik produziert mehr Autos als 100 kleine Werkstätten), würde eine solche vollständige Konkurrenz sich aber letztlich selbst zerstören: Damit alle Produkte aller Anbieter beliebig austauschbar sein können, darf keiner einen Vorsprung vor den anderen haben. Jegliche Innovation müsste annähernd sofort von der Konkurrenz übernommen werden (Immaterialgüterrechte wären also ausgeschlossen). Dann lohnt es sich aber auch nicht mehr, überhaupt etwas zu verbessern – warum sollte man besser, schneller oder günstiger produzieren, wenn doch alle sofort nachziehen dürfen, um „vollständige Konkurrenz“ zu ermöglichen? Praktisch würde also der Wettbewerb eingefroren – es gäbe eine „Schlafmützenkonkurrenz“.

30 Seit den frühen 1960er-Jahren propagierte die **Harvard School** vor dem Hintergrund der Arbeit von John Maurice Clark stattdessen das Modell des „funktionsfähigen Wettbewerbs“ (*workable competition*). Dabei sollte das Idealbild des Wettbewerbs nicht als solches hergeleitet werden, sondern gerade umgekehrt ausgehend von den Fernzielen (etwa: Verteilung von Macht und Ressourcen, Optimierung der Konsumentenwohlfahrt) einzelne Stellschrauben des Marktes justiert werden. Tatsächlich auftretende Missstände könnten daher durch Einschränkungen an anderer Stelle korrigiert werden („Gegengiftthese“). Statt auf die Marktstruktur (Anbieter und Nachfrager substituierbarer Leistungen) wurde dabei der Fokus vor allem auf das Marktverhalten gerichtet – durch (positive oder negative) Anreize kann selbst ein

Monopolist zu einem bestimmten Verhalten angehalten werden. Daher ist nicht unbedingt die Maximierung der Zahl der Wettbewerber erforderlich, wenn nur das Ergebnis (die *performance*) stimmt. Die Harvard School braucht dazu aber offensichtlich eine starke Wettbewerbsbehörde, die flexibel auf Missstände reagieren kann – wenn die Regulierung des Verhaltens nicht mehr genügt, muss diese im schlimmsten Fall sogar Großunternehmen in einzelne neue Gesellschaften entflechten können. Allerdings sollte auch der Haken dieses Wettbewerbsverständnisses offensichtlich sein: Damit man gezielte Gegenmaßnahmen treffen kann, muss man auch die Kausalbeziehungen verstehen (welches Verhalten führt bei welcher Struktur zu welchem Ergebnis?) – ein Wissen, das sich auch die moderne Volkswirtschaftslehre nicht anmaßt. Dennoch ist das Leitbild der Harvard School auch heute die zentrale Rechtfertigung für das Kartellrecht.

Die Gegenbewegung zur Harvard School war die sog. **Chicago School**, die gegen Ende der 1960er-Jahre populär wurde. Danach ist Wettbewerb anders als nach der Harvard School kein Selbstzweck (zur Streuung von Macht, etc.) – sondern dient ausschließlich der Gesamtwohlfahrt in dem Sinne, dass die Ressourcen so verteilt sind, dass sie in der Summe den größtmöglichen Nutzen bringen. Der individuelle Vorteil (oder Nachteil) des Einzelnen spielt dabei keine Rolle. Wer ein Monopol hat, wird dies in der Regel auch durch besondere Leistungen (hohe Qualität, geringe Kosten, etc.) verdient haben. Missstände werden im Zweifel durch den Markt beseitigt – die Kunden zahlen nicht jeden Preis und hohe Preise geben einen Anreiz, sich als neuer Konkurrent auf dem Markt zu beteiligen. Marktmacht sei daher nur vorübergehend, der Markt würde sich selbst heilen. Der Staat sei demgegenüber eher ein Elefant im Porzellanladen – er wisse oft nicht, wohin seine Eingriffe führen, und würde hohen Verwaltungsaufwand verursachen, der letztlich alle Produkte verteuert. Aufgabe des Staates müsse es vielmehr sein, den Unternehmen Flexibilität zu gewährleisten, indem er Marktzutritts- und Marktaustrittshürden reduziert. Konkret lehnt die Chicago School jede Form künstlicher Marktstrukturkontrolle (nicht nur Entflechtung, sondern auch Zusammenschlusskontrolle) ab, da der Markt selbst entscheiden solle, ob wenige (oder sogar nur einzelne) große oder viele kleine Anbieter die Nachfrage am besten befriedigen. Selbst bei der Verhaltenskontrolle ist man vorsichtig: Absprachen werden jedenfalls in vielen Fällen als zulässig erachtet, denn bei einer ineffizienten Absprache würde es sich lohnen, abzuweichen, so dass diese keinen langfristigen Bestand hätten. Je nach politischer Lage erhält die Chicago School immer wieder Zuspruch – am deutlichsten zu Zeiten von Ronald Reagan (USA) und Margaret Thatcher (Großbritannien), aber gelegentlich auch in Entscheidungen der EU- 31

Kommission („*more economic approach*") und des EuGH. Dabei ist allerdings in neuerer Zeit die „Gesamtwohlfahrt" weitgehend durch die „Konsumentenwohlfahrt", d.h. den Nutzen des Endverbrauchers, verdrängt worden.

32 Ganz zentral verbunden wird die moderne Wettbewerbsökonomik mit Friedrich August von Hayek (Wirtschaftsnobelpreis 1974). Dieser prägte den Ausdruck vom **„Wettbewerb als Entdeckungsverfahren"** (neoklassisches Wettbewerbsverständnis; Bild der Wettbewerbsfreiheit): Es gäbe gerade nicht die von der Harvard School unterstellten Kausalbeziehungen, sondern der Wettbewerb sei als solcher gerade unberechenbar. Man könne dem Wettbewerb auch nicht bestimmte Zwecke oder Ziele unterstellen; vielmehr handele es sich um eine spontane Veranstaltung unabhängig agierender Teilnehmer. Sobald der Staat irgendwie in diesen Wettbewerb eingreift, würde er diesen verfälschen – nicht ein Monopolist, sondern der Staat sei der größte Feind des Wettbewerbs. Zwar dürfe es allgemeingültige, grundsätzliche Verhaltensregeln geben, im Übrigen sei aber vor allem der Zugang für neue Marktteilnehmer möglichst leicht zu gestalten. Die Prüfung eines Zusammenschlusses könne jedoch praktisch nicht sinnvoll erfolgen, denn der Staat kann die (langfristigen) Folgen ohnehin nicht prognostizieren.

C. Der Markt

33 Jeglicher „Wettbewerb" erfolgt auf einem bestimmten **Markt**, was wiederum mindestens drei unabhängig voneinander agierende Beteiligte impliziert:

- Bei **Angebotsmärkten** hat (min.) ein Nachfrager die Auswahl unter den Leistungen von (min.) zwei Anbietern.
- Bei **Nachfragemärkten** hat (min.) ein Anbieter die Auswahl unter (min.) zwei Nachfragern.

34 Je breiter man einen Markt fasst, desto mehr Teilnehmer hat er und desto geringer ist der Einfluss einzelner Wettbewerber. Bedeutsam ist die Frage, was zu einem Markt gehört, offensichtlich für die Frage, ob jemand eine **„marktbeherrschende Stellung"** (§§ 18 f. GWB, Art. 102 AEUV, → Rn. 297 ff.) innehat. So haben etwa Google oder Facebook auf dem Markt für Milch praktisch keinerlei Präsenz. Ebenso haben sie auch auf dem Markt für den Versand von Büchern keine marktbeherrschende Stellung. Die Marktabgrenzung betrifft aber nicht nur das Missbrauchsverbot: Beim Kartellverbot (§ 1 GWB, Art. 101 AEUV) werden Absprachen unter Konkurrenten auf demselben Markt nur ausnahmsweise zugelassen, während Absprachen über verschiedene Marktstufen hinweg (vertikale Vereinbarungen) durch eine Gruppenfreistellungsverordnung in großem Umfang erlaubt werden. Auch für Zusammenschlüsse nach §§ 35 ff. GWB bzw. der Fusionskontrollverordnung kommt es auf die Auswirkungen auf den Wettbewerb eines Marktes an. Die Marktabgrenzung ist also eine unverzichtbare Vorfrage im Kartellrecht, die bei jeder Prüfung vorab zumindest im Kopf erfolgen muss.

Aber auch im **Lauterkeitsrecht** müssen Sie den betroffenen Markt herausarbeiten – schon allein, um zu klären, ob überhaupt deutsches Recht anwendbar ist: Nach Art. 6 I Rom II-VO findet auf Ansprüche aus unlauterem Wettbewerbsverhalten das Recht des Staates Anwendung, in dessen Gebiet die Wettbewerbsbeziehungen beeinträchtigt werden (sog. **Marktortprinzip**). Das UWG nimmt etwa in § 8 III Nr. 1 UWG sowie in § 4 UWG ausdrücklich die auf demselben Markt tätigen **„Mitbewerber“** (§ 2 I Nr. 4 UWG) aus der Gesamtheit aller „Unternehmer“ (§ 2 I Nr. 8 UWG) heraus. Für vergleichende Werbung verlangt § 6 II Nr. 1 UWG, dass es um „den gleichen Bedarf oder dieselbe Zweckbestimmung“ geht. Zudem spielt die Marktabgrenzung eine Rolle für die Frage, ob sich eine geschäftliche Handlung (auch) an Verbraucher oder ausschließlich an sonstige Marktteilnehmer richtet, was für einen etwaigen Anwendungsvorrang des Europarechts relevant ist. Schließlich spielt die Marktabgrenzung für die Ermittlung des Adressatenkreises eine Rolle, der nach § 3 IV 1 UWG für die Beurteilung von geschäftlichen Handlungen maßgeblich ist. 35

I. Ausgangspunkt: Marktabgrenzung

Unstreitig ist heute zunächst, dass ein Markt nicht notwendig voraussetzt, dass die jeweilige Gegenseite ein **unmittelbares Entgelt** leistet. Für das deutsche Recht regelt dies § 18 IIa GWB ausdrücklich, aber auch im europäischen Kartellrecht und im Lauterkeitsrecht ist anerkannt, dass eine *unmittelbare* Gegenleistung nicht erforderlich ist. Im Vordergrund stehen dabei freilich nicht gemeinnützige Tätigkeiten (etwa der Caritas), sondern es geht um mehrseitige Märkte, in denen die Gegenleistung von einem Dritten erbracht wird – etwa durch Werbekunden bei Internetdiensten wie Google oder Facebook oder auch im Privatfernsehen bzw. bei werbefinanzierten Zeitschriften (→ Rn. 307). 36

Maßstab für die Marktabgrenzung ist die jeweilige Gegenseite: Im Normalfall eines **Absatzmarktes** (also der Konkurrenz mehrerer Anbieter um potenzielle Kunden) ist daher entscheidend, welche Waren oder Dienstleistungen die Abnehmer in inhaltlicher, räumlicher und/oder zeitlicher Hinsicht als Alternative akzeptieren würden. Bei einem **Nachfragemarkt** ist hingegen spiegelbildlich zu fragen, welche 37

Anbieter zeitlich, räumlich und inhaltlich bereit wären, die Nachfrage zu befriedigen. Einige allgemeine Leitlinien zur Marktabgrenzung im Kartellrecht liefert die EU-Kommission in ihrer Bekanntmachung 97/C/327/03 über die Definition des relevanten Marktes.

38 – **Sachlich** geht es zunächst um die Frage, wodurch ein bestimmtes Bedürfnis für die überwiegende Zahl der Beteiligten befriedigt werden kann.

Beispiele: 1. Grundsätzlich sind zwar alle Obstsorten aus Verbrauchersicht untereinander austauschbar. Allerdings sind für alte Menschen, Kranke und Kinder nur bestimmte Obstsorten (insb. Bananen, Pfirsiche und Trauben) geeignet. Von diesen Obstsorten sind aber nur Bananen ganzjährig verfügbar. Daher bilden Bananen einen eigenen Markt (EuGH NJW 1978, 2439– United Brands). **2.** Das soziale Netzwerk „Facebook" ist aus Sicht der Nutzer weder durch Berufsnetzwerke und Jobbörsen wie Xing, LinkedIn, Indeed oder Stepstone, noch durch Messenger-Dienste wie Snapchat, WhatsApp oder Skype noch durch Anbieter wie Instagram, Youtube, Twitter oder Pinterest ersetzbar. Denn nur Facebook bietet die Möglichkeit zur öffentlichen Darstellung mit allen denkbaren Medien sowohl zu beruflichen als auch zu privaten Zwecken und zusätzlich die Möglichkeit zur unmittelbaren bilateralen Kommunikation oder Gruppenkommunikation (BGH GRUR 2020, 1318, Rn. 25) **3.** Rechtsanwälte und Inkassostellen stehen als Anbieter miteinander in einem konkreten Wettbewerbsverhältnis, da sie aus Sicht der Mandanten austauschbar sind (OLG Köln GRUR 1987, 377, 378).

39 – **Räumlich** ist zu prüfen, in welchem Gebiet Produkte oder Dienstleistungen zu objektiv gleichen Bedingungen ohne erhebliche wirtschaftliche Schranken vertrieben werden können. Praktisch geht es in der Regel um Transportkosten, aber auch Sprache oder besondere Qualifikationen (etwa Kenntnis des deutschen Rechts) können einen Markt räumlich begrenzen. § 18 II GWB stellt für das deutsche Missbrauchsverbot klar, dass ein Markt nicht auf Deutschland begrenzt sein muss – dies ist aber selbstverständlich und gilt auch außerhalb dieser Norm, etwa bei Art. 101, 102 AEUV oder auch im UWG. So gibt es je nach Gegenstand lokale, nationale, mehrstaatliche, EU- bzw. EWR-weite oder sogar Weltmärkte.

Beispiel: Wenn größere Straßenbauleistungen ausgeschrieben werden, werden sich nicht nur Anbieter aus Deutschland, sondern auch aus anderen EU-Staaten bewerben (BGH ZIP 2000, 426 – Tariftreueerklärung II).

40 – **Zeitlich** ist der Markt etwa bei Produkten abzugrenzen, die nur zu bestimmten Zeitpunkten angeboten werden (Erdbeeren, Spargel etc.) oder bei nur temporär tätigen Unternehmen. Praktisch spielt dies nur in sehr seltenen Fällen eine Rolle; in Klausuren braucht man die zeitliche Dimension daher grds. nicht zu erwähnen.

Beispiele: Eine nur saisonal stattfindende Messe wie die Kunstmesse „Art" in Frankfurt (OLG Frankfurt NJW 1992, 2579) oder ein Fußballspiel von überregionaler Bedeutung (FC Köln–Inter Mailand, BGHZ 101, 100 – Inter-Mailand) stellen eigene Kurzzeitmärkte dar. Ein eigener Markt kann auch durch eine vorübergehende Verknappung entstehen, etwa im Rahmen der Mineralölkrise in den 70er-Jahren (EuGH Slg. 1978, 1513, 1526 – BP).

Die EU-Kommission wendet im Kartellrecht ergänzend den so genannten **„SSNIP"**-Test („*Small but Significant Non-transitory Increase in Price*") an, um den Markt abzugrenzen. Dazu wird die Folge einer hypothetischen dauerhaften Erhöhung der Preise *aller* Anbieter um 5–10% auf dem engstmöglich definierten Markt abgeschätzt. Soweit so viele Nachfrager auf Substitute ausweichen, dass die jeweiligen Anbieter keinen Gewinn machen würde, muss der Markt um genau diese Ausweichprodukte vergrößert werden und auch für diese Produkte eine Preiserhöhung um 5–10% angenommen werden. Dies wird wiederholt, bis eine dauerhafte Preiserhöhung von 5–10% den Gewinn der Anbieter erhöhen würde (also sie aus Sicht der Marktgegenseite in ihrer Gesamtheit ein Oligopol bilden würden) – also nur ein geringer Anteil an Nachfragern ausweichen würde. **41**

Beispiel: Wäre es etwa so, dass eine Preiserhöhung um 10% bei Coca-Cola keinen Gewinn brächte, weil ein Großteil der Kunden dann auf Pepsi ausweicht, weiß man, dass Coca Cola und Pepsi zum selben Markt gehören. Würde man nun den Preis für beide Getränke um 10% erhöhen, würden die Kunden vielleicht auf Mineralwasser ausweichen. So kann der Markt sukzessive durch Hinzufügen der Ausweichprodukte vergrößert werden. Spiegelbildlich würde eine Preiserhöhung (nur) für Mineralwasser allerdings nicht dazu führen, dass die Nachfrager nun auf (gleich teuer gebliebene) Pepsi-Cola oder Coca-Cola ausweichen. Die Substituierbarkeit ist daher immer ausgehend von einem bestimmten Gegenstand vorzunehmen – sie muss nicht notwendig wechselseitig erfolgen.

Dieser Test versagt freilich, wenn es auf einem Markt aus Sicht der Gegenseite **keine gleichwertigen Ersatzprodukte** gibt. Dann fordert der Anbieter eines solchen alternativlosen Gegenstandes im eigenen Interesse bereits einen (Monopol-)Preis, bei dem jede Erhöhung unsinnig wäre (→ Rn. 18): Da aus Sicht der Abnehmer bereits der aktuelle (Monopol-)Preis die absolute Schmerzgrenze darstellt, führt jede, auch geringste Preiserhöhung dazu, dass diese auf aus ihrer Sicht nicht gleichwertige Anbieter ausweichen müssen – die dann bei naivem SSNIP-Test scheinbar zum gleichen Markt gehören würden. Da es sich aber für sie gerade *nicht* um gleichwertige Substitute handelt, ist das Ergebnis des SSNIP-Tests irreführend – der Test funktioniert nur, soweit man von einem Wettbewerbspreis (und keinem Monopolpreis) ausgeht. **42**

Beispiel: Man spricht hier von der **„Cellophane-Fallacy"** aufgrund einer Entscheidung des US Supreme Court aus dem Jahr 1956, in dem es um die Marktmacht von DuPont als einzigem Hersteller von Cellophan-Folie ging. Da es keinen echten Ersatz für derartige Folien gab, wurde ein Monopolpreis verlangt, so dass eine hypothetische Preiserhöhung zum Ausweichen auf andere Materialien (Alufolie, Wachspapier, etc.) geführt hätte. Dadurch kam man zu einem Gesamtmarkt für Verpackungen aller Art, auf dem DuPont aber keine relevante Marktmacht hatte. Auf dem Markt für *flexible Plastikverpackungen* wären sie aber Monopolist gewesen – für die Kunden waren diese aber nicht vergleichbar, sondern ein anderes, schlechteres Produkt.

43 Die Grenzziehung der Märkte ist in keiner Weise eindeutig und kann je nach Fall weit oder eng gefasst werden. Mag man in einem Fall von einem Markt für „Obst" sprechen, (etwa weil man Obstsalat herstellen will und so verschiedene Früchte akzeptiert), mag es in einem anderen Fall konkret um Äpfel gehen, (weil man Apfelkuchen schlecht mit Kirschen herstellen kann). Insoweit geht es nicht um ein einzelnes Mitglied der Marktgegenseite, sondern um ein **Durchschnittsmitglied**. Die EU-Kommission und der Gerichtshof tendieren dabei zu einer engen Marktabgrenzung, so dass eine marktbeherrschende Stellung schnell bejaht wird.

II. Erweiterungen im Lauterkeitsrecht

44 Im **Lauterkeitsrecht (UWG)** wird unter Umständen zusätzlich zur oben geschilderten Tätigkeit auf demselben Markt (→ Rn. 36 ff.) ein konkretes Wettbewerbsverhältnis (→ Rn. 73, 134) auch zwischen Unternehmen, die nach den Kriterien des Kartellrechts formal auf verschiedenen Märkten tätig sind, bejaht. Dies ist immer dann der Fall, wenn die Produkte einander nach der Verkehrsanschauung im Absatz behindern können. Dies gilt namentlich für Folgemärkte – also für den Hersteller eines Produkts einerseits und Konkurrenten von Zwischenhändlern andererseits. Das Kriterium bezeichnet man als „Wechselwirkungslehre": Wenn Erfolge des einen Anbieters typischerweise zu wettbewerbsbedingten Verlusten des anderen führen (also auf dessen Kosten erzielt werden), stehen beide in einer Wettbewerbsbeziehung.

Beispiele: Ein mittelbares Wettbewerbsverhältnis besteht zwischen einem Online-Hotelbewertungsportal und einem Hotel; denn kritische Bewertungen fördern die Attraktivität des Portals, senken aber die Nachfrage nach dem Hotel (BGH NJW GRUR 2015, 1129 – Hotelbewertungsportal). Ein (mittelbares) Wettbewerbsverhältnis besteht auch zwischen dem Anbieter eines Werbeblockers und einem Verlag, der auf seinem Internetangebot Werbung schaltet (BGH NJW 2018, 3640 – Werbeblocker II). Im Wettbewerb stehen auch eine Bar, in der Prostituierte und deren Kunden sexueller Kontakt ermöglicht wird und Prostituierte, die in einer Zeitung per Kleinanzeige annoncieren (BGH GRUR 2006, 1042 – Kontaktanzeigen). Verneint wurde ein Wettbewerbsverhältnis zwischen eBay (die Parfümerien davon überzeugen wollten, ihre Produkte online zu vertreiben) und einem Parfümhersteller, der seine Produkte exklusiv vertreiben wollte (OLG Koblenz GRUR 2006, 380 – Markenparfüms). Ebenso soll kein Wettbewerbsverhältnis zwischen einem Anbieter geschlossener Immobilienfonds und auf Kapitalmarktrecht spezialisierte Rechtsanwaltsgesellschaft bestehen (BGH WRP 2017, 1085 – Wettbewerbsbezug).

Ein Beteiligter kann insoweit im Rahmen des UWG **selbst eine wettbewerbliche Beziehung zum Produkt eines Dritten herstellen**. Dies ist insbesondere bei einer Verwendung fremder Kennzeichen (siehe § 4 Nr. 3 UWG, → Rn. 142 ff.) zu bejahen. Zwar wird niemand seine Marlboro-Zigaretten durch ein T-Shirt mit Aufdruck der Marke ersetzen wollen, dennoch will der jeweilige Marktteilnehmer vom (fremden) guten Namen profitieren. 45

Beispiele: 1. Die Firma Onko warb mit dem Spruch „Statt Blumen Onko-Kaffee“. Hierdurch wurde ein Wettbewerbsverhältnis insofern konstruiert, als die Firma Onko die Substitutionsmöglichkeit der beiden Produkte suggerierte (BGH GRUR 1972, 553 – Statt Blumen ONKO-Kaffee). Im Ergebnis ist der Slogan aber nicht unlauter, da die Blumen nicht herabgesetzt werden. **2.** Ein Scherzartikelhersteller bietet Kondome mit den Werbesprüchen „Es tut NIVEA als das erste Mal“ und „Mars macht mobil bei Sex, Sport und Spiel“ an (BGH NJW 1994, 954 ff. – Mars-Kondom; BGH NJW 1995, 871 ff. – Markenverunglimpfung II). Hierdurch wird ein Wettbewerbsverhältnis zu den Herstellern von Mars und NIVEA-Handcreme hergestellt, da der Scherzartikelhersteller gerade von deren Rufbeeinträchtigung profitiert. **3.** Die Whisky-Marke „Dimple“ ist für besondere Exklusivität bekannt. X produziert ein Parfum, das er ebenfalls unter dem Namen „Dimple“ vertreibt. Der BGH argumentierte, dass der Whisky-Firma eine **potenzielle Lizenz** entgehe, so dass zwischen der Whisky- und der Parfum-Firma ein (potenzielles) Wettbewerbsverhältnis bestehe, obwohl die Unternehmen völlig verschiedene Produkte herstellen (BGHZ 93, 96 (97 f.) – Dimple). **4.** In einem Werbespot wurden zwei gefüllte Whisky-Gläser und eine Flasche „Jim Beam“ vor einem Rolls-Royce (erkennbar durch die Kühlerfigur, den Kühlergrill und das Emblem „RR“) gezeigt. Der BGH hat hier ein Wettbewerbsverhältnis aufgrund der Möglichkeit einer Lizenz bejaht (BGH GRUR 1983, 247 – Rolls Royce).

Ein Wettbewerbsverhältnis fehlt aber auch im UWG, soweit sich die Abnehmer- und Lieferantenkreise noch nicht einmal **potenziell überschneiden.** 46

Beispiel: Ein Verein zur Pflege der deutsch/französischen Kulturbeziehungen plakatiert heimlich und ohne Einverständnis auf Werbeflächen eines Plakatflächenvermieters (OLG Frankfurt am Main NJW-RR 1990, 1262 – Wildplakatierer). Hier wäre der Verein zwar ein Kunde des Plakatflächenvermieters, nicht jedoch ein Mitbewerber, da sich weder Lieferanten noch Abnehmer decken. Daher bestehen keine wettbewerbsrechtlichen Ansprüche gegen den Verein.

D. Internationale Anwendbarkeit und Europarecht

I. Kollisionsrecht

47 In Zeiten der **Globalisierung** treten nicht nur Unternehmen aus anderen Staaten in Deutschland auf, sondern auch die Abnehmer sehen sich nach Angeboten aus dem Ausland um – es spielt keine Rolle, ob ein Download oder eine Onlinedienstleistung aus Deutschland oder einem anderen Staat stammt; auch der Versand von Waren innerhalb der EU ist dank der Warenverkehrsfreiheit kein Hindernis mehr. Dennoch ist noch nicht einmal innerhalb der EU, geschweige denn weltweit, eine Vollharmonisierung erfolgt. Insoweit ist stets zu überlegen, ob überhaupt **deutsches Recht** Anwendung findet. Für privatrechtliche Ansprüche regelt dies Art. 6 Rom-II VO.

48 Für das **Lauterkeitsrecht** ist zunächst Art. 6 II Rom II-VO vorrangig: Danach gilt die allgemeine deliktsrechtliche Kollisionsnorm des Art. 4 Rom II-VO für alle Handlungen, die gezielt nur einen Konkurrenten betreffen, etwa Sabotageakte oder Anstiftung zum Vertragsbruch. Soweit aber (wie regelmäßig) mehr als ein Konkurrent betroffen ist, gilt das Recht des Staates, in dessen Gebiet die Wettbewerbsbeziehungen oder die kollektiven Interessen der Verbraucher beeinträchtigt wurden oder wahrscheinlich beeinträchtigt werden (Art. 6 I Rom II-VO, sog. **„Marktortprinzip"**). Dies bedeutet, dass ausländisches Recht selbst dann gilt, wenn zwei inländische Unternehmer auf dem fremden Markt aufeinandertreffen und alle Entscheidungen im Inland prädeterminiert sind.

Beispiele: 1. Wenn deutsche Anwälte in den Niederlanden öffentlich in deutscher und niederländischer Sprache entgegen deutschem Standesrecht um Mandanten werben, gilt selbst dann kein deutsches Recht, wenn Deutsche die Prospekte lesen (OLG Düsseldorf NJW 1994, 869). **2.** Wenn deutsche Unternehmen alkoholische Getränke herstellen, diese aber ausschließlich in Großbritannien verkaufen, gilt ausschließlich britisches Lauterkeitsrecht (BGH GRUR 1982, 495 – Domgarten-Brand).

49 Schwierigkeiten bestehen, soweit ein Verhalten sich auf mehreren Märkten auswirkt (sog. **„Streudelikt"**). Für Internetangebote bedeutet das Marktortprinzip etwa, dass regelmäßig der Anknüpfungspunkt für das anzuwendende Recht jeder Ort ist, an dem die Seite abrufbar ist. Jeder Marktteilnehmer müsste die jeweils strengsten Regelungen der ganzen Welt beachten („Nadelöhrprinzip"). Der Anbieter muss daher durch technische Maßnahmen (etwa Zugangsverhinderung für Rechner aus dem deutschen Teilbereich des Internets) den Adressatenkreis einschränken. Auch sog. „*Disclaimer*" (Vorbehalte wie etwa „Dieses Angebot gilt nicht in Deutschland") sind möglich, soweit diese klar

und eindeutig gestaltet sind und vom Empfänger als ernst gemeint verstanden und vom Erklärenden auch eingehalten werden. Ausgeschlossen ist die Anwendung deutschen Rechts bei Fremdsprachen, die für den deutschen **Durchschnittsverbraucher** (!) generell unverständlich sind (etwa Chinesisch, Japanisch); freilich nicht für Englisch, da die meisten Deutschen (zumindest rudimentär) diese Sprache verstehen.

Für das **Kartellrecht** ordnet Art. 6 III a Rom II-VO an, dass für die zivilrechtlichen Ansprüche das Recht des Staates gilt, „*dessen Markt beeinträchtigt ist oder wahrscheinlich beeinträchtigt wird*". Freilich gilt dies zunächst nur für die zivilrechtlichen Regelungen, nicht aber für die behördliche Zuständigkeit und die Anwendbarkeit des materiellen Kartellrechts. **50**

Nach § 130 II GWB gilt für das materielle deutsche Kartellrecht sowie dessen behördliche Durchsetzung das **„Auswirkungsprinzip"**, das Art. 6 III a Rom II-VO weitgehend entspricht. Damit geht es nicht um den Ort, an dem eine verbotene Vereinbarung getroffen, die missbräuchliche Handlung vorgenommen oder ein Zusammenschluss vollzogen wird. Dadurch würden nämlich erhebliche Schutzlücken entstehen – auch beim gemeinsamen Skiurlaub in der Schweiz könnten zwei deutsche Unternehmer ihre Marktbedingungen aufeinander abstimmen; ausländische Unternehmen würden sonst nicht den für Inländer geltenden Bedingungen unterliegen, was seinerseits zu Verzerrungen führen würde. Das BKartA darf daher gegen alle Wettbewerbsbeschränkungen vorgehen, die sich in Deutschland auswirken, auch wenn sie außerhalb des Geltungsbereichs des GWB veranlasst werden. **51**

Nach dem völkerrechtlichen **Territorialitätsprinzip** ist dies freilich nicht unbedenklich – es wird nämlich ein Verhalten reguliert, dass eigentlich der Regelungsbefugnis eines anderen Staates unterliegt und damit *prima facie* in dessen Hoheit eingegriffen. Daher muss ein starker Anknüpfungspunkt zu Deutschland bestehen. Die Rechtsprechung verlangt eine „spürbare" und „unmittelbare" Beeinträchtigung des deutschen Wettbewerbs, entfernte bzw. mittelbare Auswirkungen genügen nicht. Im obigen Beispiel wäre dies etwa eindeutig der Fall, wenn die beiden chinesischen Firmen einheitliche Preise für den Export nach Deutschland festsetzen. **52**

Der räumliche Geltungsbereich des EU-Kartellrechts bestimmt sich nach dem „gemeinsamen Markt" (Art. 52 EUV und Art. 355 AEUV). Adressaten sind grundsätzlich alle Unternehmen, die in einem Mitgliedstaat tätig sind. Darüber hinaus gelten im Europäischen Wirtschaftsraum (EWR), d.h. in Norwegen, Island und Liechtenstein (nicht aber in der Schweiz), die Art. 53, 54 des EWR-Abkommens, die Art. 101, 102 AEUV entsprechen. Anders als die deutschen Gerichte **53** hat sich der EuGH für den materiellen Anwendungsbereich und die behördliche Durchsetzung der Art. 101, 102 AEUV nicht ausdrücklich zum „Auswirkungsprinzip“ bekannt. Stattdessen knüpft er an den „Durchführungsort“ der Handlung an (wozu es freilich genügen soll, dass eine Preisabsprache den Verkauf an Abnehmer innerhalb der EU beeinflusst). Die EU-Kommission beruft sich demgegenüber in ihren Entscheidungen ausdrücklich auf das Auswirkungsprinzip. Rein praktisch gilt daher das Auswirkungsprinzip auch auf **europäischer Ebene**, d.h. auch dort ist ein behördliches Einschreiten unabhängig vom Handlungsort möglich, soweit nur eine „spürbare“ Beeinträchtigung des Wettbewerbs im Binnenmarkt eintritt bzw. einzutreten droht.

54 Praktisch gilt damit im Kartellrecht eine kumulative Zuständigkeit, d.h. ein **Nadelöhrprinzip:** So müssen internationale Zusammenschlüsse von mehreren Aufsichtsbehörden genehmigt werden (etwa in den USA, in der EU, in Südkorea, etc.) und Verstöße gegen das Kartellverbot können in mehreren Staaten sanktioniert werden.

II. Europarecht

55 Der AEUV kennt in Art. 101 und 102 AEUV eigene **kartellrechtliche Regelungen**. Diese primärrechtlichen Bestimmungen werden durch die Verordnung (EG) 1/2003 konkretisiert. Ergänzend besteht eine Kontrolle von Unternehmenszusammenschlüssen aufgrund der Verordnung (EG) 139/2004. Schließlich werden bestimmte Typen von Vereinbarungen durch so genannte Gruppenfreistellungsverordnungen vom Kartellverbot freigestellt. Im Hinblick auf die Durchsetzung des Kartellrechts hat die EU neben der bereits erwähnten VO 1/2003 (und der Durchführungsverordnung 773/2004) die KartellschadensersatzRL 2014/104/EU sowie die ECN+-RL 2019/1 erlassen.

56 Die Verbote der Art. 101, 102 AEUV müssen nicht in deutsches Recht „umgesetzt” werden, sondern gelten in allen Mitgliedstaaten unmittelbar. Die deutschen Regelungen des GWB gelten insoweit grundsätzlich unabhängig daneben und könnten enger oder weiter gefasst sein (→ Rn. 272 ff.). Somit könnte theoretisch ein Verhalten nach Europarecht erlaubt und nach deutschem Recht verboten sein (oder umgekehrt). Wenn jedoch eine Absprache zwischen Unternehmen Bedeutung für den Binnenmarkt erlangt, hat das EU-Kartellrecht **(Anwendungs-)Vorrang** vor den Regelungen der Mitgliedstaaten, Art. 3 II 1 VO 1/2003 (§ 22 II 1 GWB): Was nach Europarecht zulässig ist, darf durch nationales Recht nicht verboten werden. Für den Missbrauch von Marktmacht gilt demgegenüber, dass das nationale Recht ein Verhalten verbieten darf, welches nach Europarecht zulässig wäre (Art. 3 II 2 VO 1/2003, § 22 III 3 GWB). Für die Fusionskontrolle gibt es schließlich eine eindeutige, von Größenkategorien abhängige Zuständigkeitsregelung.

Das **BKartA** muss neben dem GWB auch die Art. 101, 102 AEUV anwenden (→ Rn. 276; Art. 3 I VO 1/2003, §§ 22 I 2, III 2 GWB; § 50 I GWB). Die EU-Kommission wendet demgegenüber nur die Art. 101, 102 AEUV, die Landeskartellbehörden nur das deutsche Recht an (§§ 48 II, 50 I GWB). Um den Prüfaufwand zu reduzieren, wurden die Verbote des GWB weitgehend an die europarechtlichen Regelungen angeglichen, so dass unabhängig von der angewandten Regelung weitgehend gleiche Ergebnisse erzielt werden. 57

Im **Lauterkeitsrecht** enthält der AEUV keine unmittelbaren Regelungen. Große Bedeutung kam aber traditionell den Grundfreiheiten zu: Wenn die Warenverkehrsfreiheit (Art. 28 AEUV) Maßnahmen gleicher Wirkung wie eine Einfuhrbeschränkung verbietet, steht dies auch einem Vertriebsverbot entgegen, das durch die jeweiligen nationalen Wettbewerbsgepflogenheiten gerechtfertigt wird. In der Cassis de Dijon-Entscheidung des EuGH wurden nur die unabdingbaren Erfordernisse der Lauterkeit des Handelsverkehrs und des Verbraucherschutzes als gerechtfertigt erachtet, was zahlreichen deutschen Vorgaben insb. im Hinblick auf die potenzielle Irreführungseignung entgegenstand. Vergleichbares gilt für die in Art. 56 AEUV geregelte Dienstleistungsfreiheit. 58

Heute ist die unmittelbare Bedeutung der Grundfreiheiten im Lauterkeitsrecht jedoch überschaubar, denn große Teile des Lauterkeitsrechts sind inzwischen **durch Richtlinien harmonisiert**. Während die WerbeRL 2006/114/EG in ihrer Ursprungsfassung von 1984 (als RL 84/450/EWG) nur Mindeststandards gegen irreführende Werbung vorgab, sind seit 1997 (RL 97/55/EG) die Anforderungen für vergleichende Werbung vollständig harmonisiert (was insbesondere Deutschland zu einer erheblichen Deregulierung zwang). Durch die ePrivacy-RL 2002/58/EG (die durch eine unmittelbar geltende ePrivacy-VO ersetzt werden soll) wurde u.a. der Versand von Spam-Emails untersagt. Schließlich erfolgte durch die UGP-RL 2005/29/EG eine weitgehende Harmonisierung von Geschäftspraktiken von Unternehmern gegenüber Verbrauchern. Im Hinblick auf die Durchsetzung wurde durch die VO Nr. 2394/2017 ein Rahmen für die behördliche Kooperation geschaffen (vgl. die Ausführungsvorschriften in §§ 2, 3 VSchDG). Fast schon klassisches Lauterkeitsrecht im deutschen Sinne enthält die Verordnung (EU) 2019/1150 zur Förderung von Fairness und Transparenz (P2B-VO): Dabei geht es um die Pflichten von Suchmaschinen und Vermittlungsdiensten gegenüber gewerblichen Nutzern (d.h. den vermittelten Anbietern). Durch die Gesamtheit dieser Harmonisierungsmaßnahmen wird der den nationalen Gesetzgebern verbleibende 59

Bereich, der allein durch die Grundfreiheiten begrenzt wird, zunehmend kleiner: In Deutschland geht es vor allem um den in § 3a UWG geregelten Rechtsbruch (→ Rn. 155 ff.) sowie die horizontalen Beeinträchtigungen von Mitbewerbern außerhalb der vergleichenden Werbung iSv § 4 UWG (→ Rn. 134 ff.).

2. Teil: Lauterkeitsrecht (UWG)

Das UWG enthält in § 8 UWG (für Unterlassung, → Rn. 69 ff.), § 9 UWG (für Schadensersatz, → Rn. 82 ff.) und § 10 UWG (für Gewinnabschöpfung→ Rn. 92) drei **Anspruchsgrundlagen**, die jeweils für unlautere geschäftliche Handlungen an § 3 I UWG sowie für die Belästigung an § 7 UWG (→ Rn. 112 ff.) anknüpfen. § 3 I UWG wird wiederum durch Sonderregelungen zum Rechtsbruch (§ 3a UWG, → Rn. 155 ff.), zum Mitbewerberschutz (§ 4 UWG, → Rn. 134 ff.), zu aggressivem Verhalten (§ 4a UWG, → Rn. 194 ff.), zur Irreführung (§§ 5, 5a UWG, → Rn. 162 ff., 181 ff.) und zur vergleichenden Werbung (§ 6 II UWG → Rn. 124 ff.) konkretisiert. § 3 II UWG ist eine Generalklausel spezifisch für das Verhältnis zu Verbrauchern (→ Rn. 200 ff.). Nur (!) zum Verbraucherschutz verweist § 3 III zudem auf eine als Anhang zum UWG angefügte „schwarze Liste" (→ Rn. 110 ff.). Dabei gilt folgende Prüfungsreihenfolge: 60

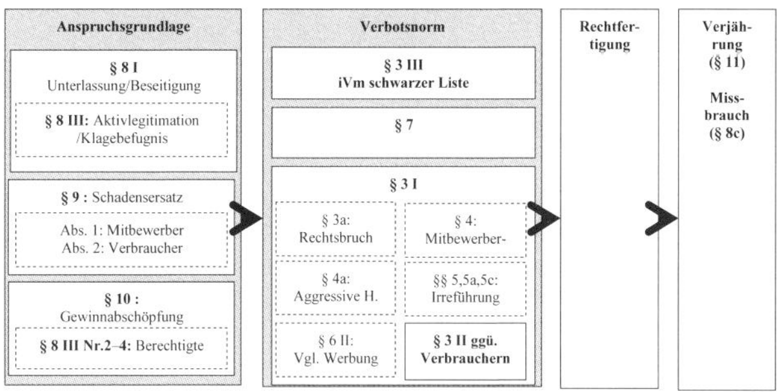

– Gegenüber einem Verbraucher sind die in der **„schwarzen Liste"** als Anhang zum UWG aufgeführten Fälle ohne Abwägung stets unzulässig (§ 3 III UWG). Soweit ein Verbraucher Adressat der Handlung war, sind diese daher vorrangig gegenüber § 7 UWG und den Konkretisierungen der Unlauterkeit durch §§ 3 II, 3a, 4, 4a, 5, 5a, 6 II UWG zu prüfen (egal, wer den Anspruch geltend macht). Soweit die Verbrauchereigenschaft des Adressaten der Handlung (nicht: des Anspruchstellers!) offensichtlich fehlt, kann die Prüfung von § 3 III UWG entfallen, ansonsten sollte jedenfalls kurz erwähnt 61 werden, warum hier kein Verbraucher betroffen ist (also die Handlung eine reine B2B-Beziehung betrifft).

62 – § 7 UWG stellt einen von den Generalklauseln (§ 3 I, II UWG) unabhängigen **Spezialtatbestand** dar, der zT Regelungen der ePrivacy-RL umsetzt. Er ist daher auch eigenständig zu prüfen und nicht als bloßer Unterfall der „Unlauterkeit".

63 – Sodann sind die Fälle der §§ 4, 4a, 5, 6 UWG jeweils einzeln als **Konkretisierung des Tatbestandsmerkmal der „Unlauterkeit"** in § 3 I UWG zu prüfen. Wie bei der AGB-Inhaltskontrolle (§§ 307ff. BGB) kann ein einheitliches Verhalten auch aus mehreren Gründen unlauter sein. Abschließende Sonderregeln für vergleichende Werbung enthält § 6 II UWG (→ Rn. 124), der insoweit vorrangig vor § 4 UWG zu prüfen ist. Gar nicht von der UGP-RL erfasst sind Ansprüche von Mitbewerbern (§ 4 UWG, → Rn. 134). Der Rechtsbruchtatbestand (§ 3a UWG, → Rn. 155 ff.) betrifft bei europarechtskonformer Auslegung ebenfalls nur Konstellationen, in denen die geschäftliche Handlung gerade nicht an Verbraucher gerichtet war. Für die übrigen Tatbestände (§§ 3 II, 4a, 5, 5a UWG) ist hingegen zu differenzieren: Im Verhältnis zu Verbrauchern bildet die UGP-RL (→ Rn. 7, 59) einen abschließenden Rahmen, so dass nur Verhaltensweisen unlauter sein können, die ihre Grundlage in Art. 5 I, II UGP-RL finden. Gegenüber anderen Marktteilnehmern (also insb. Geschäftskunden) handelt es sich hingegen bei §§ 4a, 5, 5a UWG nur um Regelbeispiele.

64 – Auf der **letzten Stufe** ist zu unterscheiden: Der konkretisierende Auffangtatbestand des § 3 II UWG (→ Rn. 200 ff.) verdrängt die allgemeine Generalklausel, soweit Handlungen gegenüber Verbrauchern in Rede stehen. Nur gegenüber anderen Marktteilnehmern greift die Generalklausel des § 3 I UWG, in der die Unlauterkeit als unbestimmter Rechtsbegriff lückenfüllend ausgelegt werden kann (→ Rn. 205 ff.).

A. Ansprüche aus dem Lauterkeitsrecht (§§ 8–10 UWG)

65 Folgen unlauteren Verhaltens finden sich **nicht ausschließlich im UWG**. So müssen Sie etwa an das Gewährleistungsrecht bei unzutreffenden Werbeaussagen (§ 434 III 1, 2 BGB), die culpa in contrahendo (§§ 280 I 1, 311 II Nr. 1 BGB) oder an eine Anfechtung wegen arglistiger Täuschung oder widerrechtlicher Drohung (§§ 142 I, 123 I BGB) denken. Darüber hinaus greifen Ansprüche aus § 824 BGB, aus § 826 BGB sowie aus § 823 II BGB iVm § 16 I UWG. § 3 UWG und § 7 UWG sind zudem Verbotsgesetze iSv § 134 BGB, so dass u.U. auch nach der Unwirksamkeit eines Vertrages gefragt sein kann. Dies gilt allerdings (wie bei § 253 StGB und § 263 StGB) gerade nicht bei arglistiger Täuschung und widerrechtlicher Drohung, da sonst das Anfechtungsrecht des § 123 BGB unterlaufen würde.

Wegen der eigenen **Schadensersatzregelung** in § 9 UWG (→ Rn. 82 ff.) kann demgegenüber bei einem Verstoß gegen § 3 UWG oder § 7 UWG nicht auf § 823 II BGB zurückgegriffen werden (→ Rn. 90). Auch bei Verletzung eines absolut geschützten Rechts (§ 823 I BGB) darf für Mitbewerber nicht auf das, durch das UWG spezieller geregelte, Recht am eingerichteten und ausgeübten Gewerbebetrieb (Art. 12 I, 14 I GG) zurückgegriffen werden. Bedeutung hat § 823 I BGB jedoch (insb. im Zusammenhang mit § 7 UWG, → Rn. 112 ff.) für Verbraucher, die sich auf das Allgemeine Persönlichkeitsrecht (Art. 2 I GG iVm. Art. 1 I GG) berufen können, und Marktteilnehmer auf anderen Marktstufen (Abnehmer, Lieferanten), für die das Recht am eingerichteten und ausgeübten Gewerbebetrieb nicht durch das UWG verdrängt wird. Soweit ein Schadensersatzanspruch aus § 823 I BGB besteht, greift stets auch ein konkurrierender quasi-negatorischer Unterlassungsanspruch (§ 1004 BGB analog). Im Folgenden geht es nur um die besonderen Anspruchsgrundlagen des UWG. **66**

Beispiel: § 8 I 1 UWG gewährt nur Mitbewerbern und Verbänden (§ 8 III UWG) Unterlassungsansprüche bei Verstößen gegen § 7 UWG. Damit sich aber auch der Adressat unerwünschter Werbesendungen selbst gegen Spam-Emails wehren kann, gewährt ihm die Rechtsprechung (BGHZ 219, 233) einen quasi-negatorischen Unterlassungsanspruch gegen die jeweiligen Absender aus § 823 I BGB iVm § 1004 BGB analog wegen Verletzung seines allgemeinen Persönlichkeitsrechts (quasi eines „Right to be left alone“) bzw. bei Unternehmen des Rechts am eingerichteten und ausgeübten Gewerbebetrieb (BGH NJW 2017, 2119).

I. Passivlegitimation (Anspruchsgegner)

Gegner der Ansprüche aus den §§ 8–10 UWG ist grundsätzlich der **Verletzer**, also der unmittelbare oder mittelbare Täter (analog § 25 I StGB) des Wettbewerbsverstoßes im Sinne von §§ 3, 7 UWG; auch Mittäter sind denkbar (§ 830 I BGB). Irrelevant ist, ob eigener oder fremder Absatz gefördert wird (§ 2 I Nr. 2 UWG) – daher muss der Anspruchsgegner nicht selbst Unternehmer (§ 2 I Nr. 8 UWG) sein. Der Betriebsinhaber haftet in Bezug auf Unterlassung oder Beseitigung ohne Entlastungsmöglichkeit bei Wettbewerbsverstößen seiner Angestellten oder Beauftragten (§ 8 II UWG); beim Schadensersatzanspruch verbleibt es hingegen bei § 831 BGB (bzw. bei § 31 BGB für Organe). Mehrere Personen haften als Gesamtschuldner (§§ 840, 421, 426 BGB). **67**

68 **Dritte** haften nur, soweit sie vorsätzlich als Teilnehmer (§ 830 II BGB) an einem fremden Wettbewerbsverstoß mitwirken oder als Täter gegen eine eigene wettbewerbsrechtliche Verkehrspflicht verstoßen. Die Teilnehmerhaftung setzt dabei (anders als in § 17 StGB) Vorsatz auch bzgl. der Rechtswidrigkeit voraus – Anstifter und Gehilfe müssen also den UWG-Verstoß zumindest für möglich halten. Früher wurde im Rahmen des Unterlassungsanspruchs eine aus § 1004 BGB bekannte, über § 830 BGB hinausgehende Haftung als **Verhaltens- oder Zustandsstörer** bejaht. Diese Rechtsprechung wurde zwischenzeitlich zu Recht aufgegeben.

II. Anspruchsziele

1. Unterlassung und Beseitigung, § 8 UWG

69 Die Unterlassungs- und Beseitigungsansprüche nach § 8 UWG sind (wegen ihrer schnellen Durchsetzbarkeit durch Abmahnung, → Rn. 212 ff., und einstweilige Verfügung, → Rn. 232 ff.) die **praktisch wichtigsten Sanktionen** für Verstöße gegen das Lauterkeitsrecht. Der Unterlassungsanspruch ist auf die Zukunft gerichtet, der Beseitigungsanspruch hingegen auf das Rückgängigmachen bereits eingetretener Störungen. Diese scheinbar klare Abgrenzung ist allerdings im Einzelfall durchaus schwierig – so wird durch ein einmal aufgehängtes Werbeplakat der Verkehr dauerhaft irregeführt, so dass bereits die Unterlassung weiterer Irreführung (und nicht etwa die Beseitigung der bereits erfolgten Täuschung) das Entfernen des Plakats voraussetzt. Entsprechend reicht bei Verleumdungen im Internet nicht das Versprechen, keine neuen Beiträge zu erstellen. Vielmehr bewirken auch die weiterhin abrufbaren alten Inhalte eine sich *laufend wiederholende Beeinträchtigung*, so dass die Wiederholung erst durch deren Löschung beendet werden kann.

70 Es geht also nicht notwendig um die Abgrenzung von „Tun" und „Unterlassen", sondern vielmehr um bereits abgeschlossene (dann Beseitigung) und künftige oder noch **fortdauernde Verstöße** (dann Unterlassung). Das führt aber dazu, dass die Reichweite des Unterlassungsanspruchs sehr unklar wird – was große Schwierigkeiten bei der Durchsetzung im Zwangsvollstreckungsverfahren zur Folge hat.

Beispiel: Paradigmatisch ist die Entscheidung „Wirbel um Bauschutt" des BGH (GRUR 2018, 1183) – dabei wurde der NDR durch eine einstweilige Verfügung verpflichtet, die Verbreitung bestimmter nachteiliger Äußerungen zu unterlassen. Dies bedeutet nach der Rechtsprechung, dass alle „möglichen und zumutbaren Handlungen zur Beseitigung des Störungszustands" zu treffen sind. Dazu genügte es im konkreten Fall, den Beitrag aus der Mediathek und aus gängigen Suchmaschinen zu löschen. Der BGH verlangte hingegen nicht, dass eine Kopie, die ein Drittnutzer selbstständig (ohne Rücksprache oder Kenntnis des Senders) bei Youtube hochgeladen hatte, entfernt wird. Denn eine Haftung für solche Handlungen Dritter bestehe nur, wenn diese dem Anspruchsgegner zugutekämen.

Die Ansprüche in § 8 UWG sind in Anlehnung an § 1004 BGB (und § 861 BGB, § 12 BGB) geregelt (vgl. auch § 33 I, II GWB). Dementsprechend setzen sie **kein Verschulden** voraus. Im Rahmen der Unterlassungs- und Beseitigungsansprüche (**nicht** im Rahmen des Schadensersatzanspruchs nach § 9 UWG, → Rn. 85) erfolgt die **Zurechnung** von Pflichtverletzungen von Hilfspersonen dementsprechend auch nicht nach § 831, § 31 oder § 278 BGB, sondern nach der Sondernorm des § 8 II UWG. Diese reicht insoweit weiter als § 831 BGB, als eine Exkulpation ausgeschlossen ist und auch „Beauftragte“ zugerechnet werden. 71

Beispiele: 1. Wer ein Dateiaustauschportal betreibt (z.B. Google Drive, Dropbox oder MEGA) muss sicherstellen, dass diese Speichermöglichkeit nicht genutzt wird, um urheberrechtlich geschützte Inhalte ohne Zustimmung des Inhabers zu teilen (BGH GRUR 2013, 1030 – Filesharing). **2.** Wer einen Ebay-Account besitzt, muss durch Schutz seiner Anmeldedaten sicherstellen, dass noch nicht einmal die Ehefrau dieses Konto benutzen kann, um dort gefälschte Markenware zu vertreiben (BGHZ 180, 134 – Halzband). **3.** Demgegenüber trifft Amazon keine Pflicht, Irreführungen durch Kundenbewertungen aktiv abzuwehren (BGH GRUR 2020, 543 – Kundenbewertungen auf Amazon).

a) Aktivlegitimation und Klagebefugnis (§ 8 III UWG)

§ 8 III UWG beschränkt die zur Geltendmachung von Unterlassungs- und Beseitigungsansprüchen befugten Personen (**Aktivlegitimation**). Dementsprechend sind auch nur diese befugt, die Verbote des UWG gerichtlich durchzusetzen (Klagebefugnis) – praktisch wird § 8 III UWG daher nicht nur in der Begründetheit, sondern auch in der Zulässigkeit einer Klage bzw. eines Antrags auf einstweilige Verfügung geprüft und führt auch zur Abweisung der Klage als „unzulässig“, nicht als „unbegründet“ (→ Rn. 231). Der Gesetzgeber hat den Personenkreis bewusst eng gefasst, um Missbräuche zu verhindern: 72

– **Mitbewerber** (§ 8 III Nr. 1 iVm § 2 I Nr. 4 UWG, → Rn. 44 ff.) sind anspruchsberechtigt, wenn sie Waren oder Dienstleistungen in nicht unerheblichem Maße und nicht nur gelegentlich vertreiben oder nachfragen. Verhindert werden soll damit, dass jemand nur deshalb auf einem Markt tätig wird, um dort Konkurrenten abmahnen zu können. Allerdings werden dadurch auch Neueinsteiger benachteiligt, die sich praktisch nur durch Einschaltungen eines Verbandes gegen unlauteren Wettbewerb wehren können, während sie 73 selbst uneingeschränkt in Anspruch genommen werden können. Soweit es um Verstöße gegen § 4 UWG geht, können nur die davon unmittelbar betroffenen Konkurrenten klagen; im Übrigen dürfen Mitbewerber aber alle Verbotstatbestände des UWG geltend machen – denn eine Irreführung oder Nötigung der Verbraucher zugunsten eines Konkurrenten wirkt auch zu ihrem Nachteil.

Beispiel: A und B verkaufen Poster-Magazine an Apotheken, die diese kostenlos an ihre Kunden verteilen. In einer Ausgabe verwendet A zahlreiche Bilder von Janosch und wirbt für den vom gemeinnützigen Verein X betriebenen „Emil-Grünbär-Klub". B verlangt Unterlassung, da er in der Verwendung der Janosch-Bilder und der Werbung für den Klub eine unlautere Schleichwerbung sieht. Durch die Werbung wird primär der Wettbewerb von X bzw. den Apotheken gefördert, nicht derjenige zwischen A und B. Zu X steht B nicht in Wettbewerb, so dass er grundsätzlich auch keinen eigenen Unterlassungsanspruch hat. Die Janosch-Zeichnungen bewirken jedoch eine höhere Attraktivität des Magazins des A gegenüber dem von B. Insofern berührt das Abdrucken der Werbung für den Emil-Grünbär-Klub auch das Wettbewerbsverhältnis zwischen A und B (BGH WM 1997, 1947 – Emil Grünbär-Klub).

74 – **Wirtschaftsverbände** (§ 8 III Nr. 2 UWG) sind aktivlegitimiert, soweit sie zum einen in eine Liste qualifizierter Wirtschaftsverbände eingetragen sind (§ 8b UWG) und ihnen zusätzlich eine erhebliche Zahl von Unternehmern angehört, die Waren oder Dienstleistungen gleicher oder verwandter Art auf demselben Markt vertreiben, und die Zuwiderhandlung die Interessen ihrer Mitglieder berührt. Damit kann z.B. die IATA als Verband von Fluggesellschaften nicht gegen Verstöße von einem Anbieter von Sonnenschirmen vorgehen. Andererseits spielt es keine Rolle, ob die geschäftliche Handlung sich an Verbraucher oder Unternehmer richtet, denn es geht praktisch um den Schutz der durch den Verband repräsentierten Mitbewerber. Wichtigstes Beispiel für einen marktübergreifenden Verband ist die „Zentrale zur Bekämpfung unlauteren Wettbewerbs Frankfurt am Main e.V." (Wettbewerbszentrale) mit über 2.000 Mitgliedern, darunter 800 Verbänden.

75 – **Verbraucherverbände** (§ 8 III Nr. 3 UWG) vertreten die Interessen der Verbraucher, die als solche nicht aktivlegitimiert sind. Auch hier ist eine Registrierung beim Bundesamt für Justiz in Bonn erforderlich (§ 4 UKlaG); eine europaweite Liste wird aufgrund Art. 4 II UKlag-RL zum Schutz der Verbraucherinteressen von der EU-Kommission auf der Basis der Listen der Mitgliedstaaten verwaltet. Dadurch sollen „qualifizierte Einrichtungen" aus anderen Mitgliedstaaten auch in Deutschland Unterlassungsklagen erheben können, wenn ein grenzüberschreitender Wettbewerbsverstoß seinen Ursprung bei uns hat. Eine Klage durch einen Verbraucherverband ist aber nur zulässig, soweit auch tatsächlich Verbraucherbelange berührt sind, da sonst kein Rechtsschutzbedürfnis besteht. Obwohl der Verband vorrangig Verbraucherinteressen vertreten muss, können auch Unternehmer Mitglieder sein, soweit es nicht zu einer Interessenkollision kommt. Wichtige Beispiele für Verbraucherschutzverbände sind der Verbraucherzentrale Bundesverband (vzbv e.V.) und die als eingetragene Vereine organisierten Verbraucherzentralen der Bundesländer sowie Foodwatch e.V. oder die Deutsche Umwelthilfe e.V.

– Die IHK, die Handwerkskammern sowie andere **berufsständische Körperschaften des öffentlichen Rechts** (§ 8 III Nr. 4 UWG), etwa Anwalts- oder Ärztekammer, sind zur Geltendmachung von Unterlassungsansprüchen im Rahmen der Erfüllung ihrer Aufgaben befugt. **Gewerkschaften** sind nur anspruchsbefugt, soweit sie (ausnahmsweise) selbstständige berufliche Interessen vertreten. 76

Eine Sonderregelung für den Anwendungsbereich der **P2B-VO** (→ Rn. 59) enthält § 8a UWG. Die P2B-VO regelt die Anspruchsberechtigung selbst in Art. 14 P2B-VO abschließend, worauf der deutsche Gesetzgeber hinweisen wollte. § 8a UWG ermöglicht hingegen nicht als Annexkompetenz die Geltendmachung von Ansprüchen aus dem UWG – wenn sich ein Verband also sowohl auf die P2B-VO als auch auf das UWG stützen will, muss er zusätzlich zu Art. 14 P2B-VO die Anforderungen von § 8 III UWG erfüllen. 77

b) Unterlassung

Voraussetzungen des Unterlassungsanspruchs nach § 8 I 1 Var. 2 UWG

1. Verstoß gegen § 3 III, I, II oder § 7 UWG
2. entweder Wiederholungsgefahr (§ 8 I 1 Var. 2 UWG) oder Erstbegehungsgefahr (§ 8 I 2 UWG)
3. keine Rechtfertigung
4. Geltendmachung durch Mitbewerber, Verbände und Kammern (§ 8 III UWG)

Unterlassungsansprüche richten sich auf die Nichtvorname unlauterer Handlungen **in der Zukunft**. Die Vollstreckung erfolgt durch Androhung und eventuell Verhängung eines Ordnungsgeldes oder von Ordnungshaft (§ 890 ZPO). Sie kommen grundsätzlich nur nach einem ersten Verstoß bei Wiederholungsgefahr (§ 8 I 1 Var. 2 UWG), aus- 78 nahmsweise aber auch im Vorfeld der Verletzung bei Erstbegehungsgefahr (vgl. § 8 I 2 UWG) in Betracht:

79 – **Wiederholungsgefahr** liegt immer vor, wenn die ernstliche Möglichkeit einer Wiederholung des Wettbewerbsverstoßes besteht. Die Wiederholungsgefahr wird bei Wettbewerbsverstößen nicht nur für exakt identische Folgeverstöße, sondern für alle „im Kern gleichartigen" Verletzungshandlungen vermutet (sog. „Kerntheorie"). Sie ist jedoch bei Abgabe einer strafbewehrten Unterlassungserklärung widerlegt.

80 – **Erstbegehungsgefahr** bedeutet die ernstzunehmende Gefahr eines baldigen Wettbewerbsverstoßes. Sie ist etwa anzunehmen, wenn der Anspruchsgegner bereits mit Vorbereitungshandlungen begonnen hat oder sich der Befugnis zur Vornahme bestimmter Handlungen berühmt. Jedoch lässt sich die Erstbegehungsgefahr leicht ausräumen, etwa durch endgültige Aufgabe des wettbewerbswidrigen Standpunkts. In der Praxis ist die Annahme eines vorbeugenden Unterlassungsanspruchs eine seltene Ausnahme.

c) Beseitigung

Voraussetzungen des Beseitigungsanspruchs nach § 8 I 1 Var. 1 UWG

1. Verstoß gegen § 3 III, I, II oder § 7 UWG
2. andauernder, rechtswidriger Störungszustand
3. Verhältnismäßigkeit (geeignet und erforderlich zur Beseitigung, Zumutbarkeit)
4. Geltendmachung durch Mitbewerber, Verbände und Kammern (§ 8 III UWG)

81 Der **Beseitigungsanspruch** (§ 8 I 1 Var. 1 UWG) setzt die Herbeiführung eines vorübergehenden **Störungszustandes** voraus, wobei die von dem Zustand ausgehenden Störungen rechtswidrig sein müssen. Seine Grenze findet der Beseitigungsanspruch im **Verhältnismäßigkeitsgrundsatz**, so dass nur Maßnahmen geschuldet sind, die geeignet, erforderlich und dem Schuldner zumutbar sind. Die Beseitigung ist in der Regel eine vertretbare Handlung und kann nach § 887 ZPO vollstreckt werden, teilweise kann sie aber auch nur vom Schädiger persönlich durchgeführt werden und ist daher nach § 888 ZPO durch Zwangsgeld bzw. Zwangshaft zu vollstrecken.

Beispiele: Ein Beseitigungsanspruch auf **Widerruf geschäftsschädigender Äußerung** ist als unvertretbare Handlung durch Zwangsmittel (§ 888 ZPO) zu vollstrecken. Ein Beseitigungsanspruch auf **Vernichtung irreführender Plakatwerbung** kann durch Ersatzvornahme (§ 887 ZPO) vollstreckt werden. Es gibt keinen Anspruch auf Vernichtung oder Herausgabe **wettbewerbswidrig nachgeahmter Leistungen** aus dem UWG, da nicht die Nachahmung als solche, sondern der Vertrieb oder die Verbreitung Gegenstand des lauterkeitsrechtlichen Verbots ist (vgl. aber § 98 UrhG, § 18 MarkenG).

2. Schadensersatz, § 9 UWG

Voraussetzungen des Schadensersatzanspruchs nach § 9 UWG

1. Aktivlegitimation: Mitbewerber (Abs. 1) oder betroffener Verbraucher (Abs. 2)
2. Verstoß gegen § 3 III, I, II oder – bei Mitbewerbern – gegen § 7 UWG; bei Verbrauchern: nicht nur Verstoß gegen §§ 3a, 4, 6 II UWG oder gegen Nr. 32 des Anhangs
3. Verschulden (Vorsatz **oder** Fahrlässigkeit) – bei Presse nur Vorsatz (§ 9 III UWG)
4. Schaden (§§ 249 ff. BGB)

Mit dem Schadensersatzanspruch kann ein Mitbewerber (Abs. 1, → Rn. 73, 44 ff.) oder ein von einer geschäftlichen Handlung unmittelbar betroffener Verbraucher (Abs. 2) den **Ausgleich von Vermögenseinbußen** verlangen, die durch unlauteres Wettbewerbsverhalten entstanden sind. **82**

Der erst 2022 eingeführte **Anspruch der Verbraucher** (§ 9 II UWG) war dabei für den deutschen Gesetzgeber ein großer Paradigmenwechsel und wurde bewusst auf die Fälle der UGP-RL (→ Rn. 7, 59) begrenzt. Sie dürfen daher ausdrücklich nicht Schadensersatz wegen Verstoßes gegen § 7 UWG geltend machen, so dass insoweit weiterhin auf § 823 I BGB iVm dem allgemeinen Persönlichkeitsrecht abzustellen ist; ebenso für den verwandten Fall nach Nr. 32 des Anhangs zu § 3 III UWG. Zudem sind durch § 9 II 2 UWG alle Fälle ausgeschlossen, bei denen die Unlauterkeit (nur) aus §§ 3a, 4, 6 UWG folgt (denn diese schützen primär die Konkurrenten). **83**

Der Schadensersatzanspruch nach § 9 UWG setzt **Verschulden** voraus. **Vorsatz** liegt dabei nicht bereits bei Kenntnis aller Tatsachen, welche die Unlauterkeit begründen, vor, sondern erfordert darüber hinaus das Bewusstsein der Unlauterkeit selbst. **Fahrlässigkeit** ist hingegen bereits dann zu bejahen, soweit ein Bewertungsirrtum vermeidbar ist, insbesondere also, wenn ein Unternehmer sich in einem Grenzbereich wettbewerbsrechtlicher Zulässigkeit bzw. Unzulässigkeit **84** bewegt und deshalb mit einer abweichenden Beurteilung seines Verhaltens rechnen muss.

85 Die **Zurechnung des Verschuldens Dritter** erfolgt nach § 31 BGB bzw. analog § 831 BGB und nicht nach § 8 II UWG (→ Rn. 71) oder nach § 278 BGB, da das Wettbewerbsverhältnis kein Schuldverhältnis ist. Wurde allerdings eine strafbewehrte Unterlassungserklärung abgegeben, greift für die Verwirkung der Vertragsstrafe, d.h. den Anspruch aus § 339 BGB, die Regelung des § 278 BGB – denn insoweit besteht mit dem abstrakten Schuldanerkenntnis (§ 780 BGB) und der Vertragsstrafe (§ 339 BGB) ein Schuldverhältnis, in dessen Rahmen eine Zurechnung erfolgen kann (→ Rn. 222).

86 Nach § 9 III UWG ist für Schadensersatzansprüche gegen Presseorgane Vorsatz erforderlich (sog. **„Presseprivileg"**). Das Privileg greift allerdings nicht, soweit das Presseorgan den Inhalt einer Anzeige selbst mitgestaltet, namentlich bei Eigenwerbung. Die Regelung gilt analog für Internetdienste, soweit diese klassische Medien ersetzen (z.B. Spiegel Online).

87 Der Umfang des Schadensersatzanspruchs richtet sich grundsätzlich nach §§ 249 ff. BGB. Demnach muss der Geschädigte die **Höhe** des ihm entstandenen Schadens grundsätzlich exakt **beziffern**. Es gilt dabei wie im allgemeinen Schadensrecht die **Differenztheorie**, es ist also der Vermögensstand vor und nach dem schädigenden Ereignis zu vergleichen. Dies ist oft nicht möglich, weil sich nicht feststellen lässt, welcher hypothetische Gewinn dem Geschädigten durch das Verhalten des Verletzers entgangen ist (§ 252 BGB). In Betracht kommt dann allenfalls eine Schadensschätzung nach § 287 ZPO.

88 Ausnahmsweise kann bei Ausbeutung fremder Leistungen (§ 4 Nr. 3 UWG) wie im Geistigen Eigentum wahlweise die **Herausgabe des Verletzergewinns** und eine **angemessene Lizenzgebühr** verlangt werden (sog. „dreifache Schadensberechnung"). Ersetzt werden unter Umständen auch ein **„Marktverwirrungsschaden"** und ein „Diskreditierungsschaden". Darunter versteht man den durch die unlautere geschäftliche Handlung herbeigeführten Zustand, der objektiv geeignet ist, die geschäftlichen Entscheidungen der anderen Marktteilnehmer zum Nachteil der Mitbewerber zu beeinflussen. Dieser wird beseitigt durch entsprechende (Gegen-)Werbung, um den richtigen Eindruck wiederherzustellen. Schließlich kommt sogar ein Schmerzensgeld nach § 253 II BGB in Betracht, soweit das allgemeine Persönlichkeitsrecht verletzt wurde (etwa bei § 4 Nr. 1 UWG).

89 Umstritten ist, ob ein Verbraucher nach § 9 II UWG (→ Rn. 83) als Naturalrestitution (§ 249 I BGB) auch die **Rückabwicklung eines nachteiligen Vertrags** verlangen kann. Die Diskussion ähnelt derjenigen zum Verhältnis der c.i.c. zur Anfechtung nach § 123 I BGB bzw.

zum Gewährleistungsrecht: Einerseits könnten über die Anwendung des Schadensersatzanspruchs die besonderen Anforderungen des allgemeinen Zivilrechts unterlaufen werden. Andererseits hat § 9 II UWG aber auch eigene (und strengere) Anforderungen und unterliegt einer sehr kurzen Verjährung, so dass die Gefahr durchaus begrenzt ist. Würde man die Rückabwicklung nicht als erfasst sehen, würde § 9 II UWG praktisch nur den Ersatz vergeblicher Aufwendungen bzw. Rechtsdurchsetzungskosten umfassen.

§ 9 I UWG verdrängt als abschließende Spezialregelung Ansprüche **90** aus § 823 II BGB iVm §§ 3–7 UWG als Schutzgesetz sowie Eingriffe in das Schutzgut des **„eingerichteten und ausgeübten Gewerbebetriebs"** im Sinne von § 823 I BGB (→ Rn. 66). Möglich bleibt die Anwendung von deliktsrechtlichen Anspruchsgrundlagen, welche **über das UWG hinausgehende Voraussetzungen** verlangen. Dies sind § 824 BGB wegen des abweichenden Anwendungsbereichs, § 826 BGB wegen des Vorsatzerfordernisses im Hinblick auf Sittenwidrigkeit und Schaden, § 823 I BGB bei anderen Rechtsgütern als dem Gewerbebetrieb – insb. dem Persönlichkeitsrecht – und schließlich § 823 II BGB iVm den strafrechtlichen Normen der §§ 16 ff. UWG. Sonst könnte der Schädiger einer Haftung mit der Behauptung entgehen, sein Verhalten sei zugleich wettbewerbswidrig gewesen und der Schadensersatzanspruch wäre daher nach § 11 UWG (statt nach §§ 195, 199 BGB) verjährt.

Beispiel: B vertreibt seit 1811 Wein, A stellt seit 1826 Sekt her. Seit 1920 produziert auch B Sekt. Seit 2001 hebt er das Jahr 1811 in seiner Werbung hervor und gibt unter einem Bild des Unternehmensgründers dessen Lebenszeit, „1773–1847" an. A verlangt mit einer Klage im Jahr 2004 Unterlassung und Schadensersatz für den Zeitraum ab 1995. B beruft sich auf Verjährung. Der BGH (BGH NJW 1962, 1103 – Gründerbildnis) hat den Unterlassungsanspruch bejaht, Schadensersatz aber nur für die letzten 6 Monate zugesprochen. Die Regelung des § 9 UWG verdrängt das allgemeine Deliktsrecht sowohl im Hinblick auf eine Schutzgesetzverletzung von § 823 II BGB iVm § 3 UWG als auch im Hinblick auf Eingriffe in den eingerichteten und ausgeübten Gewerbebetrieb als Schutzgut von § 823 I BGB. Etwas anderes gilt nur für § 824 und § 826 BGB, die hier aber nicht einschlägig waren, so dass die kurze Verjährung des § 11 UWG greift.

Der **Schadensersatzanspruch der Verbraucher** (§ 9 II 1 UWG, **91** → Rn. 83) schließt Ansprüche aus c.i.c., Gewährleistungsrecht oder Deliktsrecht grundsätzlich nicht aus – umgekehrt gibt das Gesetz aber auch nichts für einen Vorrang von Ansprüchen und Rechtsbehelfen des Zivilrechts (etwa Anfechtung nach § 123 I BGB oder Widerruf nach § 355 BGB) her. Vielmehr findet § 9 II 1 UWG neben diesen Rechten Anwendung – es besteht einfache Anspruchskonkurrenz.

3. Gewinnabschöpfung, § 10 UWG

Voraussetzungen des Gewinnabschöpfungsanspruchs nach § 10 UWG

1. Aktivlegitimation: Verbände oder Kammern (§ 8 III Nr. 2 bis 4)
2. Verstoß gegen § 3 UWG
3. Vorsatz
4. Gewinnerzielung
5. auf Kosten einer Vielzahl von Abnehmern

92 Der an die Vorteilsabschöpfung nach § 34a GWB (→ Rn. 475) angelehnte Gewinnabschöpfungsanspruch (§ 10 UWG) sollte der Verbesserung der Durchsetzung des Lauterkeitsrechts bei **Streuschäden** dienen (etwa: 100.000 Personen sind in Höhe von 1 € geschädigt – der Gewinn ist 100.000 € aber der Einzelne wird seinen Schaden von 1 € praktisch nicht geltend machen). Der Anspruch kann nur von Verbänden geltend gemacht werden, da man einen Missbrauch fürchtete, wenn Mitbewerber Sanktionen im öffentlichen Interesse verhängen dürften. Individuelle Schadensersatzansprüche sind gegenüber der Gewinnabschöpfung vorrangig (§ 10 II 1 UWG), nachträglich erbrachte Zahlungen sind zurückzuerstatten (§ 10 II 2 UWG). Das Geld fließt in den Bundeshaushalt (und nicht etwa an die Verbände!). Praktisch scheitert die Geltendmachung daran, dass der BGH die Einschaltung von Prozessfinanzierern untersagt hat (BGH ZIP 2021, 1643) und die Beweislast für vorsätzliches Handeln und die Höhe des Gewinns von den Anspruchsinhabern kaum erfüllt werden kann. Insoweit liegen die Hoffnung bei der Bekämpfung von Streuschäden auf der Umsetzung der EU-Verbandsklage (RL 2020/1828) sowie der Musterfeststellungsklage nach §§ 606 ff. ZPO.

4. Auskunft und Rechnungslegung, § 242 BGB

Voraussetzungen des Auskunftsanspruchs aus § 242

1. Sonderbeziehung (Schadensersatzanspruch wegen schuldhafter Verletzungshandlung)
2. unverschuldete Ungewissheit
3. zur Rechtsdurchsetzung erforderliche Tatsachen
4. Auskunftserteilung zumutbar (Verhältnismäßigkeit)

Der gewohnheitsrechtlich anerkannte Auskunftsanspruch aus Treu und Glauben (§ 242 BGB) dient der Durchsetzung der anderen Ansprüche – gerade im Vergleich zu § 33g GWB (→ Rn. 497) ist er freilich sehr schwach ausgeprägt. Ziel ist nur die Schadensbezifferung sowie die Ermittlung weiterer Anspruchsgegner, nicht jedoch die Ermittlung oder Substantiierung der Verletzungshandlung – dies folgt bereits aus dem Selbstbezichtigungsverbot („*nemo tenetur se ipsum accusare*"). Bei **Auskünften**, die der Betroffene eigentlich **verweigern dürfte,** (etwa weil es sich um ein Geschäftsgeheimnis handelt), richtet sich der Anspruch auf Auskunft an eine **zur Verschwiegenheit verpflichtete Person** (Anwälte, Notare, Wirtschaftsprüfer, Steuerberater), die dann das Gericht informiert. Ein spezieller Auskunftsanspruch von Verbänden gegen TK-Dienstleister findet sich in § 8 V 1 UWG iVm § 13 UKlaG. 93

5. Abmahn- (§ 13 III UWG) und Verteidigungskosten (§ 13 V UWG)

Nach § 13 III UWG sind die **Kosten einer berechtigten Abmahnung** zu ersetzen (historisch wurde dies aus einer echten berechtigten GoA, §§ 670, 683 S. 1, 677 BGB hergeleitet). Nach § 13 V UWG hat bei einer unberechtigten Abmahnung der Abgemahnte spiegelbildlich einen Anspruch auf Ersatz der Verteidigungskosten – freilich nach § 13 V 2 UWG nur in begrenzter Höhe. Zudem gewährt § 8c III 1 UWG bei missbräuchlicher Anspruchsdurchsetzung einen unbegrenzten Anspruch auf Ersatz von Verteidigungskosten. Details zu diesen Ansprüchen werden im Zusammenhang mit der Abmahnung (→ Rn. 223 ff.) dargestellt. 94

6. Eingriffskondiktion (§ 812 I 1, 2. Var. BGB)

Soweit durch einen UWG-Verstoß etwas auf Kosten eines Dritten erlangt wurde, kann der Berechtigte dies im Wege der Eingriffskondiktion (§ 812 I 1, 2. Var. BGB) herausverlangen. Dies ist ggü. § 9 UWG vorteilhaft, da das Bereicherungsrecht **kein Verschulden voraussetzt**. Praktisch betrifft dies freilich nur die Fälle des § 4 Nr. 3 UWG, denn üblicherweise geht es nicht um individuell zugeordnete Rechtspositionen der Marktteilnehmer. 95

III. Verjährung (§ 11 UWG) und Missbrauch (§ 8c UWG)

Unterlassungs- und Schadensersatzansprüche aus dem UWG verjähren nach § 11 I UWG grds. in **sechs Monaten**; nur für die Schadensersatzansprüche der Verbraucher beträgt die Frist ein Jahr. Bei Unterlas- 96 sungsansprüchen (→ Rn. 78 ff.) hat diese kurze Verjährung freilich keine große Bedeutung, da diese bei Wiederholungsgefahr oder andauernder Störung immer wieder neu entstehen. Bei Schadensersatzansprüchen wird die kurze Frist dadurch abgemildert, dass die Frist (wie die Regelverjährung nach §§ 195, 199 BGB) erst mit Kenntnis bzw. grob fahrlässiger Unkenntnis zu laufen beginnt (§ 11 II UWG). Ebenfalls wie bei § 199 BGB gibt es Höchstfristen von 10 Jahren ab Entstehung bzw. 30 Jahren ab Pflichtverletzung (§ 11 III UWG). Weiterhin gelten die Hemmungs- und Unterbrechungstatbestände des BGB (insbesondere bei Verhandlungen, § 203 BGB) auch hier. Die kurze Verjährung gilt nur für Ansprüche aus dem UWG und damit nicht für konkurrierende Ansprüche aus dem allgemeinen Deliktsrecht (etwa §§ 824, 826 BGB) oder aus Vertragsstrafeversprechen (§ 339 BGB). Der **Gewinnabschöpfungsanspruch** (→ Rn. 92) und der **Aufwendungsersatzanspruch für Abmahnkosten** (→ Rn. 94) verjähren nach § 11 IV UWG unabhängig von subjektiven Merkmalen drei Jahre nach ihrer Entstehung.

97 § 8c I UWG enthält eine besondere Regelung zum Schikaneverbot (§ 226 BGB) bzw. zum Grundsatz von Treu und Glauben (§ 242 BGB): Die **„missbräuchliche" Geltendmachung von Ansprüchen** aus dem UWG ist stets unzulässig, obwohl ihr Tatbestand erfüllt ist. Damit ist eine etwaige Abmahnung „unberechtigt" im Sinne von § 13 III UWG (→ Rn. 94), eine Klage bzw. ein Antrag auf einstweilige Verfügung ist als unbegründet abzuweisen (nach aA als unzulässig, da es um eine Ausprägung des Rechtsschutzbedürfnisses geht). Da der Missbrauch immer auf den konkreten Anspruchsteller abstellt, kann der Verstoß damit nur durch andere Personen verfolgt werden, sonst bleibt er mangels Anspruchsteller folgenlos („wo kein Kläger, da kein Richter").

98 Gegenüber §§ 226, 242 BGB hat der Gesetzgeber versucht, den Tatbestand durch **Regelbeispiele** in § 8c II UWG zu konkretisieren – grob geht es um Fälle der Behinderung (Nachteilszufügung) oder spiegelbildlich der Bereicherung zum Nachteil des Anspruchsgegners. Wie alle derartigen Kataloge ist die Aufzählung aber weder abschließend noch kann bei jedem Verstoß automatisch ein Missbrauch angenommen werden – vielmehr ist eine umfassende Interessenabwägung erforderlich.

99 Bei größeren Missbrauchsfällen gewährt § 4c UKlaG dem Bundesamt für Justiz die Möglichkeit, Verbraucherverbände **von der maßgeblichen Liste zu entfernen**; nach § 8b III UWG gilt dies entsprechend für Wirtschaftsverbände. Damit verlieren die entsprechenden Verbände umfassend ihre Aktivlegitimation.

B. Geschäftliche Handlung (§ 2 I Nr. 2 UWG)

Die „**geschäftliche Handlung**" grenzt das UWG zum allgemeinen Deliktsrecht (§§ 823ff. BGB) ab und wird daher in allen Verbotstatbeständen (§§ 3 I, II, III, 7 UWG) vorausgesetzt. Der Begriff ist in § 2 I Nr. 2 UWG legaldefiniert. 100

Prüfungsschema Geschäftliche Handlung im Sinne des UWG

1. Verhalten
2. zugunsten eines eigenen oder fremden Unternehmens
3. vor, bei oder nach Geschäftsabschluss
4. objektiver und unmittelbarer Zusammenhang mit Absatz oder Bezug, Vertragsschluss oder -durchführung.

Als **„Handlung"** ist kein aktives Tun erforderlich, sondern es genügt auch bloßes Unterlassen, soweit eine entsprechende Handlungspflicht (etwa aus § 5a UWG) besteht. Erforderlich ist nicht Geschäfts- sondern Deliktsfähigkeit (§§ 827 f. BGB), Zwang (*vis compulsiva*) oder Täuschung schließen die Handlung nicht aus. Eine geschäftliche Handlung liegt auch bei der Erfüllung gesetzlicher Pflichten (etwa Registeranmeldung, Information des Kapitalmarkts) vor. 101

Erforderlich ist weiterhin ein Tätigwerden **„zugunsten** eines eigenen oder fremden Unternehmens". Der Begriff des **„Unternehmens"** meint diejenige Organisation, durch die (irgend)ein „Unternehmer" im Sinne von § 2 I Nr. 8 UWG seine Tätigkeit ausübt. Erfasst sind damit nicht nur Kaufleute (§§ 1 ff. HGB), sondern auch Freiberufler, Kleingewerbetreibende und sogar die öffentliche Hand, soweit sie erwerbswirtschaftlich tätig wird. Ausgenommen sind nur **rein private Tätigkeiten** und **rein hoheitliche** Tätigkeiten des Staates (Gefahrenabwehr, Bauplanung, etc.). Ebenfalls nicht erfasst sind die Mitgliederwerbung und sozialpolitische Tätigkeit von Vereinen, soweit sich dahinter nicht (wie beim ADAC) das Angebot von Dienstleistungen (Versicherung, etc.) verbirgt. Andererseits muss aber keine Gewinnerzielungsabsicht verfolgt werden – auch wenn eine Gegenleistung Bedürftigen zugutekommt, sind die Konkurrenten und Abnehmer vor unlauterem Verhalten zu schützen. Selbst wenn im Einzelfall Leistungen unentgeltlich erbracht werden (etwa als Werbeaktion), findet das UWG Anwendung. Wie § 3a UWG deutlich zeigt, findet das UWG erst Recht Anwendung auf Unternehmen, die gegen gesetzliche Verbote verstoßen. 102

Der Handelnde selbst muss **kein Unternehmen** betreiben. Wer aber ausschließlich Gegenstände zum eigenen privaten Verbrauch erwirbt, handelt nicht **„zugunsten"** des anbietenden Unternehmens, sondern 103 allein zur eigenen Bedarfsbefriedigung. Demgegenüber wird man bei Testberichten in Zeitungen etc. ein Handeln „zugunsten" des jeweiligen Testsiegers bejahen können; ebenso wird man bei Boykottaufrufen (z.B. von Influencern) ein Handeln „zugunsten" der Anbieter etwaiger Substitutionsprodukte bejahen können.

104 Das Verhalten muss **„vor, bei oder nach einem Geschäftsabschluss"** erfolgen. Damit ist ein denkbar weites Feld eröffnet – von der öffentlichen Werbung (auch Imagewerbung, die von konkreten Waren oder Dienstleistungen losgelöst ist, etwa das Sponsoring von Sportveranstaltungen) bis zum Verhalten bei der Geltendmachung von Gewährleistungsansprüchen. Das Unternehmen muss im Zeitpunkt der Handlung noch nicht einmal existieren, soweit es bereits konkrete Vorbereitungshandlungen getroffen hat oder kann sich bereits in Liquidation befinden, solange der Geschäftsbetrieb noch nicht komplett eingestellt wurde. Bei einem Verhalten „nach" einem Geschäftsabschluss ist allerdings zu beachten, dass nicht jede Vertragspflichtverletzung gegenüber einem Kunden, durch die ein Konkurrent benachteiligt wird, im Sinne von § 280 I BGB auch gleichzeitig eine geschäftliche Handlung darstellt. Vielmehr wird verlangt, dass diese „in Ausmaß und Umfang besonderes Gewicht" hat.

105 Erforderlich ist schließlich noch ein **unmittelbarer und objektiver Zusammenhang** zu Absatz, Bezug, Vertragsschluss oder -durchführung. Die Merkmale „Ware" oder „Dienstleistung" entfalten praktisch keine einschränkende Wirkung, sondern verdeutlichen, dass alle körperlichen Gegenstände (einschließlich Grundstücken) und unkörperliche Leistungen (einschließlich digitaler Inhalte) erfasst sind. Ein objektiver und unmittelbarer Zusammenhang besteht, wenn das Verhalten aus Sicht eines objektiven Dritten geeignet ist, den entsprechenden Erfolg zu begünstigen. Ausgenommen sind damit rein unternehmensinterne Maßnahmen, die für den Markt keine sichtbaren Folgen entfalten (etwa Rundschreiben an Mitarbeiter). Darüber hinaus muss es zumindest (objektiv) möglich sein, dass das Verhalten der Marktgegenseite beeinflusst wird. Die Unmittelbarkeit fehlt nur, wenn es völlig untypischer und unvorhersehbarer Zwischenschritte zur Absatzförderung bedürfte.

Beispiele: 1. K und B sind Rechtsanwälte, die schwerpunktmäßig Mandanten bei Urheberrechtsverletzungen in Internettauschbörsen betreuen. B betreut vor allem die Rechtsverletzer, K primär die Rechteinhaber. B bestreitet gegenüber K stets, dass seine Mandanten eine Rechtsverletzung begangen haben. Durch den Einsatz von „Lockvogel-Mandanten" findet K heraus, dass B die Rechtsverletzung wahrheitswidrig sogar in den Fällen bestreitet, in denen die Mandanten gegenüber B eine Rechtsverletzung eingeräumt haben. Der BGH (GRUR 2013, 945 ff. – Standardisierte Mandatsbearbeitung) verneinte eine geschäftliche Handlung, weil Berufspflichtverstöße weder die Beziehung zum aktuellen

Mandanten fördern, noch zusätzliche Mandanten anziehen würden. **2.** Ein Verein zur öffentlichen Gesundheitspflege verkaufte einen „Anti-Zigaretten-Kalender“, in dem ein „Gewinnspiel“ mit Bildauszügen aus der Marlboro-Werbung unter dem Titel „Mordoro-Poker“ dargestellt ist. Als Preise werden Magengeschwür, Herzinfarkt und Lungenkrebs ausgelobt. Nach Ansicht des BGH (BGHZ 91, 117) war der Kalender (trotz der durch den Verkauf erlangten Beträge) nicht auf erwerbswirtschaftliche Ziele, sondern auf volksgesundheitliche Interessen gerichtet. Auch dass der Kampf gegen den Zigarettenabsatz objektiv die Anbieter „substituierbarer Güter“ fördern mag, ersetzte diese subjektiven Anforderungen an ein Wettbewerbsverhältnis nicht.

Bei **Handelsgesellschaften** (§ 6 HGB, § 3 I AktG, § 13 III GmbHG) **106** und **Wirtschaftsverbänden** wird eine Förderung des eigenen Unternehmens vermutet. Bei **natürlichen Personen** ist hingegen stets im Einzelfall festzustellen, ob sie nicht außerhalb ihres Berufs- und Erwerbslebens, also im **reinen Privatbereich** handeln. Andererseits gelten Personen, die im Auftrag oder im Namen eines Unternehmers handeln, nach § 2 I Nr. 8 UWG ihrerseits als Unternehmer – insoweit wird die Förderungsabsicht vermutet.

Beispiele: 1. Makler M will ein Haus, das er seit einigen Jahren in seinem Privateigentum hat, per Zeitungsannonce verkaufen, ohne darauf hinzuweisen, dass er Makler ist. Hiergegen wendet sich ein Verbraucherverband mit der Begründung, dass er zur Offenlegung verpflichtet sei, da er als Makler über ein Sonderwissen verfüge und mögliche Kunden mit ihm keine Verträge abschließen würden, wenn ihnen dies bekannt sei („Makler als Makel“). Trotz der Vermutungsregel des § 344 HGB handelt M hier jedoch nicht im geschäftlichen Verkehr, sondern als reine Privatperson (BGH NJW-RR 1993, 1063, 1064 – Maklerprivatangebot). Er hat das Grundstück gerade nicht zum Zweck des Weiterverkaufs erworben, sondern verkauft es wie jeder andere Bürger auch. **2.** Wenn ein Branchenverzeichnis irrig einen Heilpraktiker in der Rubrik „Ärzte“ einträgt, ist dies keine geschäftliche Handlung. Wird dies aber trotz Kenntnis der Fehlzuordnung fortgesetzt, wird das Unternehmen des Heilpraktikers gefördert und eine geschäftliche Handlung ist zu bejahen (OLG Frankfurt WRP 2015, 1530 Rn. 14, 16).

Schwierigkeiten bereitet die Behandlung der **Presse**. Dass deren **107** Verhalten grundsätzlich durch das UWG erfasst wird, folgt aus § 9 III UWG (→ Rn. 86). Im Rahmen objektiver Berichterstattung oder redaktioneller Tätigkeit ist regelmäßig der Pressefreiheit (Art. 11 EU-GR-Charta; Art. 5 I 2 GG) der Vorrang vor dem Schutz des Wettbewerbs einzuräumen. Dies gilt entsprechend bei **Warenvergleichen von unabhängigen Verbraucherschutzorganisationen**. Im **Anzeigengeschäft** besteht demgegenüber eine Privilegierung durch die Pressefreiheit nur in sehr begrenztem Umfang. Allerdings ist die Presse auch dort nur verpflichtet, eine Überprüfung auf grobe, **der Anzeige unschwer**

zu entnehmende Gesetzesverstöße vorzunehmen und den **bewussten** Abdruck bekannt unlauterer Anzeigen zu unterlassen.

108 Eine geschäftliche Handlung wird zudem bejaht, soweit die Wettbewerbsförderung deutlich über die auch bei neutraler Berichterstattung erforderliche Rolle hinausgeht. Dies ist nicht erst bei **bewusst wahrheitswidrigen Angaben**, sondern bereits bei der **übermäßigen Anpreisung** (etwa von Ärzten oder Anwälten) anzunehmen. Auch eine **enge räumliche Beziehung** zwischen Anzeige und redaktionellem Beitrag kann für eine geschäftliche Handlung sprechen. In jedem Fall handelt es sich um eine geschäftliche Handlung, wenn ein redaktioneller Beitrag gezielt die Erwartung des Verkehrs an die objektive Meinungsäußerung oder Berichterstattung einer neutralen Redaktion enttäuscht (vgl. § 5a IV UWG – Schleichwerbeverbot; Nr. 11, 11a des Anhangs zum UWG, → Rn. 191 ff.). Werbung ist daher immer ausdrücklich als „Anzeige" zu kennzeichnen (**Trennungsgebot**).

Beispiel: In der Tageszeitung W erschien in einer Sonderbeilage ein redaktionell gestalteter Beitrag über die Neueröffnung eines Kosmetikstudios unter der Überschrift „Wohlbefinden in rundum gepflegter Haut". Der Artikel befasste sich ohne jede kritische Distanz allein mit dem Kosmetikstudio und hob dessen Vorzüge in einer Weise lobend hervor, die bei dem Verkehr den Eindruck erweckt, dass von redaktioneller Seite ein Besuch dieses Studios empfohlen wird. Der Beitrag war auf der einen Seite und am unteren Rand umrahmt von der Eröffnungsanzeige des Kosmetikstudios sowie von Anzeigen von bei der Einrichtung des Salons beteiligten Firmen. Er beruhte auf einem Textvorschlag der Inhaberin des Kosmetikstudios, auch die Platzierung der Anzeige unmittelbar neben dem redaktionell gestalteten Beitrag beruhte auf ihrem Vorschlag. Der BGH hielt die in redaktioneller Form erscheinende werbende Stellungnahme für wettbewerbsrechtlich unzulässig (BGH NJW-RR 1994, 872): Der Verkehr misst einem redaktionellen Beitrag als objektiver Meinungsäußerung oder als Berichterstattung einer neutralen Redaktion größere Bedeutung bei und steht ihr unkritischer gegenüber als den werbenden Behauptungen von Wettbewerbern. Da die Werbung nicht als solche erkennbar gemacht wurde und auch nicht ohne weiteres als solche für maßgebliche Teile der Verbraucherschaft erkennbar war, lag eine gegen § 3 I UWG verstoßende geschäftliche Handlung vor.

109 Der **Staat**, von diesem beliehene Unternehmen und eingeschaltete Verwaltungshelfer ohne eigenen Ermessensspielraum unterliegen bei hoheitlichem Handeln nicht dem UWG, sondern ausschließlich den Vorgaben des öffentlichen Rechts. Soweit allerdings der Staat erwerbswirtschaftlich tätig wird (einschließlich der Daseinsvorsorge) oder gezielt fremde Unternehmen fördert, muss auch er sich an die Vorgaben des UWG halten.

Beispiele: 1. Ein Abschleppunternehmer schleppte Fahrzeuge im Auftrag der Polizei ab. Er verlangte dann von den Abgeschleppten Kostenersatz und verweigerte bis zur Begleichung seiner Werklohnforderung die Herausgabe des PKW.

Eine geschäftliche Handlung iSv § 2 I Nr. 2 UWG lag nicht vor, da es um einen öffentlich-rechtlichen Anspruch auf Kostenerstattung für die Ersatzvornahme ging – maßgeblich waren daher allein die Rechtsbehelfe des öffentlichen Rechts. (BGH GRUR 2006, 428 Rn. 12 – Abschleppkosten-Inkasso). **2.** Wenn eine Gemeinde zwar öffentlich-rechtlich verpflichtet ist, ein Gemeindeblatt herauszugeben, dieses aber überobligatorisch mit redaktionellen Beiträgen und Anzeigen auffüllt, liegt darin nach dem BGH (GRUR 2019, 189 – Crailsheimer Stadtblatt II) eine geschäftliche Handlung (die wegen Verstoßes gegen § 3a UWG iVm dem Gebot der Staatsferne aus Art. 5 I 2 GG sogar unlauter ist).

C. „Schwarze Liste“ (§ 3 III UWG)

Bestimmte Verhaltensweisen sind nach § 3 III UWG in Umsetzung von Art. 5 V UGP-RL unabhängig von einer tatsächlichen Spürbarkeit stets verboten, wenn sie gegenüber einem Verbraucher (§ 2 II UWG iVm § 13 BGB) erfolgen. Es handelt sich dabei nicht um Regelbeispiele, sondern um eine feste Aufzählung. Es ist daher weder eine weitere (= verbraucherschützende) noch eine engere (= unternehmergünstige) Auslegung möglich. Damit ist selbstverständlich nicht ausgeschlossen, dass es auf Tatbestandsebene durchaus mitunter einer Wertung bedarf, etwa wenn ein „angemessener Zeitraum“, eine „angemessene Menge“, etc. gefordert wird. **110**

Prüfung von § 3 III UWG

1. Geschäftliche Handlung
2. (zumindest auch) gegenüber min. einem Verbraucher
3. Verstoß gegen ein Verbot aus dem Anhang

Die **Nummerierung des Anhangs** zu § 3 III UWG entspricht seit 2022 endlich derjenigen der UGP-RL (vorher hatte der deutsche Gesetzgeber Umsortierungen und Anpassungen vorgenommen); durch die Aufteilung in irreführende und aggressive Handlungen sowie die amtlichen Überschriften vor den Tatbeständen ist er inzwischen auch recht übersichtlich. Eine Auflistung der einzelnen Tatbestände ist an dieser Stelle entbehrlich – diese sind so konkret, dass Sie einfach mit dem Gesetzestext arbeiten können. Neben dem Anhang sollten stets zusätzlich Verstöße gegen § 7 UWG und § 3 I UWG (iVm §§ 3a, 4, 4a, 5, 5a, 6 II UWG) geprüft werden, um abzusichern, dass ein Verstoß auch dann vorliegt, wenn jemand den Anhang anders auslegt als Sie. **111**

D. Das Verbot belästigender Handlungen (§ 7 UWG)

112 Das Belästigungsverbot des § 7 UWG ist ein von der Generalklausel des § 3 I UWG unabhängiger Spezialtatbestand. Eine „Belästigung“ liegt in jeder Handlung, die wegen ihrer **Art und Weise**, unabhängig vom Inhalt, als Belästigung **empfunden** wird. Es geht also anders als bei §§ 4a, 5, 5a UWG nicht um die Beeinflussung einer Entscheidung, sondern einfach nur um die Störung als solche. Die Belästigung besteht darin, dass die geschäftliche Handlung den Empfängern **aufgedrängt** wird. § 7 II Nr. 1 bis 3 UWG dienen der Umsetzung von Art. 13 ePrivacy-RL. Vor der Generalklausel des § 7 I UWG sind zunächst die Sonderfälle nach § 7 II Nr. 1–3 zu prüfen. Die belästigten Personen selbst können sich nicht auf das UWG stützen, sondern nur Ansprüche aus § 823 I BGB iVm dem allgemeinen Persönlichkeitsrecht (Art. 2 I iVm 1 I GG) bzw. dem Recht am eingerichteten und ausgeübten Gewerbebetrieb (Art. 12, 14 GG) geltend machen, ggf. auch iVm § 1004 BGB analog als quasi-negatorischer Unterlassungsanspruch (→ Rn. 66).

Prüfung von § 7 UWG

1. Geschäftliche Handlung
2. unzumutbare Belästigung
   a) Telefonwerbung (§ 7 II Nr. 1) bei fehlender ausdrücklicher vorheriger Einwilligung (Verbraucher) bzw. ohne mutmaßliche Einwilligung (sonstige Marktteilnehmer)
   b) Automatische Anrufmaschine, Fax, Email (§ 7 II Nr. 2) ohne ausdrückliche Einwilligung außer (§ 7 III)
      aa) Emailadresse bei vorherigem Geschäft mitgeteilt und
      bb) Werbung für eigene ähnliche Angebote und
      cc) kein Widerspruch und
      dd) Hinweis auf Widerspruchsmöglichkeit
   c) Verschleierung des Absenders, der Widerrufsmöglichkeit oder keine Abbestellmöglichkeit „zu Basistarifen“ (§ 7 II Nr. 4)
3. Regelbeispiel (§ 7 I 2 UWG): erkennbar unerwünschte Werbung
4. „große“ Generalklausel (§ 7 I 1 UWG): „in unzumutbarer Weise belästigt“

113 **Telefonwerbung** (§ 7 II Nr. 1 UWG) ist seit jeher von der Rechtsprechung als unlauter angesehen worden, da massenhafte Nutzung zu einer erheblichen Einschränkung der Privatsphäre führen würde. Der

deutsche Gesetzgeber wollte Art. 13 III ePrivacyRL umsetzen, der jedoch nur zwischen natürlichen und juristischen Personen (Art. 13 V ePrivacyRL) differenziert, nicht aber zwischen Unternehmern und Verbrauchern. Allerdings erlaubt Art. 13 III a.E. ePrivacyRL den nationalen Gesetzgebern die Wahl zwischen einer vor Einwilligungslösung („*Opt in*") und ein Widerspruchslösung („*Opt out*"), so dass man die deutsche Regelung als zulässiges Minus hierzu verstehen könnte. Verstöße können durch die BNetzA durch Bußgeld geahndet werden (§ 20 I Nr. 1 UWG, → Rn. 249). Was „Werbung" ist, definiert das UWG leider nicht, allerdings kann auf die Definition der WerbeRL (→ Rn. 125) zurückgegriffen werden.

Beispiel: Anbieter X bot nach einmaliger Zahlung von 38 DM kostenlose Festnetzgespräche im Inland an, die durch alle 90 Sekunden eingeblendete Werbung finanziert wurden. Der BGH (BGH GRUR 2002, 638 – Werbefinanzierte Telefongespräche) verneinte die Unlauterkeit wegen unzumutbarer Belästigung des Angerufenen. Denn durch die Fortführung des Gesprächs trotz des (im eigenen Interesse) vom Anrufer gegebenen Hinweises erkläre dieser sein Einverständnis mit der Werbung.

Die Anforderungen an die **Einwilligungserklärung** ergeben sich aus Art. 2 S. 2 lit. f ePrivacyRL iVm Art. 4 Nr. 11 DS-GVO. § 7a UWG statuiert ergänzend eine besondere Dokumentations- und (fünfjährige) Aufbewahrungspflicht für die Einwilligungserklärungen von Verbrauchern im Sinne von § 7 II Nr. 1 UWG. Verstöße gegen diese Pflicht sind ihrerseits bußgeldbewehrt (§ 20 I Nr. 2 UWG). **114**

Die Behandlung von **Fax-/Email-Werbung** (§ 7 II Nr. 2 UWG) unterlag einer gewissen Dynamik: Nach Art 10 FernabsatzRL 97/7/EG galt für Werbeemails zunächst das „Opt-out"-Modell, wonach (wie im US-amerikanischen Recht) für Email-Werbung bis zur **Erklärung der Ablehnung** zulässig ist; während für automatische Anrufsysteme und Fax eine vorherige Einwilligung erforderlich war. Nach Art. 13 I ePrivacyRL darf Direktwerbung per elektronischer Post an natürliche Personen nur mit deren Zustimmung erfolgen. In Deutschland gilt dieses „*Opt-In*"-Modell weitergehend auch für juristische Personen, so dass stets ein **vorheriges** Einverständnis vorliegen muss (anders als bei Telefonwerbung genügt auch bei Unternehmern nicht die mutmaßliche Einwilligung). Für Verbraucher kommt diese Regelung aber ggf. gar nicht zur Anwendung – denn die technologieneutrale Nr. 26 des Anhangs ist insoweit vorrangig. Der Begriff der „elektronischen Post" ist weit zu verstehen und erfasst auch E-Mail-äquivalente Verfahren. **115**

Beispiel: Elektronische Post erfasst auch Werbung eines Webmaildienstes, die so in der Nachrichtenliste eingeblendet wird, dass der Nutzer meinen könnte, es handele sich um eine E-Mail (EuGH GRUR 2022, 87 – StWL/eprimo).

116 Email-Werbung kann ausnahmsweise unter den Voraussetzungen des § 7 III UWG (der Art. 13 II ePrivacyRL umsetzt) gerechtfertigt sein. Dabei muss die Adresse **„im Zusammenhang mit dem Verkauf“** erlangt worden sein. Dafür ist der tatsächliche Vertragsschluss gem. §§ 145 ff. BGB maßgeblich, die bloße Anbahnung iSv § 311 II BGB genügt nicht. Die „ähnlichen Waren oder Dienstleistungen“ sind hingegen weit zu verstehen, so dass etwa auch Zubehör und Serviceleistungen erfasst sind.

Beispiel: Ein Unternehmen setzte eine Software ein, die automatisch den Eingang von Kündigungserklärungen bestätigte. In der Fußzeile dieser E-Mails wurde auf verschiedene Apps und Zusatzservices hingewiesen. Der BGH entschied, dass solche „Autoreply-Mitteilungen“ keine Werbung enthalten dürfen (BGH NJW 2016, 870).

117 Nach § 7 II Nr. 3 UWG ist immer (d.h. auch bei Vorliegen einer Einwilligung) der Absender anzugeben und die **Möglichkeit zu gewähren, die Einstellung der Zusendung von Werbemaßnahmen zu verlangen**. Unzulässig ist es, für den Widerruf zusätzliche Kosten (etwa durch Mehrwertdienstnummern) zu verlangen. Dies steht in engem Zusammenhang zu den Pflichten aus § 312a BGB (Identifikationspflicht bei Verbraucherverträgen), § 6 II TMG (Kenntlichmachung kommerzieller Onlinekommunikation), § 15 TTDSG (Verbot der Rufnummernunterdrückung) und § 5a IV UWG (Schleichwerbeverbot).

118 Schließlich findet bei Fällen, die nicht unter § 7 II UWG fallen, die Generalklausel des § 7 I UWG Anwendung. Erforderlich ist danach eine „unzumutbare“ Belästigung. Die Grenze der Zumutbarkeit ist nicht zu hoch anzusetzen, vielmehr sollen alle Fälle erfasst sein, in denen sich die Belästigung zu einer solchen Intensität verdichtet hat, dass sie von einem großen Teil der Adressaten **als unerträglich** empfunden wird. § 7 I UWG schützt dabei nicht nur Verbraucher, sondern auch andere Unternehmer vor Belästigung. Zur Konkretisierung enthält § 7 I 2 UWG das Regelbeispiel „erkennbar unerwünschter Werbung“ – wobei es gerade nicht um den Inhalt geht (dafür greifen §§ 4a, 5 UWG bzw. § 3a UWG iVm Werbeverboten wie dem Jugendschutzrecht). Praktisch bekanntes Beispiel hierfür sind die auf vielen Briefkästen angebrachten Aufkleber „Keine Werbung einwerfen“.

Beispiele: 1. Vertreterbesuche sind (insbesondere wegen der gewerberechtlichen Zulässigkeit) grundsätzlich hinzunehmen (BGH WRP 2014, 1050 Rn. 29 – Geschäftsführerhaftung; BGH, NJW 1996, 929, 930 – Telefonwerbung als Haustürgeschäft; BGH NJW 1994, 2028). **2.** Die Verwendung von sog. „Exit-Pop-Up-Fenstern“ die sich beim Wechsel zu einer anderen Internetseite öffnen, verstößt gegen § 7 I UWG, wenn der Internet-Nutzer gegen seinen ausdrücklich erklärten Willen gezwungen wird, den Kontakt mit der besuchten Internetseite aufrechtzuerhalten (LG Düsseldorf, Urteil vom 26.3.2003, 2a O 186/02 – Exit-Pop-up-Fenster).

E. Generalklausel (§ 3 I UWG)

Soweit weder § 3 III UWG noch § 7 UWG eingreifen, beurteilt sich die Zulässigkeit der geschäftlichen Handlung primär nach § 3 I UWG. Danach ist zu prüfen, ob die geschäftliche Handlung „unlauter" ist. Die Unlauterkeit wird durch die Tatbestände der §§ 3a, 4, 4a, 5, 5a, 6 II UWG konkretisiert. Gegenüber Verbrauchern wird die Unlauterkeit im Übrigen in Umsetzung der vollharmonisierenden UGP-RL (→ Rn. 7, 59) **abschließend** durch § 3 II UWG konkretisiert (→ Rn. 200), während gegenüber anderen Marktteilnehmern die „Unlauterkeit" ein unbestimmter Rechtsbegriff ist, der frei ausgelegt werden kann (→ Rn. 205). **119**

I. Maßstab für die Wahrnehmung (§ 3 IV UWG)

Viele Tatbestände des UWG knüpfen daran an, welche Wirkungen ein Verhalten **auf andere Marktteilnehmer** haben wird. So erfordert etwa § 5 I 1 UWG, eine „irreführende geschäftliche Handlung" (→ Rn. 162 ff.). Dabei geht es offensichtlich nicht um die Beeinflussung eines bestimmten Verbrauchers, sondern um die Wirkung auf die Gesamtheit des angesprochenen Personenkreises. Nun könnte man diesen Einfluss durch empirische Erhebungen ermitteln, indem man repräsentative Adressaten befragt. Dies wäre jedoch nicht nur sehr aufwendig (und würde vor allem im einstweiligen Rechtsschutz erhebliche Verzögerungen begründen), sondern führt zur Folgefragen, wie die Ergebnisse auszulegen wären – reicht es, wenn 20% eine Aussage falsch verstehen? **120**

Zur Vermeidung solcher Probleme und zur Schaffung eines einheitlichen Standards hat der EuGH schon lange vor der UGP-RL im Kontext der Warenverkehrs- und Dienstleistungsfreiheit ein **„normatives" Verbraucherleitbild** propagiert. Maßgeblich ist danach ein Adressat, der *kumulativ* angemessene Anforderungen in Bezug auf (1) (vorhandenes) Wissen (2) Aufmerksamkeit und (3) Verstandskraft erfüllt (vgl. ErwG 18 UGP-RL). Der Verweis auf den so qualifizierten „Durchschnittsadressaten" findet sich ausdrücklich für *Teilgruppen* in § 3 IV 1 UWG. Aber es ist generell so, dass „auf den durchschnittlichen [Marktteilnehmer] oder, wenn sich die geschäftliche Handlung an eine bestimmte Gruppe von [Marktteilnehmern] wendet, auf ein durchschnitt- **121** liches Mitglied dieser Gruppe abzustellen" ist. Eine Maßnahme „wendet" sich an eine bestimmte Gruppe, soweit sie diese *gezielt* anspricht.

122 Darüber hinaus greift nach § 3 IV 2 UWG ein besonderer Maßstab, soweit **vorhersehbar** ist, dass eine geschäftliche Handlung nur das wirtschaftliche Verhalten „einer auf Grund von geistigen oder körperlichen Gebrechen, Alter oder Leichtgläubigkeit besonders schutzbedürftigen und eindeutig identifizierbaren Gruppe" beeinflussen wird. Diese Auflistung ist abschließend – andere Personenkreise (etwa Personen mit Sprachproblemen, etc.) unterfallen nicht dem besonderen Schutz. Nun ist natürlich unklar, wann eine solche Beeinflussung „vorhersehbar" ist, denn es lässt sich kaum vermeiden, dass sehr junge Kinder oder „leichtgläubige" Verbraucher irgendeine Werbekampagne falsch verstehen. Über die gezielte Manipulation der Zielgruppe hinaus erfasst § 3 IV 2 UWG vor allem Konstellationen, bei denen ein Verhalten auch ohne nachweisbare Absicht *typischerweise* in besonderem Ausmaß auf die als schutzwürdig erachtete Gruppe wirkt.

II. Unlauterkeit

123 Vor der Novelle 2004 bestand das UWG fast ausschließlich aus zwei großen Generalklauseln (§§ 1, 3 UWG a.F.), wobei § 1 UWG als große Generalklausel an die „Sittenwidrigkeit" anknüpfte. Die Rechtsprechung hatte diesen Begriff im Laufe von 100 Jahren durch zahlreiche **Fallgruppen** präzisiert. Die UGP-RL (→ Rn. 7, 59) unterscheidet dagegen neben der Generalklausel (Art. 5 I, II UGP-RL) nur zwei grundlegende Formen der Unlauterkeit, die „irreführenden" (Art. 5 IV lit. a, 6, 7 UGP-RL) und die „aggressiven" (Art. 5 IV lit. b, 8, 9 UGP-RL) geschäftlichen Praktiken. Das geltende UWG hat sowohl diese Regelungen der UGP-RL als auch die früheren Fallgruppen in die Einzeltatbestände der §§ 3a–5 UWG übernommen und zudem die europarechtlich vollharmonisierende Regelung zur vergleichenden Werbung (§ 6 UWG) als Präzisierung des Tatbestandsmerkmals „Unlauterkeit" kodifiziert. Diese Spezialregelungen schließen sich nicht gegenseitig aus, so dass mehrere Unlauterkeitstatbestände parallel vorliegen können. Gegenüber anderen Marktteilnehmern als Verbrauchern können sogar über § 3 II UWG hinaus andere, nicht geregelte Verhaltensweisen gegen die Generalklausel verstoßen (→ Rn. 205). Bei Verhalten gegenüber Verbrauchern darf hingegen aufgrund der vollharmonisierenden Wirkung der UGP-RL (→ Rn. 7, 59) über §§ 4a, 5, 6 II UWG hinaus nur auf die (in Umsetzung von Art. 5 I, II UGP-RL geschaffene) Definition des § 3 II UWG (→ Rn. 200) und gerade nicht auf die offene Formulierung des § 3 I UWG zurückgegriffen werden.

1. Vergleichende Werbung (§ 6 II UWG)

Bis in die späten 1990er-Jahre sah die deutsche Rechtsprechung vergleichende Werbung per se als unlauter an (der ordentliche Kaufmann überzeugte durch Leistung, nicht durch Selbstvergleich). Art. 4 WerbeRL 2006/114/EG ersetzte dieses ausnahmslose Verbot 1997 hinsichtlich des Vergleichs durch europaweit gültige verbindliche **Mindest– und Höchststandards** (Art. 8 I UA 2 WerbeRL) für die Zulässigkeit. Der Gesetzgeber hat fast wörtlich Art. 2 lit. c WerbeRL in § 6 I UWG und Art. 4 WerbeRL in § 6 II UWG übernommen, allerdings statt der positiven Zulässigkeitsanforderungen in Art. 4 WerbeRL genau spiegelbildlich Verbote formuliert. § 6 UWG ist im Hinblick auf die vergleichende Werbung abschließend. Soweit eine Werbeaussage nicht gegen § 6 II UWG bzw. §§ 5 I, III UWG bzw. § 5a I UWG verstößt, ist sie nicht unlauter. Der BGH meint allerdings, dass Werbung, die nach § 6 II UWG *unlauter* ist, parallel auch gegen § 4 Nr. 3 UWG verstoßen kann (BGH GRUR 2010, 343 Rn. 42 – Oracle), so dass man insoweit im Rahmen von § 9 I UWG auf die dreifache Schadensberechnung zurückgreifen kann. § 6 UWG dient wie § 4 UWG (→ Rn. 134) nicht dem Schutz der Marktgegenseite, sondern primär dem Schutz der Mitbewerber (was sich auch an der Unanwendbarkeit des Verbraucherschadensersatzanspruchs nach § 9 II UWG zeigt). **124**

Prüfungsschema Vergleichende Werbung (§ 6)

1. Geschäftliche Handlung (§ 2 I Nr. 2 UWG)
2. Vergleichende Werbung (§ 6 I UWG)
3. Unlauterkeit (§ 6 II UWG)
   a) Vergleich von nicht Vergleichbarem (Nr. 1)
   b) Vergleich von Irrelevantem oder fehlender objektiver Maßstab (Nr. 2)
   c) Verwechslungsgefahr (Nr. 3)
   d) Rufausnutzung oder -beeinträchtigung (Nr. 4)
   e) Herabsetzung oder Verunglimpfung von Konkurrenten (Nr. 5)
   f) Darstellung als Imitation oder Nachahmung von Markenprodukten oder -dienstleistungen (Nr. 6)
4. Eignung zur spürbaren Beeinträchtigung

Was **„Werbung“** ist, definiert das UWG nicht. Insoweit ist auf die **125**
Definition von Art. 2 lit. a WerbeRL zurückzugreifen. Danach handelt

es sich um jede Äußerung im Rahmen der unternehmerischen Tätigkeit, um den Absatz zu fördern. Dies ist eine Verengung gegenüber dem weiten Begriff der geschäftlichen Handlung in § 2 I Nr. 2 UWG (→ Rn. 100 ff.).

126 Die Werbung muss **„vergleichend“** sein, was § 6 I UWG konkretisiert: Es muss (mindestens) ein **bestimmter Mitbewerber** (§ 2 I Nr. 4 UWG, → Rn. 73, 44 ff.) und/oder seine Produkte erkennbar gemacht werden. Eine namentliche Nennung ist nicht erforderlich. Es genügt, dass sich die Bezugnahme auf den Mitbewerber den Adressaten aufdrängt (insb. bei marktmächtigen Konkurrenten). Demgegenüber genügt weder eine Alleinstellungswerbung („konkurrenzlos“) noch ein pauschaler Systemvergleich für § 6 I UWG. Erforderlich sind neben Angaben über das Angebot des Mitbewerbers auch Angaben über das Angebot des Werbenden sowie das Verhältnis zwischen den beiden Angeboten. § 6 UWG findet zudem auf Werbung Anwendung, die sich nicht mit den Leistungen, sondern mit der *Person* eines Mitbewerbers bzw. mit Merkmalen des Unternehmens auseinandersetzt, wie § 6 II Nr. 5 UWG zeigt. Kein Vergleich liegt vor, wenn nur das eigene Produkt gelobt oder ein Konkurrenzprodukt kritisiert wird („X schadet ihrer Gesundheit“). Das wertende Ergebnis des Vergleichs („Unser Produkt ist besser“) muss nicht explizit zum Ausdruck gebracht werden, es genügen die zugrunde gelegten Kriterien.

Beispiele: 1. Wenn der JUVE-Verlag eine Rangfolgetabelle über wirtschaftsrechtlich orientierte Anwaltskanzleien anbietet, handelt er nicht als Konkurrent der Anwälte, denn er selbst ist in den Vergleich nicht einbezogen. Es liegt daher keine vergleichende Werbung vor (OLG München GRUR 2003, 719 – JUVE-Handbuch). **2.** Wenn die Wirtschaftswoche mit dem Foto eines Lottoscheins und der Aussage „Um Geld zu vermehren empfehlen wir ein anderes Papier“ wirbt, kommt kein Verbraucher auf die Idee, dass hier substituierbare Produkte vorliegen – mangels Mitbewerbereigenschaft liegt daher keine vergleichende Werbung vor (BGH GRUR 2002, 828). **3.** Eine Warnung vor Werbung mit „durchgestrichenen Preisen“ verbunden mit der Aufforderung an die Verbraucher zur kritischen Prüfung stellt keine vergleichende Werbung dar, weil kein bestimmter Konkurrent erkennbar wird (BGH WRP 2001, 1291 ff. – SOOOO … BILLIG!?). **4.** Die Werbung eines Mietwagenunternehmens mit dem Slogan „Die clevere Alternative zum Taxi“ stellt einen bloßen Systemvergleich und keine vergleichende Werbung dar, da es potenziell endlos viele Taxiunternehmen gibt (OLG Köln GRUR-RR 2019, 30 – Die clevere Alternative zum Taxi). **5.** Die Werbung von Pepsi mit einem symbolisierten Blindvergleich und dem Text „Pepsi gewinnt nicht immer. Aber um herauszufinden, wie gut es ist – mach den Pepsi-Test!“ lässt zwar wegen der überragenden Marktmacht auch ohne Nennung Coca-Cola erkennen – allerdings wird kein Vergleich durchgeführt, sondern nur zum Selbstvergleich aufgefordert, so dass auch hier keine vergleichende Werbung vorlag (BGH GRUR 1987, 49 – Cola-Test).

– Unlauter ist nach § 6 II Nr. 1 UWG zunächst der Vergleich „von Äpfeln mit Birnen". Waren oder Dienstleistungen dienen dem **gleichen Bedarf**, wenn sie funktionsidentisch sind und aus Verbrauchersicht als Substitutionsprodukt in Betracht kommen. Obwohl der Vergleich der Unternehmen bzw. ihrer Leitung vom Wortlaut eigentlich nicht umfasst ist, kann dies (entgegen einer teilweise in der Literatur vertretenen Auffassung) nicht automatisch zur Unlauterkeit führen – denn dann würde § 6 II Nr. 5 UWG weitgehend leerlaufen. Abzugrenzen sind zudem die Fälle, in denen aus Sicht des Verkehrs gar kein Vergleich, sondern nur eine humorvolle Darstellung erfolgt (z.B. Wirtschaftswoche statt Lottoschein). **127**

Beispiele: Vergleichbar sind Schokoriegel und Müsliriegel („zäh wie Gummi und staubtrocken", OLG Frankfurt a.M. GRUR-RR 2003, 251 – Müsli-Riegel) oder Mineralwasser und Leitungswasser („Hängen Sie noch an der Flasche? Wir liefern Ihnen: frisches Quellwasser direkt ins Haus, den Kasten für 1,7 Pfennige. Zapfen Sie selbst! Trinkwasser aus dem Voralpenland, natürlich frisch und unbehandelt", OLG München NJWE-WettbR 2000, 177).

– Unlauter ist auch die Verletzung des **Sachlichkeitsgebots** des § 6 II Nr. 2 UWG. Der Vergleich muss sich auf wesentliche, relevante, nachprüfbare und typische Eigenschaften oder den Preis der Waren beziehen. Jede Tatsachenbehauptung in der vergleichenden Werbung muss dem Beweis zugänglich sein. Es genügt auch, wenn der angesprochene Durchschnittsverbraucher einen gewissen Aufwand hat, um den Vergleich durchzuführen. Unzulässig sind rein wertende Meinungsäußerungen („schöner", „leckerer").

Beispiel: Kein konkretes Vergleichsmerkmal war etwa in der Aussage „Die beste Werbung für Sixt sind die Angebote der Konkurrenz" erkennbar, denn es ist nicht erkennbar, um welchen Zeitraum es geht, ob es um Qualität oder Preis geht, etc. (KG WRP 1999, 339 – Die beste Werbung für S sind die Angebote der Konkurrenz).

– Die Unlauterkeit der **Täuschung über Kennzeichen** (vgl. § 1 MarkenG) nach § 6 II Nr. 3 UWG ergänzt den vorrangigen Schutz nach § 14 II Nr. 2 MarkenG und § 15 II MarkenG. Anders als im Markenrecht ist eine abstrakte Verwechslungsgefahr nicht ausreichend, erforderlich ist vielmehr die tatsächliche Täuschung zumindest einzelner Adressaten. Die Angabe fremder Marken als solche ist aber grundsätzlich zulässig (siehe auch § 5 III Nr. 1 UWG). **128**

Beispiel: Die Verwendung der Marke „Swirl" bei einem Onlineangebot „4 Vlies – für AEG – alternativ (ähnlich Swirl PH 86)" begründet gerade durch die Ergänzung „ähnlich" keine Verwechslungsgefahr (BGH GRUR 2015, 1138 – Staubsaugerbeutel im Internet).

129 – Die Unlauterkeit wegen **wettbewerbswidriger Rufausbeutung oder Verwässerung** von Kennzeichen nach § 6 II Nr. 4 UWG weist eine Verwandtschaft zu den Regelungen der § 14 II Nr. 3, § 15 III MarkenG und zu § 4 Nr. 3 UWG (→ Rn. 147) auf. Anders als nach den Regelungen des Markenrechts ist aber „Bekanntheit" des Kennzeichens nicht erforderlich. Es genügt, dass der Durchschnittsverbraucher erkennt, dass das Kennzeichen von einem bestimmten Unternehmen stammt. An die Rufausbeutung oder Verwässerung sind hohe Anforderungen zu stellen. Eng verwandt ist der im deutschen Recht nicht umgesetzte Schutz geographischer Herkunftsangaben nach Art. 4 lit. e WerbeRL – danach ist der Vergleich von Waren mit verschiedenen Ursprungsbezeichnungen (Lübecker mit Nürnberger Marzipan; Schwarzwälder Schinken mit Parmaschinken) verboten. Zulässig ist aber der Vergleich von Waren mit derselben Ursprungsbezeichnung (Champagner A mit Champagner B) oder von Waren mit Ursprungsbezeichnung (Parmesan) und ohne Ursprungsbezeichnung (Hartkäse).

Beispiel: 1. Werbung für Ohrclips, die Cartier-Schmuck nur ähnlich sehen, in der Ebay-Kategorie „Uhren & Schmuck: Markenschmuck: Cartier", nutzt den guten Ruf der berühmten Marke „Cartier" aus (BGH GRUR 2009, 871 Rn. 31– Ohrclips). **2.** Zulässig ist es, in Katalogen für Ersatzteile und Verbrauchsmaterialien Bestellnummern von Originalwaren den Kennzeichen des Werbenden gegenüberzustellen. Dies gilt nur dann nicht, wenn der Durchschnittsverbraucher den Ruf der Originalerzeugnisse auf die Nachahmungen überträgt (EuGH NJW 2002, 425 – Toshiba Europe). Ähnliches gilt, wenn vom Hersteller genutzte grafische Hinweise (Teddybären, Gummienten) übernommen werden (BGH GRUR 2011, 1158 – Teddybär).

130 – Die **Herabsetzung oder Verunglimpfung des Mitbewerbers oder seiner Waren** (§ 6 II Nr. 5 UWG) ist bei vergleichender Werbung wie auch sonst (§ 4 Nr. 1 und Nr. 2 UWG) unlauter. Die Verwendung von Humor und Ironie ist allerdings zulässig, soweit diese vom Verkehr erkannt werden kann. Äußere Grenze ist demgegenüber die unsachliche Herabsetzung von Konkurrenten bzw. deren Leistungen. Die generelle Herabsetzung aller Konkurrenz (etwa durch Alleinstellungswerbung) ist schon keine „vergleichende Werbung".

Beispiele: 1. Die Bezeichnung eines Konkurrenzprodukts als „Sondermüll" stellt eine klare Herabsetzung dar, da mit dieser Bezeichnung ganz gravierende Qualitätsmängel impliziert werden (OLG Düsseldorf BeckRS 2014, 21936). **2.** Die Werbung „Fielmann: Lieber besser aussehen als viel bezahlen." setzt die Konkurrenz nicht pauschal herab, da nur das Aussehen des Umworbenen besser sein sollte, nicht jedoch der konkurrierende Optiker (BGH GRUR 1997, 227 – Aussehen mit Brille). **3.** Die Werbung für Charmin-Toilettenpapier mit dem Slogan „Fühlen sich manche feuchten Toilettentücher nicht ein bisschen steif (bzw. hart) an?" unter Darstellung eines Stachelschweins oder der Bürsten einer Autowaschanlage sah das OLG Frankfurt a.M. als herabsetzend an – die Werbung enthalte keine hinreichende sachliche Aussage, sondern es würden die negativen Aussagen überwiegen (OLG Frankfurt a.M. GRUR-RR 2005, 137 – Vergleich mit Stachelschwein).

- Unlauter ist auch ein Vergleich, der eine Ware oder Dienstleistung als **Nachahmung oder Imitation** darstellt (§ 6 II Nr. 6 UWG). Es genügt nicht, dass der Werbende sein Produkt nur als gleich*wertig* darstellt. Gemeint ist vielmehr, dass ein Anbieter sein Produkt ausdrücklich als Nachahmung des Markenprodukts präsentiert. § 6 II Nr. 6 UWG erfasst Vergleichslisten, welche Hersteller von Duftimitationen nutzen, um ihren Ersatzprodukten den Namen von Markenparfums gegenüberzustellen (EuGH GRUR 2009, 756 Rn. 14–21 – L'Oréal/Bellure). 131
- Vergleichende Werbung ist schließlich nach **§ 5 I, IV UWG** unlauter, wenn sie **irreführend** ist (→ Rn. 162 ff.). Dies ist der Fall, wenn über den Werbenden oder die geschäftlichen Verhältnisse des Mitbewerbers getäuscht wird. Auch das Vorspiegeln einer repräsentativen Marktübersicht ist irreführend, wenn die dargestellten Unternehmen nicht repräsentativ sind. 132

Die Werbung mit von Dritten durchgeführten **Vergleichstests** ist nur zulässig, soweit diese hinreichend objektiv und nachprüfbar sind. Dies ist etwa bei den Testergebnissen der „Stiftung Warentest" der Fall. 133

Beispiel: Die Werbung für eine Kamera mit dem Testurteil „gut" der Stiftung Warentest in einem Test, bei dem 10 Kameras mit „sehr gut", 11 Kameras mit „gut" und nur 1 mit „zufriedenstellend" bewertet wurden, ist unzulässig, wenn nicht deutlich gemacht wird, dass viele Kameras besser bewertet wurden und die Kamera deshalb nicht zum Spitzenfeld gehörte (BGH WRP 1982, 413 – Test gut). Unzulässig ist auch die Werbung mit einem veralteten Test (BGH NJW 1985, 2332 – Veralteter Test).

2. Mitbewerberschutz (§ 4 UWG)

Wie § 6 UWG und anders als §§ 4a, 5 UWG schützt § 4 UWG nicht vertikal die Abnehmer, sondern die unmittelbaren Konkurrenten auf horizontaler Ebene (→ Rn. 44). Die Regelung ist damit ein traditionelles Element des deutschen Lauterkeitsrechts und weitgehend von den verbraucherschützenden europarechtlichen Vorgaben unberührt geblieben. Es geht um den Schutz des eingerichteten und ausgeübten Gewerbebetriebs (Art. 14 I, 12 I GG). Der Schutz der Mitbewerber (§ 2 I 134

Nr. 4 UWG) ist durch die eigene Aktivlegitimation (§ 8 III Nr. 1 UWG, → Rn. 73) sowie den Schadensersatzanspruch (§ 9 I UWG, → Rn. 82) besonders gestärkt.

a) Geschäftsehrverletzung (§ 4 Nr. 1 UWG)

135 § 4 Nr. 1 UWG erfasst (wie der für vergleichende Werbung vorrangige § 6 II Nr. 5 UWG) die Herabsetzung oder Verunglimpfung von Kennzeichen, Waren, Dienstleistungen, Tätigkeiten oder persönlichen oder geschäftlichen Verhältnissen von Mitbewerbern. In Abgrenzung zu § 4 Nr. 2 UWG geht es dabei um **Meinungsäußerungen**. Anders als bei § 185 StGB geht es nicht um die persönliche Ehre, sondern um Geschäftschancen des Unternehmens. Bei der Beurteilung ist vor allem die Meinungsfreiheit (Art. 5 I GG) zu berücksichtigen. Bei Angstwerbung kann zudem eine aggressive geschäftliche Handlung vorliegen (§ 4a UWG), der § 4 Nr. 1 UWG wegen der Vollharmonisierung durch die UGP-RL (→ Rn. 7, 59) verdrängt, wenn sich die Werbung an Verbraucher richtet. Zu beachten sind die Spezialregelungen (§ 1 II UWG) der § 14 II Nr. 3, 15 III MarkenG. Die dortigen Wertungen dürfen durch Anwendung von § 4 Nr. 1 UWG nicht unterlaufen werden, so dass ein Wertungsgleichlauf erforderlich ist.

136 Eine **„Herabsetzung"** ist die sachlich nicht gerechtfertigte Verringerung der Wertschätzung eines Mitbewerbers (nicht eines beliebigen Marktteilnehmers!), seines Unternehmens und/oder seiner Leistungen in den Augen der angesprochenen oder von der Mitteilung erreichten Abnehmer. Die **„Verunglimpfung"** ist demgegenüber die intensivere Verächtlichmachung in Gestalt eines abträglichen Werturteils oder einer abträglichen unwahren Tatsachenbehauptung ohne sachliche Grundlage. Betroffen ist damit vor allem die Schmähkritik, durch die ein Mitbewerber pauschal und ohne erkennbaren sachlichen Bezug abgewertet wird.

Beispiele: Eine Herabsetzung wurde bei Scherzartikeln, wie Kondomen in einer blauen Dose mit der Aufschrift „Es tut NIVEA als beim ersten Mal" (BGH GRUR 1995, 57 – Markenverunglimpfung II) oder einer Verpackung „Mars macht mobil bei Arbeit, Sex und Spiel" (BGHZ 125, 91 – Markenverunglimpfung I) angenommen.

b) Anschwärzung (§ 4 Nr. 2 UWG)

137 Nach § 4 Nr. 2 UWG sind **geschäftsschädigende Tatsachenbehauptungen** gegenüber Dritten verboten. Anders als bei § 4 Nr. 1 UWG geht es also nur um dem Beweis zugängliche Tatsachen. Insoweit ähnelt die Regelung §§ 187, 188 StGB. Eine Aussage ist bereits „unwahr", wenn sie nur den Eindruck einer anderen als der wirklichen Sachlage erweckt.

Gegen **vertrauliche Mitteilungen**, an denen der Mitteilende oder der Empfänger ein berechtigtes Interesse (etwa bei Warnung nach ProdHaftG oder ProdSG) haben, kann der Betroffene nur vorgehen, wenn er die Unwahrheit beweisen kann (§ 4 Nr. 2, HS 2 UWG). Handelt es sich hingegen um öffentliche Mitteilungen, (§ 4 Nr. 2 HS 1 UWG), trägt der Beklagte die Beweislast für die Wahrheit der Aussage („nicht erweislich wahr", wie in § 186 StGB). **138**

Voraussetzung ist darüber hinaus eine **Betriebs- oder Kreditschädigung** – bloße Ehrverletzungen sind von der Norm nicht erfasst. Nicht erforderlich ist hingegen eine Schädigungsabsicht – es genügt, dass die Folgen (auch wenn diese gar nicht vorhergesehen wurden) entweder eingetreten sind oder objektiv mit überwiegender Wahrscheinlichkeit drohen. **139**

Der Wortlaut differenziert zwischen **Behaupten** (eigene Wahrnehmung: „Ich habe gesehen …") und **Verbreiten** („Man sagt …"). Bedeutung hat dies bei der Presse sowie bei den durch § 10 S. 1 Nr. 1 TMG privilegierten Internetplattformen, die für das bloße Verbreiten grds. nicht haften, wohl aber für eigene Behauptungen (einschließlich zu eigen gemachter Aussagen). **140**

Nicht verboten sind bloß **marktschreierische Slogans**, die keinen bestimmten Konkurrenten erkennen lassen (z.B. „Lieber zu Sixt als zu teuer" – OLG Hamburg GRUR 1992, 531 oder die „Dagegen ist alles andere nur Zahnpasta" – OLG Frankfurt WRP 1972, 91). Ist ein bestimmter Konkurrent auch nur mittelbar erkennbar, ist § 6 II UWG (→ Rn. 124 ff.) vorrangig. **141**

c) Ergänzender wettbewerblicher Leistungsschutz (§ 4 Nr. 3 UWG)

Obwohl das UWG keine eigenen **Ausschließlichkeitsrechte** schafft, schützen die Verhaltensnormen neben der gewerblichen Betätigung und Entfaltung des Unternehmers auch dessen bereits erzielte Leistungen. Nach § 4 Nr. 3 lit. a UWG ist daher die **Irreführung** über die betriebliche Herkunft unlauter, nach § 4 Nr. 3 lit. b UWG die Rufschädigung und nach § 4 Nr. 3 lit. c UWG das rechtswidrige Erlangen der erforderlichen Kenntnisse. Dabei handelt es sich um Unterfälle des von der Rechtsprechung unter engen Voraussetzungen anerkannten „ergänzenden wettbewerblichen Leistungsschutz". **142**

Erforderlich ist dazu freilich eine schutzwürdige Leistung, man spricht von **„wettbewerblicher Eigenart"**. **Eigenart** ist zu bejahen, wenn das Produkt Merkmale aufweist, die aus dem alltäglichen typischen Schaffen herausragen. Es müssen hierbei nicht die Voraussetzungen des Urheberrechts (§ 2 UrhG), des Patentrechts (§§ 1–5 PatG) etc. vorliegen. Die Eigenart ist **„wettbewerblich"**, sofern sie geeignet ist, auf die betriebliche Herkunft oder die Besonderheit des Erzeugnis- **143** ses hinzuweisen. Allerdings gilt es, Widersprüche zwischen den Wertungen des Geistigen Eigentums und dem Lauterkeitsrecht zu vermeiden. Ist etwa der zeitlich begrenzte Schutz nach einem Spezialgesetz **abgelaufen,** scheidet ein Schutz nach dem UWG grundsätzlich aus, denn sonst würden die im Interesse der Allgemeinheit bestehenden Schutzfristen unterlaufen.

Beispiel: Die Konstruktion von LEGO-kompatiblen Bausteinen ist nicht wegen „Einschiebens in eine fremde Serie" wettbewerbswidrig, da nach 50 Jahren ungehinderter Marktpräsenz ein solcher Schutz nicht mehr gerechtfertigt ist (BGHZ 161, 204).

144 Da kein absoluter Schutz besteht, sind unabhängige Parallelschöpfungen grundsätzlich zulässig. Verboten ist nur die **„Nachahmung"** fremder Leistungen. Dies setzt voraus, dass die verletzende Handlung bzw. Ware mit dem Original übereinstimmt oder jedenfalls verwechslungsgefährdend ähnlich ist.

Beispiele: 1. Das Angebot von Videos von (Amateur-)Fußballspielen in einem Onlineportal ist keine „Nachahmung" der Spiele (BGH GRUR 2011, 436 Rn. 17 – Hartplatzhelden.de). **2.** Ebenso wenig liegt eine Nachahmung vor, wenn der DAX als Aktienindex für die Gestaltung eines Aktienfonds genutzt wird (BGH GRUR 2009, 1162 Rn. 43 – DAX).

145 Erforderlich ist darüber hinaus, dass gerade die **Art und Weise der Nachahmung** unlauter ist. Je mehr die Nachahmung freilich dem Original gleicht, desto geringere Anforderungen sind an diese weiteren Umstände zu stellen.

146 – Unter dem Gesichtspunkt des Hervorrufens einer vermeidbaren **Herkunftstäuschung** (§ 4 Nr. 3 lit. a UWG) wird auf die Verwechslungsgefahr aus Sicht der Abnehmer abgestellt (ähnlich § 14 II Nr. 2, 15 II MarkenG). Der Unternehmer muss daher alle zumutbaren Maßnahmen treffen, um die Verwechslung auszuschließen. Bei gemeinfreien technischen Elementen kann eine abweichende Gestaltung allerdings nur gefordert werden, wenn ein hinreichend großer Spielraum besteht und dies einem durchschnittlichen Unternehmer zumutbar ist.

Beispiele: 1. Tchibo verkauft **Rolex-Imitate** für 50 €, wobei die Originale einen Wert von 5.000 € haben. Hierdurch werden Dritte irregeführt, welche die Nachbildung bei den Käufern sehen (BGH GRUR 1985, 876 f. – Tchibo/Rolex). **2.** X bietet ein Eis namens „Viennetta" an, das sich durch eine besondere Wellenstruktur auszeichnet. Y bot unter dem Namen „Café au lait" ein Eis an, das eine ähnliche Wellenform aufwies. Der BGH war jedoch der Ansicht, dass der Verkehr kaum auf die äußere Gestaltung des Eises, sondern vor allem an der Herstellerangabe orientiert. Daher schied eine Herkunftstäuschung durch die Nachahmung der Form aus (BGH GRUR 2001, 443 – Viennetta).

- Eine **Rufausbeutung** (§ 4 Nr. 3 lit. b, 1. Var. UWG) oder **Rufbeeinträchtigung** (§ 4 Nr. 3 lit. b, 2. Var. UWG) ähnelt § 6 II Nr. 4 UWG und dem Schutz bekannter Marken in § 14 II Nr. 3 UWG. Erforderlich ist, dass das Originalprodukt einen guten Ruf genießt und dieser entweder auf das Konkurrenzprodukt übertragen wird (Imagetransfer) oder der gute Ruf durch die konkrete Nutzung Schaden nimmt. 147
- Das **Erlangen von Informationen durch Vertrauensbruch** (§ 4 Nr. 3 lit. c UWG) ist unlauter, da die zur Nachahmung erforderlichen Informationen in verwerflicher Weise beschafft wurden, insbesondere durch missbräuchliche Ausnutzung von im Rahmen eines Vertrauensverhältnisses anvertrauten Informationen. Eng verwandt sind hier die Regelungen des Geschäftsgeheimnisgesetzes, das zwar eigene Anspruchsgrundlagen enthält (§§ 6 ff. GeschGehG), aber grds. die Anwendung des UWG nicht ausschließt. Freilich sind dann die Wertungen des GeschGehG zu berücksichtigen – so kann das nach dem GeschGehG erlaubte Reverse Engineering auch nicht über § 4 Nr. 3 lit. c UWG verboten werden. 148

Da die Fallgruppe vor allem dem **Individualinteresse des durch die Nachahmung Betroffenen** gilt, können unlautere Handlungen aus dieser Fallgruppe entgegen dem Wortlaut von § 8 UWG *ausschließlich* vom unmittelbar Verletzten im Sinne von § 8 III Nr. 1 UWG geltend gemacht werden – die Verbände (§ 8 III Nr. 2–4 UWG) sind nicht klagebefugt. 149

d) Behinderung (§ 4 Nr. 4 UWG)

Eine **„Behinderung"** liegt vor, wenn ein Verhalten dazu dient, den Mitbewerber an seiner Entfaltung zu hindern und ihn dadurch vom Markt zu verdrängen. **Jedes Verhalten** im Wettbewerb behindert freilich die Konkurrenten in diesem Sinne, der Kundenkreis ist kein durch das UWG geschütztes Rechtsgut. Das Gesetz verlangt daher eine „gezielte" Behinderung, die nur den Zweck verfolgt, Mitbewerber an ihrer Entfaltung zu hindern und sie dadurch zu verdrängen bzw. die Konkurrenz davon abzuhalten, ihre Leistung durch eigene Anstrengung in angemessener Weise auf dem Markt zur Geltung zu bringen. Damit geht es im Kern um einen Sonderfall von §§ 226, 826 BGB. Im Rahmen von § 4 Nr. 4 UWG ist daher eine umfassende Würdigung aller Gesamtumstände vorzunehmen, bei der auch Wertungen des **Kartellrechts**, insbesondere hinsichtlich der Ausübung von Marktmacht (§§ 19, 20 GWB, → Rn. 327 ff.), heranzuziehen sind. 150

151 Verboten ist primär die **gezielte Betriebsstörung**, etwa das Versperren der Geschäftsräume oder die Zerstörung von Geräten. Es genügt aber bereits eine unberechtigte Schutzrechtsverwarnung, etwa wegen eines nicht bestehenden Patents, oder sogar eine unberechtigte Abmahnung. Eine Behinderung liegt zudem im Aufruf zum **„Boykott"**, wobei die Erwägungen zum kartellrechtlichen Verbot des § 21 I GWB (→ Rn. 374) entsprechend gelten. Der Aufruf des sog. „Boykottierers"/"Verrufers" muss geeignet sein, den grundsätzlich beliebig bestimmbaren Adressaten (also insbesondere auch einen Verbraucher) in seiner Willensbestimmung zu beeinflussen. Erfasst sind (wie immer im UWG) nur geschäftliche Handlungen iSv § 2 I Nr. 2 UWG (→ Rn. 100 ff.). Politische oder ethische Aufrufe genügen daher nicht. Das Opfer (Boykottierter/Verrufener) muss stets ein Mitbewerber sein. Ein Boykott kann allenfalls in Ausnahmefällen zur Verteidigung gegen rechtswidrige Angriffe gerechtfertigt werden.

Beispiele: 1. Eine unlautere Behinderung war nach dem BGH der Vertrieb sog. „Bots" für Onlinespiele, welche den Spielspaß der „fair" spielenden Nutzer gefährden und so die Vertriebschancen des Spieleherstellers beeinträchtigen (BGH NJW 2017, 36 – World of Warcraft II). **2.** Das Angebot des Werbeblockers „Adblock Plus" stellte hingegen keine gezielte Behinderung von werbefinanzierten Seiten dar, da nicht unmittelbar durch den Anbieter auf die Dienstleistungen eingewirkt wurde, sondern dies erst durch die Nutzer der Werbeblocker erfolgte. Es sei den Seitenanbieter zudem zumutbar, die Nutzer (durch Anti-Adblock-Software) auszusperren (BGH NJW 2018, 3640 – Werbeblocker II).

152 Erfasst sind zunächst bestimmte Fälle des **„Kundenfangs"**. Freilich ist der Wettbewerb um Kunden grundsätzlich von der Rechtsordnung erwünscht (§ 1 I 2 UWG). Unlauter sind daher nur Fälle, in denen sich der Verletzer „zwischen den Mitbewerber und den Kunden stellt", um diesem eine Änderung seines Kaufentschlusses aufzudrängen. Dies ist etwa bei Werbung vor dem Geschäft des Mitbewerbers oder den Marktzutritt beschränkender unentgeltlicher Abgabe von Originalware denkbar.

153 **Produktbezogene Behinderung** liegt insbesondere beim Vertrieb von Nachahmungen vor, kann aber auch bei anderen Gestaltungen von Waren oder Dienstleistungen auf Kosten Dritter vorliegen.

Beispiel: Wer Schemata zum Einheften in die zur Prüfung zugelassenen Gesetzessammlungen „Schönfelder" und „Sartorius" vertreibt, behindert dadurch den Beck-Verlag und handelt unlauter im Sinne von §§ 3 I, 4 Nr. 4 UWG, da die Gefahr besteht, dass die Prüfungsämter wegen der damit verbundenen Täuschungsgefahr die Zulassung der Gesetzessammlungen entziehen (OLG München, ZUM 1998, 69)

Vertriebsbezogene Behinderungen sind vor allem die Verleitung von Abnehmern oder Lieferanten zum Vertragsbruch („Schleichbezug" von exklusiv gehandelten Produkten) oder die Behinderung des selektiven Vertriebs, etwa durch Beseitigung von Kontrollnummern. 154

3. Vorsprung durch Rechtsbruch (§ 3a UWG)

Die Unlauterkeit wegen Verstoß gegen Marktverhaltensregeln (§ 3a UWG) beruht nicht auf Art. 5 UGP-RL und schützt primär die Mitbewerber. Soweit ein **Verstoß gegen eine verbraucherschützende Rechtsnorm** in Rede steht, ist wegen des Vorrangs der UGP-RL (→ Rn. 7, 59) § 3 I iVm § 3a UWG nicht anwendbar. Oftmals ergeben sich aber vergleichbare Folgen aus der Generalklausel des § 3 I, II UWG (→ Rn. 200 ff.). Für Informationspflichten ist § 3 I iVm 5a I, 5b IV UWG (→ Rn. 181 ff.) lex specialis. Hiervon sind aber wiederum Rückausnahmen zu machen, die Art. 3 UGP-RL etwa für das Berufsrecht, Glücksspiele, Jugend- und Minderheitenschutz, durch Europarecht vorgesehene Standards für Gesundheit und Sicherheit und Verbote aufgrund der „guten Sitten und des Anstands", soweit diese die Wahlfreiheit der Verbraucher nicht beeinträchtigen, erlaubt. 155

„Gesetzliche Vorschrift" im Sinne von §§ 3 I, 3a UWG sind nicht nur formelle Parlamentsgesetze; es genügen analog Art. 2 EGBGB etwa Rechtsverordnungen, Satzungen oder sogar reines Gewohnheitsrecht. Nicht erfasst sind hingegen Urteile, Verwaltungsakte, etc. Vertragsverstöße oder Verletzungen von Gesellschafts- oder Vereinssatzungen als solche fallen nicht unter § 3a UWG; die Ausnutzung eines fremden Vertragsbruchs kann aber als Behinderung (§ 4 Nr. 4 UWG, → Rn. 150 ff.) unlauter sein. 156

Generell ist es nicht Aufgabe des UWG, Verstöße gegen beliebige Rechtsnormen zu sanktionieren, die in irgendeiner Weise Auswirkungen auf die Wettbewerbschancen der Mitbewerber haben. Ansonsten würde § 8 UWG zu einer Generalklausel, die eine „Popularklage" von Konkurrenten oder Verbänden wegen beliebiger Rechtsverstöße eröffnet. Diese würden somit zu „Hilfssheriffs" aufgewertet. Daher sind **zwei wichtige Grenzen** zu beachten: 157

– Der Verstoß gegen **reine Ordnungsvorschriften** oder Normen, die **nur individualschützend** ohne Wettbewerbsbezug sind, ist nicht unlauter im Sinne von §§ 3 I, 3a UWG. Die Norm muss zumindest auch das *Verhalten auf dem Markt* und keine bloße Vor- oder Folgefrage regeln. 158

Beispiele: 1. Die Angabe der Bildschirmgröße in Zoll statt (wie im Gesetz über Einheiten im Messwesen von 1985 vorgeschrieben) in Zentimetern war kein Verstoß gegen § 3a UWG, da diese Maßeinheit in der Branche allgemein üblich ist (BGH NJW 1995, 1756). **2.** Ein Verstoß gegen das Urheberrecht durch Erstellung eines elektronischen Pressearchivs verletzt die Rechte des Urhebers, beeinträchtigt jedoch nicht den Wettbewerb (BGHZ 140, 183– Elektronische Pressearchive).

159 – Der Verstoß gegen **reine Marktzutrittsregelungen** genügt für §§ 3 I, 3a UWG nicht; erforderlich ist, dass eine Norm zumindest *auch* der Regelung des Verhaltens auf dem Markt dient.

Beispiele: 1. Das Glücksspielverbot des § 284 StGB ist eine wettbewerbsregelnde Norm, die ein bestimmtes Verhalten im Wettbewerb zugunsten der schutzwürdigen Verbraucher verhindern soll (BGH GRUR 2002, 636 – Sportwetten). **2.** Das kommunalrechtliche Verbot wirtschaftlicher Betätigung in § 107 GO-NW bzw. Art. 87 BayGO dient zwar dem Schutz der Wettbewerber, betrifft aber nicht die Kontrolle des lauteren Verhaltens im Wettbewerb (BGH GRUR 2003, 164 – Altautoverwertung).

160 Ob die Norm **verletzt** wurde, muss das angerufene Zivilgericht entscheiden. Dies gilt selbst, wenn es sich bei der Regelung um eine solche des öffentlichen Rechts, des Strafrechts des Sozialrechts oder des Steuerrechts handelt. Die Rechtsauffassung der jeweiligen Behörden, etwa der Staatsanwaltschaft oder des Finanzamts ist dabei ebenso wenig verbindlich wie die Auslegungspraxis der Fachgerichte. Sieht der Handelnde sein Verhalten im Einklang mit der Behörden- oder gar Gerichtspraxis jedoch als erlaubt an, scheitert ein Schadensersatzanspruchs nach § 9 I UWG am Fehlen eines Fahrlässigkeitsvorwurfs.

161 § 3a UWG verlangt explizit die **„Spürbarkeit“** der Beeinträchtigung. Ausgeschlossen werden sollen damit geringfügigste Einwirkungen („*de minimis*“) der betroffenen Interessen der Marktteilnehmer. Anders als im Kartellrecht geht es nicht um den *quantitativen* Umfang der Beeinträchtigung („wie viele Verbraucher“), sondern es kommt *qualitativ* auf die Intensität an. Die Spürbarkeit kann daher aus der Bedeutung der betroffenen Rechtsgüter folgen (etwa bei Jugendschutz oder Gesundheit) oder aus der potenziellen Breitenwirkung folgen. Ausgenommen werden damit praktisch nur Einzelfälle versehentlicher Verletzungen („Ausrutscher“).

4. Irreführende geschäftliche Handlungen (§ 5 UWG)

162 § 5 I 1 UWG verbietet **„irreführende geschäftliche Handlungen“**, was nicht nur im Rahmen von Werbung, sondern auch durch individuelle Aussagen im Rahmen des Vertragsschlusses oder sogar im Rahmen der Durchführung umfasst (§ 2 I Nr. 2 UWG). Gegenüber Verbrauchern sind die Sonderfälle nach § 3 III UWG iVm Nr. 1–21 des Anhangs (→ Rn. 110 ff.) vorrangig. Darüber hinaus ist insoweit die abschließende Vorgabe von Art. 6 UGP-RL zu beachten. Gegenüber sonstigen Marktteilnehmern greift die UGP-RL hingegen nicht ein; der deutsche Gesetzgeber hat den Tatbestand insoweit überschießend umgesetzt. § 5 IV UWG stellt klar, dass das Irreführungsverbot auch für vergleichende Werbung iSd Definition in § 6 I UWG (→ Rn. 124 ff.) gilt. Neben § 5 UWG können gleichzeitig § 4a UWG (→ Rn. 194 ff., etwa bei Drohung mit nicht bestehenden Gefahren), § 4 UWG (→ Rn. 134 ff., etwa bei unwahren Aussagen über die Konkurrenz) oder § 3a UWG (→ Rn. 155 ff., soweit es um besonders geregelte Pflichten, etwa nach dem Heilmittelwerbegesetz geht) verwirklicht sein. Zu beachten ist auch der Straftatbestand des § 16 I UWG (→ Rn. 250).

Irreführung durch aktives Tun (§ 5 I UWG)

1. Geschäftliche Handlung (§ 2 I Nr. 2 UWG, oben Rn. 100 ff.)
2. Angabe = Äußerung mit nachprüfbarem Tatsachenkern (vgl. § 5 IV, 2 HS UWG)
3. über Umstände im Sinne von § 5 II UWG
4. Irreführungseignung
   a) Vermutung bei Mondpreisen (§ 5 V UWG) oder
   b) objektiv unwahr oder
   c) Verwechslungsgefahr oder „Dual Quality“ (§ 5 III UWG)
   d) sonst zur Täuschung geeignet
4. Eignung zur Beeinflussung des Kaufentschlusses
5. Interessenabwägung („Spürbarkeit“)

a) Angaben

Ein Verstoß gegen § 5 I UWG setzt daher zunächst eine **„Angabe“** voraus (§ 5 II UWG). Angaben sind Äußerungen, die sich auf **Tatsachen** beziehen und daher inhaltlich nachprüfbar sind. Solche Angaben können in jeder beliebigen Ausdrucksform gemacht werden, etwa auch als Bilder u.ä. (§ 5 IV, 2. Var. UWG). Angaben im Sinne von § 5 II UWG sind schließlich auch Marken und Firmen. Die Information muss nicht notwendig als eigene Erkenntnis dargestellt werden. Angaben sind deswegen auch (vermeintliche) Behauptungen Dritter, die sich der Unternehmer zu eigen macht. Ebenso wenig muss es sich um eine **163** öffentliche Mitteilung in Form von Werbung handeln – es genügt auch die individuelle Behauptung in einem Verkaufsgespräch.

Beispiele: 1. Wenn auf Seifenstücken der Kölner Dom abgebildet ist, geht der Verkehr davon aus, dass die Seife in Köln hergestellt wird (LG Köln GRUR 1954, 210). **2.** Das Einspielen von Hühnergegacker bei einem Radiospot für Nudeln signalisiert, dass in den Nudeln frische Eier (und nicht nur Eipulver) genutzt wurde (BGH GRUR 1961, 544 – Hühnergegacker). **3.** Die Bezeichnung von Seife als „English Lavendel" kann auf eine Herkunft aus England hindeuten, selbst wenn „English Lavendel" tatsächlich eine bloße Gattungsbezeichnung ist (BGH GRUR 1956, 187). **4.** Die Bezeichnung eines Geschäfts als „Euro-Spirituosen" enthält die Angabe, ein besonders europäisch geprägtes Sortiment zu führen (BGHZ 53, 339 – Euro-Spirituosen).

164 **Werturteile** stellen ausnahmsweise Angaben im Sinne von § 5 II UWG dar, soweit sie im Kern eine nachprüfbare Tatsachenbehauptung enthalten. Die Adressaten müssen dazu der Angabe eine inhaltlich nachprüfbare Aussage entnehmen.

Beispiele: 1. Dies ist insbesondere bei Alleinstellungswerbung der Fall (*„Größte und modernste Kaffeerösterei Europas"*, BGH GRUR 1969, 415 – Kaffeerösterei). Die Angabe *„Die große deutsche Tages- und Wirtschaftszeitung"* für die FAZ wurde aber trotz der Verwendung des bestimmten Artikels „Die" nicht als Alleinstellungsbehauptung angesehen (BGH GRUR 1998, 951, 953 – Die große deutsche Tages- und Wirtschaftszeitung). **2.** Kellogg's warb in einem TV-Spot mit einem sportlichen jungen Mann und dem Slogan „Was braucht dieser Mann, um so auszusehen? – Das Calcium der Milch, dazu gesundes Getreide, wertvolle Vitamine und Eisen aus Cerealien von Kellogg's! Kellogg's – Das Beste jeden Morgen". Der BGH (BGH WRP 2002, 74 – Das Beste jeden Morgen) nahm ein reines Werturteil an, da man nicht objektiv feststellen könne, welche Mahlzeit für jeden Menschen am besten ist. Im Übrigen liege eine werbungstypische Übertreibung vor. §§ 3, 5 UWG waren also nicht einschlägig. **3.** Auch die Aussage *„AEG Lavamat – den und keinen anderen."* ist nach Ansicht des BGH (BGH GRUR 1965, 365 – Lavamat II) eine reine werbliche Anpreisung ohne Tatsachenkern. Es liegt daher kein Fall von §§ 3, 5 UWG vor.

b) Bezugspunkte nach § 5 II UWG

165 § 5 II UWG nennt (nicht abschließende) Bezugspunkte für irreführende Handlungen, nämlich solche

166 – die das angebotene Produkt betreffen (Nr. 1),

Beispiel: „Warsteiner Light" wird nicht in Warstein, sondern in Paderborn gebraut. Daher muss die Brauerei auf dem Etikett die Angabe „Gebraut in unserer neuen PADERBORNER Brauerei" hinreichend deutlich hervorheben. Dem durchschnittlich verständigen Verbraucher ist dabei aber bewusst, dass er Detailinformationen auf dem Rücketikett findet, so dass eine Kennzeichnung dort genügt (BGH GRUR 2002, 160 – Warsteiner III)

167 – die die Umstände und Bedingungen des Angebots betreffen (Nr. 2),

Beispiele: 1. Bei der Werbung mit „20% auf alles (ausgenommen Tiernahrung)" müssen wirklich alle Artikel gegenüber der Phase vor Angebotsbeginn vergünstigt werden – selbst, wenn nur vier von 70.000 Artikeln teurer oder gleich teuer wie zuvor verkauft werden, sind die Angaben zur Aktion irreführend (BGH NJW 2009, 2541 – 20% auf alles). **2.** Die Beschreibung eines Rasierers als „Philishave – Die meistverkaufte Elektrorasierermarke Europas" ist zulässig, selbst wenn der Rasierer in Deutschland anders als im Rest Europas keine Spitzenstellung innehält (BGH NJW 1996, 2161, 2162 – Der meistverkaufte Europas).

– die das werbende Unternehmen betreffen (Nr. 3), sowie **168**

Beispiele: 1. Die Bezeichnung eines Unternehmens als „Bundesdruckerei GmbH" signalisiert dem Verkehr, dass die Bundesrepublik Deutschland bei dem Unternehmen zumindest Mehrheitsgesellschafterin ist; wenn sie hingegen nicht beteiligt ist, ist die Bezeichnung irreführend (BGH GRUR 2007, 1079 – Bundesdruckerei). **2.** Ebenso ist ein Doktortitel aus Sicht des Verkehrs ein Signal für eine besondere Befähigung, so dass die unberechtigte Titelführung unter § 5 II Nr. 2 UWG fällt (BGH WRP 2021, 604 – Dr. Z).

– Angaben zu Sponsoring oder Zulassung des Unternehmens bzw. von dessen Waren oder Dienstleistungen (Nr. 4), die Notwendigkeit einer Leistung, eines Ersatzteils, eines Austauschs oder einer Reparatur (Nr. 5), die Einhaltung eines Verhaltenskodexes (Nr. 6) oder Rechte des Verbrauchers (Nr. 7). **169**

Beispiele: Irreführend ist die Werbung mit dem Hinweis „patentrechtlich geschützt", wenn tatsächlich nur ein Gebrauchsmusterschutz besteht, ebenso die Verwendung eines Kennzeichens mit dem Symbol ®, wenn sich die Marke noch im Eintragungsverfahren befindet, wenn nicht die Eintragung „alsbald" erfolgt. Auch die Werbung mit einer unbefristeten bzw. lebenslangen Garantie ist irreführend und unlauter, da nach § 202 II BGB die Verjährung auf maximal 30 Jahre verlängert werden darf (BGH GRUR 1994, 830 – Zielfernrohr).

– Eine wichtige Nebenregelung zur Gestaltung von Preisen ist die 2022 neu gefasste **PreisangabenVO**, die auf dem Preisangaben- und PreisklauselG beruht und die PreisangabenRL 98/6/EG umsetzt. Danach müssen **gegenüber Verbrauchern im Sinne von § 13 BGB** Preise immer inklusive der Mehrwertsteuer in eindeutiger Weise ausgezeichnet werden Es gelten die Grundsätze der **Preisklarheit** und der **Preiswahrheit**. Verstöße gegen die Verordnung sind Ordnungswidrigkeiten. **170**

c) Irreführungseignung

Was Gegenstand der Angabe ist, ist durch Auslegung zu ermitteln. **171** Maßstab für die Irreführungstauglichkeit einer Angabe ist der **Horizont der durch sie angesprochenen Adressaten**. Maßgeblich ist zunächst ein (hypothetischer) durchschnittlich informierter und verständiger Verbraucher, der das Werbeverhalten mit einer der Situation angemessenen Aufmerksamkeit verfolgt (→ Rn. 121).

Beispiele: 1. Eine Marmelade mit der Bezeichnung „d'arbo naturrein" enthielt das Geliermittel „Pektin" (und war dadurch tatsächlich nicht „naturrein" im wörtlichen Sinne). Der EuGH (EuGH WRP 2000, 489 – d'arbo naturrein) ging aber davon aus, dass der verständige Durchschnittsverbraucher das Zutatenverzeichnis liest und dadurch ordnungsgemäß informiert wird. **2.** In einem Werbeprospekt wurden handgewebte Original-Orientteppiche neben mechanisch hergestellten Teppichen abgebildet. Der BGH (BGH GRUR 2000, 619 – Orient-Teppichmuster) ging davon aus, dass der Durchschnittsverbraucher bei situationsadäquater Aufmerksamkeit die erläuternden Hinweise im Prospekt berücksichtigt und verneinte daher §§ 3, 5 UWG. **3.** Die an Endverbraucher gerichtete Werbung für eine Tiefkühlpizza „aus dem Steinbackofen" unter Abbildung eines Pizzabäckers mit altertümlichem mit Holz befeuerten Ofen und Schieber ist selbst dann irreführend, wenn Boden, Seiten und Decke der Backkammer des tatsächlich genutzten Stahl-Durchlaufofens aus Stein bestehen und dieses Gerät von Fachleuten als „Steinbackofen" bezeichnet würde (OLG Koblenz WRP 1989, 332). **4.** Ein „Bauernbrot" wird aus Sicht des Verkehrs nicht von Bauern hergestellt, sondern beschreibt heute eine bestimmte Geschmacksrichtung, so dass es auch in einer Fabrik produziert werden kann; ebenso muss ein „Rheinisches Schwarzbrot" nicht im Rheinland hergestellt werden (BGH GRUR 1956, 550 – Tiefenfurter Bauernbrot).

172 – Die Adressaten sind zudem unter Umständen in sachlicher (etwa Fachleute oder Allgemeinheit) und örtlicher Hinsicht (etwa bestimmte Regionen) einzugrenzen. Entscheidend ist zudem die **situationsbedingte Aufmerksamkeit**, die im Einzelfall durchaus flüchtig sein kann. Insbesondere bei sogenannter **Blickfangwerbung** ist daher der hervorgehobene Teil wie isolierte Werbung zu behandeln, das „Kleingedruckte" bleibt außer Betracht.

Beispiele: 1. Eine Werbung für Computer ohne Bildschirm ist irreführend, wenn diese in einem Prospekt mit Bildschirm abgebildet werden. Dies gilt selbst dann, wenn in einer Fußnote angegeben ist, dass die Preise ohne Monitor zu verstehen sind. Ein Durchschnittsverbraucher achtet nämlich stärker auf das Bild als auf klein gedruckten Text (BGH GRUR 2003, 249 – Preis ohne Monitor). **2.** In einem Werbeprospekt wurde ein „Mustek-Flachbettscanner Color" für 200 € angeboten. Daneben war das Foto eines teureren Scanners von Hewlett-Packard abgebildet. Der Anbieter vertrat die Ansicht, dass Computerfachleute erkennen würden, dass der falsche Scanner dargestellt wurde, während andere Interessenten dem Bild mangels Wissens über den höheren Preis des HP-Geräts keine Bedeutung zumessen würden. Der BGH nahm jedoch an, dass zumindest einige Verbraucher das Bild erkennen und es für das angebotene Gerät halten bzw. einen Nachbau vermuten würden. Die Täuschung dieses Teils der durchschnittlichen Verbraucher sollte für die Annahme eines Verstoßes gegen §§ 3, 5 UWG genügen (BGH GRUR 2002, 715 – Scanner-Werbung).

Die Werbung mit tatsächlich erfolgten Preissenkungen gegenüber früher geforderten Preisen ist grundsätzlich zulässig. Allerdings ist eine Irreführung vor allem dadurch möglich, dass zunächst sog. **„Mondpreise"** verlangt werden, die nach kurzer Zeit wieder gesenkt werden (§ 5 V UWG). Auch das ständige, willkürliche Herauf- und Herabsetzen einzelner Preise (sogenannte **Preisschaukelei**) ist deshalb unlauter. Nach § 5 V 2 UWG trifft die Beweislast, ob und wie lange unmittelbar vor Ankündigung der Preissenkung ein anderer Preis gefordert wurde den Werbenden. **173**

Der lauterkeitsrechtliche **Verwechslungsschutz** (§ 5 III Nr. 1 UWG) ergänzt das Markenrecht (§ 14 II Nr. 2 UWG). Anders als im Markenrecht muss das Kennzeichen des Mitbewerbers vom Verkehr jedenfalls erkannt werden. Eine eingetragene, aber tatsächlich nicht benutzte Marke bleibt daher außer Betracht. Andererseits kommt nicht nur die Verwechslung der Zeichen, sondern auch der Produkte selbst in Betracht. Die Verwechslungsgefahr kann durch ausdrückliche Hinweise, aber auch durch die Umstände (etwa: besonders niedriger Preis des Imitats) ausgeräumt werden. **174**

Den spiegelbildlichen Fall betrifft die **„dual quality"**-Regelung in § 5 III Nr. 2 UWG: Dabei werden unter derselben Bezeichnung innerhalb der EU vom selben Anbieter Produkte unterschiedlicher Qualität vertrieben – so mögen etwa in einem Tiefkühlfertiggericht in Mitgliedstaat A besonders hochwertige Zutaten enthalten sein, während in Mitgliedstaat B nur Restprodukte genutzt werden. Hier soll, (um den Binnenmarkt zu fördern), gelten, dass grundsätzlich überall unter derselben Bezeichnung auch dieselbe Qualität vertrieben werden. Allerdings sind Ausnahmen „durch legitime und objektive Faktoren" möglich; zudem erlaubt § 5 III Nr. 2 UWG „unwesentliche" Abweichungen sowie die Vermarktung mit klarstellenden Zusätzen. Ob dies z.B. auch erlaubt, dass Cola-Getränke in einigen Staaten süßer schmecken als in anderen, ist fraglich, denn die bloß behauptete Verbraucherpräferenz ist im Regelfall nicht „objektiv" (der Entwurf für den heutigen ErwG 53 RL 2019/2161 nannte diese noch explizit; der endgültige Text enthält dies aber nicht mehr). **175**

Eine Irreführung liegt grundsätzlich vor bei **objektiv unwahren Behauptungen**, soweit der Verkehr diese nicht unmittelbar als werbungstypische Übertreibung erkennt (§ 5 II, 1. Var. UWG). Angaben sind aber auch dann irreführend, wenn sie zwar objektiv richtig sind, aber die Gefahr besteht, dass sie falsch verstanden werden (§ 5 II, 2. Var. UWG). Eine Irreführungsgefahr durch objektiv richtige Anga- **176** ben kann daher etwa bei **Werbung mit Selbstverständlichkeiten** vorliegen. Die bei Alltagsgegenständen nur oberflächlich informierten und interessierten Verbraucher können dabei nämlich den (falschen) Eindruck erlangen, es handele sich um einen besonderen Vorzug der Ware.

Beispiele: 1. Die Werbung für einen „Audi 80 CC Quattro inkl. MwSt. DM 24.900" wurde als irreführend angesehen, da nach der Preisangabenverordnung der Preis stets inkl. Mehrwertsteuer anzugeben ist, der Verbraucher aber durch diese Herausstellung vermutet, es sei ein besonderes Merkmal des Angebots (BGH NJW-RR 1990, 1254, 1255 – incl. MwSt. II). Nach dem heute geltenden, aufgeklärten Verbraucherbild ist eine Irreführung aber wohl abzulehnen. **2.** Die Werbung mit kostenlosen Sehtests bei Optikern ist hingegen zulässig, da es keine gesetzliche Pflicht gibt und es keine Selbstverständlichkeit ist, obwohl alle Optiker diesen Service anbieten (BGH NJW 1987, 3006 – Sehtest).

177 Ist eine Angabe **mehrdeutig**, so darf keine der Bedeutungen irreführend sein. Der Webende muss sich daher alle denkbaren Bedeutungen zurechnen lassen. Eine Irreführung scheidet allerdings aus, soweit es ohnehin keine „Wahrheit" gibt, über die irregeführt werden kann.

Beispiele: 1. Ein „Emaillelack" könnte aus Emaille bestehen oder nur so aussehen (BGHZ 27, 1, 13 f.). **2.** Wer eine Suchmaschine durch Verwendung eines sachfremden Begriffes im Metatag „keywords" dazu bringt, sein Angebot auch bei nicht darauf bezogenen Suchanfragen anzuzeigen, verstößt nicht gegen das Irreführungsverbot, da es im Internet keine „Rubrikenreinheit" gibt (BGH GRUR 2009, 500 – Beta Layout; OLG Düsseldorf GRUR-RR 2003, 48).

178 In seltenen Ausnahmefällen ist eine gewisse Irreführungsgefahr hinzunehmen, soweit ein berechtigtes Interesse an der Angabe besteht. Hier ist eine **Interessenabwägung** vorzunehmen, bei der die Interessen des Handelnden analog § 193 StGB zu berücksichtigen sind (→ Rn. 210).

Beispiele: 1. Wenn eine seit 400 Jahren bestehende Brauerei mit „über 400 Jahre Brautradition" wirbt, mag ein Teil der Bevölkerung auf die Idee kommen, es würde seit 400 Jahren dasselbe Rezept verwendet – aber dies wird einerseits ihre Entscheidung nur geringfügig beeinflussen, andererseits hat das Unternehmen ein berechtigtes Interesse auf seine lange Existenz hingewiesen (BGH WRP 2012, 1526 – Über 400 Jahre Brautradition). **2.** Selbst wenn Verbraucher bei der Verwendung der Bezeichnung „Kloster Pilsner" bzw. „Klosterbrauerei" davon ausgehen, ein Bier werde in einem Kloster gebraut bzw. habe einen Bezug zur klösterlichen Brautradition, muss diese Fehlvorstellung hingenommen werden, wenn ein Bier über 150 (!) Jahre lang ohne jede Beanstandung im gleichen Bezugsgebiet unter dieser Bezeichnung vertrieben wurde (BGH GRUR 2003, 628 – Klosterbrauerei). **3.** Während „Heilpraktiker" eine staatliche Erlaubnis benötigen und hierzu eine staatliche Prüfung ablegen müssen, werden „Tierheilpraktiker" lediglich in einer privaten Schule für Naturheilverfahren ausgebildet.

Auch wenn ein Teil des Verkehrs aufgrund der (wahren) Bezeichnung „Tierheilpraktiker" irrig vermuten könnte, dass eine staatliche Prüfung erfolgt sei, muss vor dem Hintergrund von Art. 12 I GG eine „griffige" Bezeichnung für die Tätigkeit möglich bleiben (BGH NJW 2000, 870 – Tierheilpraktiker).

Die Angabe muss nicht tatsächlich jemanden irregeführt haben, es reicht die **Eignung zur Irreführung**. Da die Regelung vor allem auch dem Schutz der Verbraucher dient, ist eine Irreführung selbst dann zu bejahen, wenn alle Mitbewerber in gleicher Weise in ihrer Werbung irreführende Angaben machen. Die Darlegungs- und Beweislast liegt beim jeweiligen Anspruchsteller; nur ausnahmsweise kann dem Anspruchsgegner aufgegeben werden, die Wahrheit einer umstrittenen Behauptung nachzuweisen (Art. 7 lit. a UGP-RL). Das Verschulden des Unternehmers ist irrelevant. Eine unlautere Handlung liegt auch vor, wenn er selbst die Angaben für wahr und nicht irreführend hielt. **179**

d) Geschäftliche Relevanz

Zweck des Irreführungsverbots in § 5 UWG ist nicht die Verhinderung jeglicher Fehlvorstellung. Eine Irreführung ist nur wettbewerbsrechtlich relevant, wenn sie geeignet ist, die **Entscheidung des Adressaten zu beeinflussen**. Allerdings ist nicht erforderlich, dass Kausalität im Sinne einer „*conditio sine qua non*" zwischen Irreführung und der Entscheidung des Empfängers besteht. Es genügt bereits die Anlockung oder Abschreckung (von der Konkurrenz, der Geltendmachung von Rechten, etc.). **180**

Beispiele: 1. Die Angabe „Tageszulassung 0 km" ist irreführend, wenn der Wagen über mehrere Tage zugelassen war. Allerdings ist die reine Zulassung für die Kaufentscheidung irrelevant, solange der Wagen tatsächlich nie gefahren wurde (BGH NJW 2000, 2821 – Tageszulassung II). **2.** Die Angabe „Erdgas verbrennt rückstandfrei" ist unwahr. Allerdings ist Erdgas die umweltfreundlichste Heizenergie, so dass die Irreführung für die Entscheidung ohne Bedeutung ist (OLG Stuttgart NJW-RR 1988, 1385; vgl. auch BGH GRUR 1992, 707). **3.** Wird in der Werbung für einen „Linie-Aquavit" behauptet, das Getränk habe „Äquator-Reife", da er in Sherry-Fässern in monatelanger Schifffahrt zweimal den Äquator passiert habe, ist dies objektiv unwahr, wenn nicht der Aquavit, sondern nur das (höherprozentige) Destillat als Vorprodukt in Schiffsfässern transportiert wurde. Allerdings werden im allgemeinen Sprachgebrauch sowohl die trinkfertige Spirituose als auch das für die Reifung bestimmte Destillat mit höherer Alkoholkonzentration als „Aquavit" bezeichnet. Insoweit besteht ein berechtigtes Interesse, sich an den Bezeichnungsgewohnheiten der Mitbewerber und der Verbraucher zu orientieren, wenn die Verbraucher gar nicht wissen, dass allein bei der Lagerung eines hochprozentigen Destillats, nicht aber bei einer solchen des Endprodukts eine Spirituose von höherer Qualität gewonnen wird (BGH GRUR 1991, 852, 855 – Aquavit).

5. Irreführung durch Unterlassen (§ 5a I UWG)

181 Angaben müssen grundsätzlich nur richtig, nicht aber vollständig sein. Ein Verhalten kann aber gerade dadurch irreführend wirken, dass eine Aufklärung über entscheidende Punkte fehlt und dadurch die Information einseitig unvollständig wirkt. § 5a I UWG enthält insoweit einen eigenständigen Unlauterkeitstatbestand, der unabhängig von § 5 I UWG zu prüfen ist. Wie bei § 5 I UWG wurde dabei Art. 7 UGP-RL überschießend umgesetzt, so dass nicht nur Verbraucher, sondern auch sonstige Marktteilnehmer umfasst sind.

Irreführung durch Unterlassen

I. Geschäftliche Handlung (§ 2 I Nr. 2 UWG)

II. wesentliche Information
   1. unwiderlegbar vermutete Wesentlichkeit (§ 5b IV UWG)
   2. Ranking durch Suchanbieter (§ 5b II UWG)
   3. Qualitätssicherung bei Kundenbewertungen (§ 5b III UWG)
   4. Basisinformationen (§ 5b I UWG)
   5. Sonstige relevante Informationen

III. Vorenthaltung oder unzureichende Bereitstellung (§ 5a III UWG)

IV. Relevanz für informierte geschäftliche Entscheidung (§§ 5a I Nr. 1 UWG, 2 I Nr. 1 UWG)

V. Geschäftliche Relevanz (§ 5a I Nr. 2 UWG)

182 Anknüpfungspunkt für § 5a I UWG ist eine **„wesentliche"** Information. § 5b UWG gibt hierzu ausschließlich für geschäftliche Handlungen ggü. Verbrauchern (nicht aber ggü. sonstigen Marktteilnehmern) ein vierstufiges Prüfungsprogramm vor:

183 **1.** Die Wesentlichkeit ist in jedem Fall (unabhängig von den konkreten Gegebenheiten) nach der Fiktion von § 5b IV UWG (Art. 7 V UGP-RL) zu bejahen, soweit **europarechtlich zwingend vorgegebene Verbraucherschutzvorschriften** zur kommerziellen Kommunikation verletzt wurden. Dies betrifft etwa § 312a II 1 BGB iVm Art. 246 EGBGB, § 312d BGB iVm Art. 256a, 246b EGBGB, § 491a BGB iVm Art. 247 EGBGB aber auch §§ 5, 6 TMG. Aufgrund der Fiktionswirkung darf insoweit nicht mehr auf § 5b I UWG zurückgegriffen werden. Zudem bedarf es keines Rückgriffs auf § 3a UWG iVm den genannten gesetzlichen Informationspflichten (→ Rn. 155 ff.).

2. § 5b II UWG (Art. 7 IVa UGP-RL) bestimmt zwingend die **Wesentlichkeit bestimmter Informationen** von Anbietern wie Amazon Marketplace, Ebay oder Idealo: Diese müssen „die Hauptparameter" ihres Ergebnisrankings und deren Gewichtung unmittelbar und leicht zugänglich anzeigen. Allgemeine Suchmaschinen wie Google oder Bing sind hingegen von der Regelung nicht umfasst. § 5b III UWG (Art. 7 VI UGP-RL) verpflichtet ihn ähnlicher Weise Unternehmen, die Bewertungen zugänglich machen (etwa Amazon) dazu, offenzulegen, ob und wie sichergestellt wird, dass diese Bewertungen wirklich von Kunden stammen, die die konkret bewerteten Leistungen erworben bzw. genutzt haben. 184

3. § 5b I UWG listet in nicht abschließender Weise bestimmte **„Basisinformationen"** auf, die regelmäßig für Verbraucher wichtig sind. Erforderlich ist, dass Waren oder Dienstleistungen so „angeboten" werden, dass ein durchschnittlicher Verbraucher das Geschäft abschließen kann. Damit wird nicht auf § 145 BGB Bezug genommen; es müssen insb. weder die essentialia negotii enthalten sein noch muss bereits ein Rechtsbindungswille des Unternehmers vorliegen. Ausgenommen wird vielmehr nur die allgemeine Imagewerbung oder Werbung eines Herstellers, der selbst nicht direkt vertreibt. Weitergehend ist die Aufklärungspflicht ausgeschlossen, soweit sich die Information bereits unmittelbar aus den Umständen ergibt, d.h. für den Durchschnittsadressaten offenkundig ist. 185

4. Bei allen weiteren Informationen ist die Wesentlichkeit (§ 5a I UWG) **im Einzelfall positiv festzustellen**. Letztlich läuft dies auf eine Interessenabwägung hinaus, denn eine lückenlose Information ist weder dem Unternehmer noch dem Verbraucher zumutbar und rein quantitativ kaum zu bewältigen (wie Wertpapierverkaufsprospekte anschaulich belegen). Der Unternehmer muss negative bzw. unvorteilhafte Tatsachen nur mitteilen, wenn dies zum Schutz berechtigter Interessen des Kunden ggü. seinen eigenen Interessen unerlässlich ist. 186

Bei Irreführung durch Unterlassen **ggü. sonstigen Marktteilnehmern** ist stets eine positive Feststellung der Wesentlichkeit erforderlich – die Fiktion des § 5b IV UWG und die Basisinformationen nach § 5b I UWG greifen insoweit nicht. 187

Beispiele: 1. Bei Importfahrzeugen aus dem EU-Ausland muss auch in räumlich begrenzten Zeitungsanzeigen ausdrücklich darauf hingewiesen werden, dass diesen wesentliche Ausrüstungs- oder Ausstattungsmerkmale fehlen, die der Verkehr als selbstverständlichen Bestandteil der Serienausstattung auch bei ausländischen Fahrzeugen ohne Nachdenken voraussetzt. Soweit es hingegen um Ausstattung geht, die auch in Deutschland *nicht* als selbstverständlich vorausgesetzt wird (etwa ein Navigationsgerät), ist der Hinweis entbehrlich, da bereits der Hinweis auf den Import den Verbraucher zum Nachdenken anregen wird (BGH GRUR 1999, 1125, 1126 – EG-Neuwagen II). **2.** Bei Werbung mit Testergebnissen ist offenzulegen, dass Mitbewerber bessere Noten erlangt haben (OLG Frankfurt NJOZ 2011, 974). **3.** Weder § 5 I 2 UWG noch die PreisangabenVO bestimmen, dass laufende Verbrauchskosten anzugeben sind. Dennoch sind diese wesentlich, wenn ein Verbraucher ein Mobiltelefon mit SIM-Lock kauft, das nur im Netz eines bestimmten Anbieters genutzt werden kann. (BGH GRUR 2009, 690 – XtraPac). **4.** Eine Hinweispflicht besteht bei Auslaufmodellen/Ladenhütern, jedenfalls bei Elektrohaushaltsgroßgeräten wie Gefrierschränken, Gefriertruhen, Kühlschränken, etc. und Geräten der Unterhaltungselektronik, wie Camcordern und Videorekordern, da der Kunde auf Ersatzanteile angewiesen ist, bzw. den aktuellen Stand der Technik (z.B. Umweltfreundlichkeit) haben will (BGH GRUR 1999, 757 – Auslaufmodelle I).

188 Beim Umfang der Information sind die **Besonderheiten des Kommunikationsmittels** zu berücksichtigen (§ 5a III Nr. 1 UWG). So kann es z.B. bei einer SMS oder einer Werbeanzeige genügen, die ausführlichen Informationen im Internet zur Verfügung zu stellen. In einem Verkaufsgespräch oder in einem Prospekt können hingegen mehr Details gefordert werden.

189 Unlauter ist nach § 5a I UWG primär das **Vorenthalten** (d.h. das Unterlassen der Mitteilung). Dem werden nach § 5a II UWG das **Verheimlichen** (d.h. das gezielte Vereiteln der Kenntnisnahme, insb. durch Verbergen der Information), die **intransparente Bereitstellung** sowie **die verspätete Bereitstellung** gleichgestellt. In diesen Fällen wird zwar informiert, aber in einer Form, welche die geschäftliche Entscheidung nicht angemessen beeinflussen konnte.

190 Eine Begrenzung erfolgt schließlich durch das **doppelte Relevanzkriterium** in § 5a I UWG: Zunächst (§ 5a I Nr. 1 UWG) muss der Kunde die Information „benötigen“, um (überhaupt) eine „informierte“ geschäftliche Entscheidung iSv § 2 I Nr. 1 UWG zu treffen. Es geht also darum, ob man das „Ob“ und das „Wie“ eines etwaigen Vertragsschlusses in gleicher Weise auch ohne die Information (selbst wenn sie nach § 5b UWG „wesentlich“ ist) treffen kann. Benötigt wird die Information, wenn sie für die Entscheidung über den konkreten Leistungsgegenstand zumindest irgendeine (ggf. auch irrationale) Rolle spielt. Entbehrlich ist die Information hingegen insb., wenn der typische Kunde sie schon aus früheren Geschäften oder aus anderen Quellen kennt. Weitergehend ist nach § 5a I Nr. 2 UWG zu fragen, ob der durchschnittliche Adressat *voraussichtlich* eine andere geschäftliche Entscheidung getroffen hätte, wenn er über die betreffende Information verfügt hätte. Auch das wird im Regelfall bei wesentlichen Informationen zu bejahen sein. Mitunter kann es aber sein, dass dem Durchschnittskunden auch eine Pflichtinformation nach § 5b UWG für den konkreten Fall egal ist – etwa (arg. Art. 246 II EGBGB) beim Kauf von günstigen Gegenständen des alltäglichen Gebrauchs (Toilettenpapier). Da es sich um eine (seltene) Ausnahme handelt, trifft den Unternehmer insoweit eine sekundäre Darlegungslast.

6. Schleichwerbung (§ 5a IV UWG)

Keinen unmittelbaren Bezug zu den in § 5a UWG sonst angesprochenen Aufklärungspflichten hat das **Schleichwerbungsverbot** (§ 5a IV UWG, für Verbraucher: Art. 7 II UGP-RL). Die Regelung schützt potenzielle Kunden vor Irreführung über die geschäftliche Natur eines Verhaltens, damit diese die nötige Vorsicht an den Tag legen. Der Begriff der Werbung ist dabei weit zu verstehen – er erfasst jegliche Handlung mit „geschäftlichem Charakter". Vorrangig sind insoweit § 3 III UWG iVm Nr. 11, Nr. 20, Nr. 21, Nr. 22 und Nr. 28 des Anhangs. Ähnliche, aber daneben anwendbare, Vorgaben finden sich im Presserecht (z.B. Art. 9, 13 BayPrG), in § 8 III, VII 1 MStVG und in § 6 I Nr. 1 TMG. Vorgaben in Verhaltenskodizes sind hingegen nicht über § 3a UWG zu berücksichtigen; allerdings kann die unzutreffende Behauptung, diese einzuhalten, eine Irreführung nach § 5 I, II Nr. 6 UWG (→ Rn. 169) darstellen. **191**

Zur Beurteilung ob und in welchem Umfang ein Hinweis erforderlich ist, müssen die betroffenen **Grundrechtspositionen** abgewogen werden. Maßgeblich sind insoweit nicht die deutschen Grundrechte, sondern die EU-Grundrechte-Charta, da es um die Umsetzung der vollharmonisierenden UGP-RL geht. Die Werbenden können sich insoweit auf Meinungsfreiheit (Art. 11 I EU-GR-Charta), Medienfreiheit (Art. 11 II EU- EU-GR-Charta) oder Kunstfreiheit (Art. 13 S. 1 EU-GR-Charta) berufen. **192**

Beispiele: 1. In Kinofilmen ist „Product Placement" zulässig, soweit das Publikum vor der Vorführung des Films auf seinen besonderen (Werbe-)Charakter hingewiesen wird (BGHZ 130, 205 – Feuer, Eis und Dynamit). **2.** Die Werbung für eine Verkaufsveranstaltung durch eine Anzeige mit dem Text „Herzliche Einladung zum Informationsabend, Mittwoch 6.5., 19.30 Uhr, Evangelisches Gemeindezentrum, Thema: Physikalische Wasserbehandlung ..., Referent: ..., Veranstalter: ..., Eintritt frei!" verschleiert die Natur als Werbeveranstaltung und ist daher irreführend (OLG Karlsruhe NJW-RR 1994, 817). **3.** Entsprechend werden auch bei Kaffeefahrten hohe Anforderungen an die vorherige Information gestellt (BGH GRUR 1986, 318, 320 – Verkaufsfahrten I; BGH GRUR 1988, 829 – Verkaufsfahrten II).

Besonders diskutiert wurde die Anwendung des Schleichwerbungsverbots auf **Influencer** in sozialen Netzwerken (Instagram, Youtube, Snapchat, etc.). § 5a IV 2, 3 UWG stellen klar, dass ein Handeln zu- **193** gunsten eines *fremden Unternehmens* nicht vorliegt, wenn der Handelnde von dem betreffenden Unternehmen keine Gegenleistung erhält bzw. sich versprechen lässt. Soweit ein solches Entgelt gezahlt wird, müssen die gesponserten Anteile eindeutig und allgemeinverständlich als solche kenntlich gemacht werden – dazu genügt weder der Hashtag „#ad" noch die Angabe „Sponsored By" am Ende des Beitrags (OLG Celle MMR 2017, 769; KG MMR 2018, 98). Zudem handeln Influencer auch für ihr *eigenes Unternehmen*, soweit sie sich selbst als Werbeträger anbieten (wofür sie von ihren Werbekunden oder den Plattformbetreibern ein Entgelt erhalten).

7. Aggressive geschäftliche Handlungen (§ 4a UWG)

194 **§ 4a UWG** setzt Art. 8 f. UGP-RL um und verbietet Zwang, der derart auf die Willensentscheidung des Umworbenen einwirkt, dass die Rationalität der Nachfrageentscheidung völlig in den Hintergrund tritt. Vorrangig sind die Tatbestände in Nr. 24–32 des Anhangs zu prüfen (→ Rn. 110 f.; Nr. 32 setzt Art. 9 III 2 VerbraucherrechteRL und nicht den Anhang der UGP-RL um). Konkretisierend unterscheidet § 4a I 2 UWG drei Formen der aggressiven Beeinflussung:

195 – Bei der **„Belästigung"** (§ 4a I 2 Nr. 1 UWG) handelt der Verbraucher (nur), um den Unternehmer wieder loszuwerden (deutlich beim hartnäckigen Ansprechen im Sinne von Nr. 26 des Anhangs). Anders als bei § 7 I UWG (→ Rn. 112 ff.) geht es dabei nicht um die Störung der Privatsphäre, sondern um die Entscheidungsfreiheit.

Beispiel: Eine unzumutbare Belästigung ist der unaufgeforderte Besuch von Angehörigen eines Verstorbenen durch einen Bestattungsunternehmer in deren Privatwohnung, um diesen Grabsteine zu verkaufen (BGH GRUR 1967, 430 – Grabsteinaufträge).

196 – Bei der **„Nötigung"** (§ 4a I 2 Nr. 2 UWG) handelt der Verbraucher, um eine konkrete Einwirkung zu beenden. Ähnlich wie bei § 240 StGB ist eine „erhebliche unzulässige Druckausübung" erforderlich, die sich in physischem (insb. „Gewalt") oder in psychischem (insb. „Androhung eines empfindlichen Übels") Zwang äußern kann.

Beispiele: 1. Die Drohung eines Downloadportals mit einer Strafanzeige wegen Betrugs (§ 263 I StGB) gegenüber Minderjährigen, die sich als Volljährige ausgeben, ist eine Nötigung iSv § 4a I Nr. 2 UWG (LG Mannheim MMR 2009, 568). **2.** Die Ankündigung eines Pornographie-Versenders, dass einen Schuldner im Zeitraum eines Monats ein „auf Inkasso spezialisiertes Mitarbeiter-Team in den Abendstunden persönlich konsultieren werde", kann aus Sicht des Verbrauchers als Drohung mit Gewalt verstanden werden und ist daher eine Nötigung iSv § 4a I Nr. 2 UWG (OLG München NJW-RR 2010, 251). **3.** Das Ende einer zeitlich eng begrenzten Rabattaktion („Nur heute") stellt noch keinen psychischen Zwang iSv § 4a I Nr. 2 UWG dar, denn ein durchschnittlich vernünftiger Verbraucher kann diesem Zwang problemlos widerstehen (BGH GRUR 2010, 1022 ff. – 19 % Mehrwertsteuer). **4.** Die Werbung für Klosterfrau Melissengeist mit der Aussage „Erkältung und grippale Infekte überrollen Berlin. Sofort besorgen!" genügt nicht, um eine für die Kaufentscheidung maßgebliche gesundheitliche Lebensgefährdung zu bejahen und ist deshalb nicht unlauter (BGH GRUR 1986, 902 – Grippewelle).

– Als Auffangtatbestand dient schließlich die **„sonstige unzulässige Beeinflussung"** (§ 4a I 2 Nr. 3 UWG). Erforderlich sind nach § 4a I 3 UWG (1) eine Machtposition des Unternehmers ggü. dem Verbraucher, (2) die Ausübung von Druck aus dieser Machtposition und (3) die Ausnutzung dieses Drucks. Dies ist vor allem der Fall bei Ausnutzung von unmittelbarer Autorität. Als Grundlage hierfür genügen aber weder Prominenz noch bloße Sachkunde. Erforderlich ist vielmehr eine *individuelle* Respektbeziehung zwischen Werbendem und Verbraucher, etwa zum Arbeitgeber oder zum Hausarzt. Darüber hinaus liegt eine Beeinträchtigung insbesondere bei Aufbau von Gruppendruck vor. Sehr umstritten ist hingegen, ob für die unzulässige Beeinflussung auch ein Appell an soziale Verantwortung genügt. **197**

Beispiele: 1. Eine unzulässige Beeinflussung liegt vor bei Empfehlungen eines Arbeitgebers, eine bestimmte Krankenkasse zu wählen (OLG Düsseldorf WRP 2002, 479). **2.** Eine unzulässige Beeinflussung lag auch bei einer Sammelaktion vor, bei der Sportgeräte für Schulklassen durch die Lehrer erworben werden konnten, wenn die Eltern Kaufbelege für Kellogg's Frosties beibrachten. Denn hier wird durch die Gruppendynamik Zwang auf die Eltern ausgeübt (BGH GRUR 2008, 183 – Tony Taler). **3.** Eine Werbeaktion, bei der für jeden gekauften Bierkasten 1 m² Regenwald nachhaltig geschützt werden soll, stellt hingegen noch keine unzulässige Beeinflussung dar: Die Verbraucher würden hier nicht nur deshalb Bier kaufen, um die Umwelt zu schützen (BGH GRUR 2007, 247 – Regenwaldprojekt).

Aggressive geschäftliche Handlungen (§ 4a UWG)

1. Geschäftliche Handlung (§ 2 I Nr. 2 UWG n.F.)
2. Gegenüber Verbrauchern (§ 2 II UWG iVm § 13 BGB) oder sonstigen Marktteilnehmern
3. Aggressivität der geschäftlichen Handlung (abschließende Aufzählung in § 4a I 2, Konkretisierung durch § 4a II)
   a) Belästigung (Nr. 1) oder
   b) Nötigung (Nr. 2) oder
   c) unzulässige Beeinflussung (Nr. 3)
4. Relevanz für geschäftliche Entscheidung (§ 2 I Nr. 1 UWG)

198 Um die für die Feststellung einer aggressiven Handlung (insb. in Form der unzulässigen Beeinflussung) konkreter zu gestalten, weist § 4a II UWG ergänzend, aber nicht abschließend, auf die insoweit **maßgeblichen Gesichtspunkte** hin. Praktisch handelt es sich zum Teil um Unterfallgruppen (Nr. 3: Ausnutzung von konkreten Situationen; Nr. 5: Drohung mit illegalem Verhalten). Diese sind bei der Auslegung von § 4a I UWG stets explizit heranzuziehen.

199 Die Handlung muss geeignet sein, den Adressaten zu einer geschäftlichen Entscheidung (§ 2 I Nr. 1 UWG) zu veranlassen, die dieser andernfalls nicht getroffen hätte (**geschäftliche Relevanz**). Dazu genügt die bloß *abstrakte* Eignung – es muss also keine tatsächliche Beeinflussung nachgewiesen werden.

Beispiele: 1. Beim Zusenden von personalisierten Kreditkarten durch eine Bank, die durch einen Telefonanruf „freigeschaltet" werden konnten, verneinte der BGH eine Beeinflussung, da „die Karte für sich genommen geringwertig ist und einen Gebrauchswert ersichtlich allein dadurch gewinnen kann, dass der angeschriebene Kunde einen gesonderten Kreditkartenvertrag abschließt" (BGH GRUR 2011, 747 – Kreditkartenübersendung). **2.** Der Vertrieb von Zeitungen über ungesicherte Zeitschriftenautomaten („stumme Verkäufer") ermöglicht es den Verbrauchern, Exemplare ohne Bezahlung zu erhalten. Allerdings liegt es fern, „dass die Kunden durch die ihnen eröffnete und von ihnen zum Teil auch wahrgenommene Möglichkeit der weithin gefahrlosen Entwendung von Zeitungen nachhaltig beeinflusst werden und in Zukunft beim entgeltlichen Erwerb von Zeitungen nicht mehr rational entscheiden können, welchem Angebot sie den Vorzug geben". Zudem verdiene die geschäftliche Entscheidungsfreiheit von Verbrauchern, die sich selbst nicht marktkonform verhalten, keinen Schutz (BGH GRUR 2010, 455– Stumme Verkäufer II).

8. Unlauterkeit ggü. Verbrauchern (§ 3 II UWG)

200 § 3 II UWG konkretisiert den Begriff der Unlauterkeit entsprechend Art. 5 II UGP-RL. Vorrangig sind aber § 4a UWG, der die Regelungen zu „aggressiven" (Art. 8, 9 UGP-RL) Praktiken umsetzt sowie §§ 5, 5a UWG, welche die „irreführenden" (Art. 6, 7 UGP-RL) Praktiken umsetzen zu prüfen. Als Spezialfälle stellen diese Mindest- und Höchststandards auf. Ein Rückgriff auf einen weitergehenden Unlauterkeitsbegriff im Rahmen von § 3 I UWG (→ Rn. 205) ist daneben ausgeschlossen. § 3 II UWG definiert die Unlauterkeit ggü. Verbrauchern also *abschließend.*

Prüfungsschema § 3 I, II UWG

1. Geschäftliche Handlung (§ 2 I Nr. 2 UWG) gegenüber Verbrauchern (§ 2 II UWG iVm § 13 BGB)
2. Außerachtlassen der individuellen fachlichen Sorgfalt
3. Eignung zur „spürbaren" Beeinträchtigung der Entscheidungsfähigkeit der Verbraucher
4. Eignung zur Veranlassung zu einer abweichenden geschäftlichen Entscheidung

Wie für alle Verbotstatbestände des UWG ist zunächst eine **„geschäftliche Handlung"** im Sinne von § 2 I Nr. 2 UWG erforderlich. Allerdings setzt § 3 II UWG einschränkend voraus, dass eine Handlung gerade **„gegenüber Verbrauchern"** erfolgt. Ob diese als Anbieter oder Nachfrager auftreten, ist dabei (anders als nach Art. 5 II UGP-RL) ohne Bedeutung. 201

In dieser Konstellation setzt „Unlauterkeit" zwingend das **Außerachtlassen der „für den Unternehmer geltenden fachlichen Sorgfalt"** (§ 2 I Nr. 9 UWG) voraus. Wie im allgemeinen Zivilrecht (§ 276 II BGB, § 347 I HGB) ist der Sorgfaltsmaßstab dabei objektiv zu bestimmen, die persönlichen Fähigkeiten des Unternehmers sind ohne Relevanz. Nach § 2 I Nr. 9 UWG ist ein branchenspezifischer Maßstab an die Fähigkeiten und Kenntnisse anzulegen, wobei der Hinweis auf „Treu und Glauben" verdeutlichen soll, dass eine Abwägung geboten ist. Da die Unlauterkeit einer geschäftlichen Handlung lediglich voraussetzt, dass sie nicht der für den Unternehmer geltenden Sorgfalt entspricht, genügt ein objektiver Sorgfaltsverstoß. Ob der Unternehmer persönlich in der Lage war, diesen Erfordernissen nachzukommen, ist unerheblich. Als Orientierung kann auf den Anhang und die §§ 4a, 5, 5a, 6 II UWG zurückgegriffen werden. 202

Beispiel: §§ 3 I, II UWG umfasst Verstöße gegen bloße Verhaltenskodizes, denen sich das Unternehmen angeschlossen hat, denn auch diese gestalten die Anforderungen an die unternehmerische Sorgfalt (EuGH WRP 2019, 44 Rn. 57 – Bankia/Juan Carlos Marí Merino u. a.).

Erforderlich ist weiterhin, dass die Handlung zu einer „spürbaren" **Beeinträchtigung der Entscheidungsfähigkeit** des Verbrauchers geeignet ist („geschäftliche Relevanz", § 2 I Nr. 11 UWG). Gemeint ist die Fähigkeit des Verbrauchers zu einer autonomen, rational-kritischen Entscheidung auf der Grundlage der ihm zur Verfügung stehenden Informationen. Es genügt die nicht nur theoretische, objektive Wahrscheinlichkeit, die auf Grund einer Würdigung aller Umstände des konkreten Falles festzustellen ist. 203

204 Schließlich verlangt § 3 II UWG, dass die Beeinträchtigung der Entscheidungsfreiheit geeignet sein muss, den Verbraucher zu einer **geschäftlichen Entscheidung** zu veranlassen, die er andernfalls nicht getroffen hätte (§ 2 I Nr. 1 UWG). Dieses Tatbestandsmerkmal dient dazu, den Bezugspunkt der spürbaren Beeinträchtigung der Entscheidungsfähigkeit klarzustellen.

III. „Pure“ Generalklausel für sonstige Marktteilnehmer (§ 3 I UWG)

205 Für geschäftliche Handlungen, die (ausschließlich) **gegenüber Mitbewerbern und sonstigen Marktteilnehmern** wirken (etwa Verkauf von Spezialprodukten an Ärzte, die ausschließlich in deren Praxis genutzt werden dürfen), gilt die Definition des § 3 II UWG nicht. Dies gilt auch dann, wenn Verbraucher die geschäftliche Handlung zwar wahrnehmen können (etwa weil sie in einer Zeitung oder auf einem Plakat erfolgt), aber nicht den betreffenden Vertrag schließen bzw. die entsprechenden Rechte ausüben können. Trotz des insoweit möglichen weiteren Verständnisses hat die Generalklausel aber auch ggü. sonstigen Marktteilnehmern kaum einen Anwendungsbereich. Die **„Unlauterkeit“** einer Handlung über §§ 4–6 UWG hinaus beurteilt sich weder nach der „Branchenüblichkeit“, (auch übliche Handlungen können also unlauter sein), noch nach der „Moral“. Konkret wird Unlauterkeit im Sinne von § 3 I UWG vor allem bei Verletzung der Menschenwürde angenommen.

Beispiele: 1. Die Bezeichnung von Likör mit anzüglichen Namen („Busengrapscher“, „Schlüpferstürmer“) soll hingegen unlauter sein, weil es Frauen in ihrer grundrechtlich geschützten Würde missachtet und sie als bloßes, jederzeit verfügbares Sexobjekt des Mannes darstellt (BGHZ 130, 5 – Busengrapscher). **2.** Die Werbung mit verstörenden Bildern ist als solche insbesondere im Hinblick auf Art. 5 I GG nicht wettbewerbswidrig, wenn nicht elementare Bestandteile der Menschenwürde verletzt werden. Der Bürger hat kein Recht auf ein naives Weltbild (BVerfG WRP 2001, 129 ff. – Benetton-Werbung I).

206 Unter § 3 I UWG fällt die **pauschale Herabsetzung der gesamten Konkurrenz** (so dass weder § 4 Nr. 1 UWG, → Rn. 135 f., noch § 6 II Nr. 5 UWG, → Rn. 130, einschlägig sind). Zudem soll die **„allgemeine Marktstörung“**, die über die gezielte Behinderung eines bestimmten Mitbewerbers im Sinne von § 4 Nr. 4 UWG (→ Rn. 150 ff.) hinaus *jeglichen* Wettbewerb verhindern soll, unter § 3 I UWG fallen. Dafür soll die sachlich nicht gerechtfertigte Kampfpreisunterbietung unter Inkaufnahme von Verlusten genügen. Schließlich soll ganz ausnahmsweise auch ein **„unmittelbarer Leistungsschutz“** über § 4 Nr. 3 UWG (→ Rn. 142 ff.) und die Regelungen des Immaterialgüterrechts

hinaus gewährt werden können (diskutiert etwa für Sportveranstaltungen und nicht personenbezogene Daten). In der Gerichtspraxis spielte dies aber bislang keine Rolle.

F. Rechtfertigung

Ausnahmsweise kann eine eigentlich als „unlauter" zu bewertende **207** Verhaltensweise durch besondere Umstände gerechtfertigt (und damit im Ergebnis doch wieder „lauter") sein. In Betracht kommen im Wesentlichen vier Rechtfertigungsgründe:

- Eine Rechtfertigung kann ausnahmsweise durch eine **Einwilligung** **208** des Verletzten erfolgen, sofern der gerügte Wettbewerbsverstoß **ausschließlich** seine Interessen (und nicht Interessen der Allgemeinheit oder nicht einwilligungsbereiter Dritter) berührt. Das betrifft praktisch nur Fälle des § 4 UWG (→ Rn. 134 ff.).
- Es ist umstritten, ob eine Rechtfertigung des unlauteren Verhaltens **209** durch einen **„Abwehreinwand"** (auch „Unclean Hands"-Einrede) zulässig ist, soweit sich der Verletzer durch sein unlauteres Verhalten gegen ebenfalls unlautere geschäftliche Handlungen Dritter wehrt (entsprechend der **Notwehr** gem. § 227 BGB, § 32 StGB). Eine Rechtfertigung scheidet jedenfalls aus, wenn auch „unschuldige" Dritte durch die geschäftliche Handlung geschädigt werden. Erforderlich ist wie bei der Notwehr eine Abwehrlage („rechtswidriger Angriff"), sowie ein Handeln in Abwehrabsicht, sowie die Geeignetheit und Erforderlichkeit der Handlung. Als zulässige Abwehrhandlungen sind insb. Boykottaufrufe, Warnungen in Zeitschriften und Nachbau von Waren (in dieser Eskalationsfolge) anerkannt. Die Erforderlichkeit fehlt bei der Möglichkeit, gerichtliche Hilfe in Anspruch zu nehmen (arg. § 229 BGB).
- In Betracht kommt auch die **Wahrnehmung berechtigter Interessen** **210** (arg. ex § 193 StGB, Art. 5 GG). Der Verletzer darf das erforderliche sachliche Maß nicht überschreiten. Die Äußerung muss das gebotene und erforderliche Mittel zur Erreichung eines rechtlich gebotenen Zwecks sein (→ Rn. 178).
- Schließlich kommt **Verwirkung** (arg. ex § 242 BGB) in Betracht. **211** Dies setzt neben einem vermeidbaren längeren Untätigbleiben des Verletzten (Zeitelement) auch ein berechtigtes Vertrauen des Verletzers auf die Duldung des Verhaltens (Vertrauenselement) voraus. Es ist im Einzelfall eine Abwägung aller betroffenen Interessen vorzunehmen.

G. Durchsetzung

I. Außergerichtliche Durchsetzung

1. Abmahnung (§ 13 UWG)

212 Jeder der in § 8 III UWG genannten Klageberechtigten (→ Rn. 72 ff., 231) hat einen **durchsetzbaren und einklagbaren Anspruch** gegen den Verletzer. Ohne vorherige Aufforderung zur Einstellung seines unlauteren Verhaltens wird allerdings in aller Regel keine „Veranlassung zur Klage“ im Sinne von § 93 ZPO vorliegen. Dann müsste der Kläger bei einem **sofortigen Anerkenntnis** (§ 307 ZPO) nicht nur die eigenen Kosten, sondern auch die Gerichtskosten und Kosten des Gegners tragen (§ 93 ZPO).

213 Diese Aufforderung zur Einstellung des unlauteren Verhaltens bezeichnet man als **„Abmahnung“**, was Ihnen vielleicht aus dem Mietrecht (§§ 543 III, 541, 590a BGB) bzw. dem Allgemeinen Schuldrecht (§§ 281 III, 323 III, 314 II BGB) bekannt vorkommen dürfte. Der Gesetzgeber hat dieses, von der Praxis ungefähr seit 1960 entwickelte, Institut in § 13 UWG geregelt. Wie die Formulierung „soll“ und nicht „muss“ in § 12 UWG zeigt, ist die Durchführung eines Abmahnverfahrens keine Pflicht. Es handelt sich vielmehr nur um eine **Obliegenheit** des Abmahnenden, die insbesondere der Vermeidung des Kostenrisikos aus § 93 ZPO dient. Die Abmahnung ist ausnahmsweise **entbehrlich**, insbesondere bei regelmäßigen Verstößen durch einen bestimmten Wettbewerber oder wenn die Verhinderung der geschäftlichen Handlung sehr eilig ist. Sie ist nur wirksam, wenn sie (1) die formellen Voraussetzungen des § 13 II UWG erfüllt und (2) materiell der Anspruch aus § 8 I 1, I 2 UWG wirklich besteht.

Inhalt der Abmahnung

1 Vorwurf eines UWG-Verstoßes (§ 13 II Nr. 4)
2. Unterwerfungsverlangen (§ 13 I a.E. UWG), einzelfallabhängige Vertragsstrafe (§ 13a UWG), die Ernsthaftigkeit des Unterlassungswillen zu erkennen lässt.
3. angemessene Frist (8 bis 10 Tage, aber uU auch nur einige Stunden); eine zu kurze Frist setzt automatisch eine angemessene Frist in Gang.
4. Androhung gerichtlichen Vorgehens
5. Pflichtangaben zur Identifikation des Abmahnenden (§ 13 II Nr. 1 UWG), zur Anspruchsberechtigung (§ 13 II Nr. 2 UWG) und zum Aufwendungsersatz (§ 13 II Nr. 3, Nr. 5 UWG)

Die Abmahnung ist keine Willenserklärung, sondern eine **geschäftsähnliche Handlung,** welche formlos, etwa auch telefonisch, möglich ist. Nach Ansicht des BGH (BGH GRUR 2010, 1120 – Vollmachtsnachweis) finden auch die §§ 174, 180 BGB keine Anwendung, so dass keine Vollmachtsurkunde beigefügt werden muss. Allerdings besteht ein hohes Beweisbedürfnis, so dass die Schriftform praktisch überwiegt. 214

2. Reaktion des Abgemahnten

Auf eine (formell und materiell einwandfreie) Abmahnung hat der Abgemahnte fünf Reaktionsmöglichkeiten: 215

– Er kann die Abgabe einer strafbewehrten Unterlassungserklärung **ablehnen.** Dem entspricht es, wenn er die ihm gesetzte Frist verstreichen lässt (§ 146 BGB). Dann kann der Abmahnende Unterlassungsklage erheben (bzw. Antrag auf Erlass einer einstweiligen Verfügung stellen), ohne das Kostenrisiko nach § 93 ZPO (→ Rn. 212) fürchten zu müssen. Hält der Adressat der Abmahnung den Anspruch für unberechtigt, kann er eine Schutzschrift (→ Rn. 238) einreichen. 216
– Wenn die Wiederholungsgefahr im Sinne von § 8 I 1 UWG (→ Rn. 79) bereits durch die Abgabe einer Unterlassungserklärung bzw. einer Abschlusserklärung (zugunsten irgendeines Dritten) oder ein rechtskräftiges Urteil entfallen ist, muss er dies dem Abmahnenden anzeigen. Die Abgabe einer *weiteren* strafbewehrten Unterlassungserklärung ist nur erforderlich, wenn die frühere Erklärung **nicht geeignet** war, den Versprechenden ernsthaft von Wiederholungen abzuhalten. Dies ist der Fall bei reinen Gefälligkeitsabreden, an deren Durchsetzung der Gläubiger nicht interessiert ist. Darüber hinaus entfällt die Wiederholungsgefahr auch dann nicht, wenn das Verhalten des Schuldners Zweifel aufkommen lässt, dass er seiner vertraglichen Unterlassungspflicht nachkommen wird. Dazu genügt es, wenn er die Unterlassungspflicht auf die Abmahnung nicht anzeigt. 217
– Er kann die verlangte oder inhaltlich modifizierte **„Unterwerfungserklärung“** (auch: strafbewehrte Unterlassungserklärung) abgeben. Der Streit ist dann außergerichtlich erledigt. Durch die Unterwerfungserklärung wird eine vertragliche Unterlassungspflicht (§§ 311 I, 241 I 2 BGB) begründet, der als solcher eine einklagbare Pflicht begründet. Bei jedem weiteren Verstoß wird dadurch die festgesetzte Vertragsstrafe (§ 339 S. 2 BGB) verwirkt, so dass der Verletzer zahlen muss. 218

– Er kann die Unterwerfungserklärung abgeben, aber die **Zahlung der Kosten der Abmahnung (und etwaige Schadensersatzansprüche) verweigern**. Damit riskiert er, dass der Abmahnende ihn verklagt – aber eben nicht mehr auf Unterlassung des Verhaltens (denn insoweit ist die Wiederholungsgefahr ausgeräumt), sondern nur noch auf Ersatz der Abmahnkosten und eines etwaigen Schadens. Der Streitwert ist insoweit deutlich geringer.
– Er kann eine **negative Feststellungsklage (§ 256 ZPO)** erheben mit dem Ziel, festzustellen, dass der behauptete Anspruch aus § 8 UWG gegen ihn nicht besteht. Freilich muss er insoweit einen entsprechenden Kostenvorschuss zahlen und trägt das Risiko, die gesamten Kosten (einschließlich der Kosten des Gegners) bei Unterliegen tragen zu müssen (§ 91 ZPO).

219 Die Abgabe einer strafbewehrten Unterlassungserklärung („Unterwerfungserklärung", „Vertragsstrafeversprechen") durch den Anspruchsgegner beseitigt die **Wiederholungsgefahr/Erstbegehungsgefahr** (→ Rn. 79 f.) ggü. jedermann, so dass für keinen Anspruchsberechtigten iSv § 8 III UWG ein materiell–rechtlicher Anspruch mehr besteht. Die Erklärung muss insoweit ernsthaft sein (→ Rn. 217), wozu sie zwingend zwei Elemente enthalten muss:

Mindestinhalt der Unterwerfungserklärung

1. Der Anspruchsgegner muss eine unbedingte Unterlassungsverpflichtung übernehmen.
2. Er muss sich zur Zahlung einer angemessenen Vertragsstrafe verpflichten

220 Die Unterwerfungserklärung ist ein **Vertrag**, eine bloß einseitige Erklärung genügt nicht (vgl. §§ 311, 339 BGB). Allerdings kann bereits eine nur noch vom Einverständnis eines neutralen Dritten abhängig Option die Wiederholungsgefahr entfallen lassen. Die Erklärung des Abgemahnten kann auch unter einer **aufschiebenden Befristung** (§§ 163, 158 I BGB) erfolgen, wobei diese Befristung Zweifel an der Ernsthaftigkeit des Unterlassungsversprechens begründen kann.

221 Die hieraus folgende **Unterlassungspflicht** beruht auf einem abstrakten Schuldversprechen (§ 780 BGB) und greift daher auch, wenn tatsächlich kein Anspruch aus § 8 I UWG besteht. Für diesen abstrakten Unterlassungsanspruch greift zum einen nicht mehr die kurze Verjährung nach § 11 UWG, zum anderen ist eine Verschuldenszurechnung nach § 278 S. 1 BGB möglich (→ Rn. 85). Die nach § 780 BGB grds. erforderliche Schriftform gilt nach § 350 HGB nicht für Unterwerfungserklärungen von Kaufleuten. Die Unterwerfungserklärung begründet ein Dauerschuldverhältnis, das nur durch außerordentliche Kündigung (§ 314 BGB) beendet werden kann.

Neben der (einklagbaren) Unterlassungspflicht (vgl. § 241 I 2 BGB) enthält die Unterwerfungserklärung ein daran anknüpfendes **Vertragsstrafeversprechen** (vgl. § 339 S. 2 BGB). Ein bloßes Versprechen ohne jede oder mit einer nicht abschreckenden Vertragsstrafe gilt als nicht hinreichend ernsthaft und räumt die Wiederholungsgefahr nicht aus. Der Gesetzgeber hat in zu **hohen Vertragsstrafen** ein erhebliches Missbrauchspotential erblickt und diese daher durch § 13a UWG gedeckelt. Nach § 13a IV UWG gilt bei einer überhöhten Vertragsstrafe automatisch nur eine angemessene Vertragsstrafe als vereinbart (was nicht nur von § 348 HGB, sondern auch von § 343 I 1 BGB abweicht). Kriterien für die Höhe nennt § 13a I UWG, nach § 13 V 2 UWG kann zur Bestimmung der Höhe die Einigungsstelle (§ 15 UWG, → Rn. 246 ff.) oder ein Gericht angerufen werden. Privilegiert sind Kleinstunternehmen mit „in der Regel" weniger als 100 Mitarbeitern (§ 13a II, III UWG): Von diesen darf gar keine Vertragsstrafe bei erstmaligen Verstößen gegen Informationspflichten im Internet, das BDSG oder die DS-GVO verlangt werden (§ 13a II UWG). Hier ist fraglich, ob ausnahmsweise auch die nicht strafbewehrte Unterlassungserklärung die Wiederholungsgefahr ausräumt (bejahend OLG Schleswig WRP 2021, 950 Rn. 19 – „Einfache" Unterlassungserklärung). Bei unerheblichen Verstoßen wird die Vertragsstrafe für Kleinstunternehmen im oben genannten Sinne auf 1.000 € gedeckelt (§ 13a III UWG). 222

3. Aufwendungen für Abmahnung (§ 13 III UWG) und Verteidigung (§ 13 V UWG)

§ 13 III UWG bestimmt, dass der Abmahnende grundsätzlich einen **verschuldensunabhängigen Anspruch** auf Ersatz seiner Aufwendungen hat (→ Rn. 94). Dieser Anspruch ist erforderlich, da ein Anspruch auf Ersatz von Verzugsschaden nach §§ 280 I, II, 286 I 1 BGB eine vorherige Mahnung voraussetzt und § 91 ZPO nur für das gerichtliche Verfahren gilt. Durch die Einführung der gesetzlichen Regelung ist die früher von der Rechtsprechung als Behelf gewählte Herleitung über §§ 683 S. 1, 670 BGB entbehrlich. 223

Freilich ist der Anspruch ausgeschlossen, wenn die **Abmahnung unwirksam** war, sei es, weil der Anspruch nicht bestand oder die Geltendmachung nach § 8c I UWG missbräuchlich war, sei es, weil die Abmahnung selbst an einem Formfehler wegen Verstoßes gegen § 13 II UWG litt. 224

225 Um **Fehlanreize** (zu Massenabmahnungen durch Serienbriefe) einzudämmen, enthält § 13 IV zwei weitere Ausschlüsse zu Lasten von Mitbewerbern (§ 8 II Nr. 1 UWG, → Rn. 73, 44 ff.): Abmahnkosten werden bei Geltendmachung von Verstößen gegen Informations- und Kennzeichnungspflichten im Internet (etwa § 5 TMG, § 312d BGB oder die PreisangabenVO) nicht ersetzt (§ 13 IV Nr. 1 UWG). Bei Unternehmen, die „in der Regel weniger als 250 Mitarbeiter beschäftigen" werden Abmahnkosten zudem nicht ersetzt, soweit Verstöße gegen § 3a UWG (→ Rn. 155 ff.) iVm Regelungen der DS-GVO oder des BDSG geltend gemacht werden. Bei Verstößen gegen das TTDSG werden Abmahnaufwendungen hingegen ersetzt.

226 Welche **Aufwendungen „erforderlich"** sind, ist eine Frage des Einzelfalls. Insbesondere die Kosten eines Rechtsanwalts werden bei Verbänden iSv § 8 III Nr. 2 und Nr. 3 UWG (→ Rn. 74 f.), die immerhin die erforderliche „personelle, sachliche und finanzielle" Ausstattung besitzen müssen und bei Unternehmen mit eigener Rechtsabteilung nur in schwierigen Fällen ersetzt. Hier wird üblicherweise eine Pauschale von 230 € zzgl. Mehrwertsteuer gewährt.

227 Spiegelbildlich zum Anspruch auf Ersatz der Aufwendungen für die Abmahnung kann auch der Abgemahnte **Ersatz seiner Verteidigungsaufwendungen** verlangen, soweit die Abmahnung unberechtigt war oder zu Unrecht Aufwendungen geltend gemacht wurden (§ 13 V 1 UWG). Scheitert die Abmahnung an formellen Anforderungen (§ 13 II UWG) oder wurden entgegen § 13 IV UWG Aufwendungen geltend gemacht, ist kein Verschulden erforderlich. War die Abmahnung hingegen materiell unberechtigt (d.h. besteht der Anspruch nicht), haftet der Abmahnende nur, wenn er dies zumindest fahrlässig nicht erkannt hat (§ 13 V 3 UWG). Zudem beschränkt § 13 V 2 UWG den Anspruch auf die Aufwendungen, die der Abmahnende selbst verlangt hat, so dass sich in vielen Fällen die Prüfung anbietet, ob nicht auch ein Missbrauch nach § 8c I UWG vorlag, so dass § 8c III 1 UWG einen unbegrenzten Ersatzanspruch gewährt.

II. Gerichtliche Durchsetzung

1. Zuständigkeit (§ 14 UWG)

228 Nach § 14 I UWG sind sachlich für wettbewerbsrechtliche Streitigkeiten streitwertunabhängig die **Landgerichte** zuständig; dort **funktionell** die Kammern für Handelssachen (§ 95 I Nr. 5 GVG), wobei für deren Anrufung ein Antrag einer Partei erforderlich ist (§§ 96, 98 GVG). Sie sind mit einem Berufsrichter und zwei (ehrenamtlichen) Handelsrichtern besetzt. Umstritten ist, ob diese Zuständigkeit auch für

die Verwirkung von Vertragsstrafen gilt, was die wohl hM bejaht (BGH MMR 2017, 170 Rn. 22). Mit dem Wortlaut ist dies freilich kaum vereinbar. Ebenfalls streitwertabhängig ist die Zuständigkeit für Schadensersatzklagen von Verbrauchern nach § 9 II UWG (→ Rn. 83; § 14 IV UWG iVm §§ 23, 71 GVG).

Für Klagen aus dem UWG ist nach § 14 II 1 UWG grundsätzlich nur der **allgemeine Gerichtsstand** (§§ 12–19a ZPO) maßgeblich, also insb. nicht der deliktische Gerichtsstand (§ 32 ZPO) oder der Gerichtsstand der Niederlassung (§ 21 ZPO). Da es sich nicht (mehr) um einen ausschließlichen Gerichtsstand handelt, ist eine rügelose Einlassung oder eine Gerichtsstandsvereinbarung möglich (§§ 38, 39 ZPO). **229**

Einen zusätzlichen (besonderen) Gerichtsstand sieht § 14 II 2 UWG vor: Der Kläger kann das Gericht anrufen, in dessen Bezirk die **Handlung begangen** ist (vgl. § 32 ZPO). Dieser Gerichtsstand tritt wahlweise neben den allgemeinen Gerichtsstand (§ 35 ZPO). Dies gilt allerdings nur für Verfahren, die Mitbewerber iSv § 8 III Nr. 1 UWG (→ Rn. 73, 44 ff.) einleiten (§ 14 II 3 Nr. 1 UWG). Zudem gilt die Regelung nicht für Zuwiderhandlungen im Internet (§ 14 II 3 Nr. 2 UWG), wobei noch umstritten ist, ob dies nur für typische Verstöße (etwa gegen Impressumspflichten oder Datenschutzvorgaben) oder für alle dort erfolgten geschäftlichen Handlungen (etwa irreführende Werbung) gilt. Der Gesetzgeber wollte damit die Gefahren eines „fliegenden Gerichtsstands“ bzw. des damit verbundenen „*forum shoppings*“ eindämmen. Allerdings greift die Beschränkung nicht, soweit der Anspruchsgegner in Deutschland ohnehin keinen allgemeinen Gerichtsstand hat (§ 14 II 3 UWG a.E.). Diese Sonderregelung gilt nach § 14 IV UWG ebenfalls nicht für Schadensersatzklagen von Verbrauchern nach § 9 II UWG (→ Rn. 83) – dort können also alle besonderen Gerichtsstände der ZPO (insb. §§ 21, 32 ZPO) herangezogen werden. Für die Länder sieht § 14 III UWG ferner eine Konzentrationsermächtigung vor. **230**

2. „Klagebefugnis“ von Verbänden (§ 8 III Nr. 2, Nr. 3 UWG)

Der BGH versteht § 8 III Nr. 2, Nr. 3 UWG nicht nur als Regelung der materiellen Aktivlegitimation (die in der Begründetheit zu prüfen wäre, → Rn. 72), sondern als echte Sachurteilsvoraussetzung (BGH GRUR 2006, 517 Rn. 15 – Blutdruckmessungen). Diese Einordnung hat den Vorteil, dass die Prüfung der Voraussetzungen von Amts wegen – also unabhängig von einem Bestreiten durch den Beklagten – erfolgt (arg. § 56 ZPO) und auch in der Revisionsinstanz ohne Bindung an Feststellungen des Berufungsgerichts möglich ist (arg. § 557 III 2 ZPO). Allerdings genügt es bei solchen „doppelrelevanten Tatsachen“ **231** für die Zulässigkeit, dass die Aktivlegitimation jedenfalls möglich erscheint. Die Rechtfertigung dieser mit dem Wortlaut nur bedingt vereinbaren Handhabung ist heute freilich durch die Anknüpfung an die Registrierung der Verbände beim Bundesamt für Justiz gem. § 8b UWG (statt einer Prüfung der Voraussetzungen durch das Gericht selbst wie heute noch in § 33 IV GWB, (→ Rn. 495)) entschärft worden. Praktisch geht es damit nur darum, ob einem Wirtschaftsverband (1) „eine erhebliche Zahl von Unternehmern angehört, die Waren oder Dienstleistungen gleicher oder verwandter Art auf demselben Markt vertreiben" und (2) „die Zuwiderhandlung die Interessen der Mitglieder" betrifft. § 8 III Nr. 1, Nr. 4 UWG werden *nicht* als Prozessvoraussetzung qualifiziert.

3. Einstweilige Verfügung (§ 12 I UWG)

232 Angesichts des Umstandes, dass in der Praxis der **Unterlassungsanspruch** iSv § 8 I UWG (→ Rn. 78 ff.) der bedeutsamste Anspruch im Wettbewerbsrecht ist, ergehen Entscheidungen in wettbewerbsrechtlichen Streitigkeiten fast nur im Eilverfahren. Schadensersatzansprüche iSv § 9 UWG (→ Rn. 82 ff.) können hingegen nicht per einstweiliger Verfügung geltend gemacht werden. Selbst wenn mündlich verhandelt wird und infolgedessen die einstweilige Verfügung als Urteil ergeht, ist dagegen die Revision nicht statthaft (§ 542 II 1 ZPO), so dass der BGH im einstweiligen Rechtsschutz nie zur Entscheidung berufen ist.

233 Bei Verfügungen in wettbewerbsrechtlichen Streitigkeiten handelt es sich um **Leistungsverfügungen** (insoweit ist § 12 I UWG irreführend, wenn er von „Sicherung" spricht). Zu beachten ist stets die Gefahr eines (verschuldensunabhängigen!) Schadensersatzanspruchs des Verfügungsschuldners nach § 945 ZPO bei einer Niederlage im Hauptsacheverfahren oder bei Aufhebung nach § 926 II ZPO (→ Rn. 240).

a) Verfügungsanspruch und Verfügungsgrund

234 Der Antrag auf Erlass einer einstweiligen Verfügung ist begründet, soweit Verfügungsanspruch und Verfügungsgrund vorliegen (§§ 936, 920 II ZPO):

235 – Unter **Verfügungsgrund** (§§ 935, 940 ZPO) versteht man die Umstände, welche die besondere Eilbedürftigkeit" begründen. Nach § 12 I UWG wird der Verfügungsgrund widerleglich vermutet. Widerlegt ist die Eilbedürftigkeit, wenn der Anspruchsteller trotz Kenntnis des Verstoßes über längere Zeit (als Orientierung kann § 11 I UWG dienen) untätig geblieben ist.

– Der **Verfügungsgrund** ist der materielle Anspruch. Die ihn begründenden Umstände müssen stets glaubhaft gemacht werden (beachte aber § 921 S. 1 ZPO), wofür nach § 294 ZPO die eidesstattliche Versicherung genügt. 236

b) Bestimmtheit des Verfügungsantrags

Nach § 253 II Nr. 2 ZPO muss der Kläger hinreichend bestimmte Anträge stellen, welche die Entscheidungsbefugnis des Gerichts festlegen (*„ne ultra petita"*, § 308 I ZPO). Die **Formulierung eines Unterlassungsantrags** kann in dieser Hinsicht problematisch sein, da ein zu enger Unterlassungsantrag eventuelle ähnliche Handlungen nicht erfasst. Andererseits darf der Antrag aber auch nicht so abstrakt gefasst werden, dass sich der Gegner nicht erschöpfend verteidigen kann und die Entscheidung darüber, was dem Beklagten verboten ist, dem Vollstreckungsgericht überlassen bleibt. Zu unbestimmte Anträge sind unzulässig. Sind sie nur zu weit gefasst, so ist die Klage zulässig, aber als unbegründet abzuweisen, soweit der Antrag über die konkrete Verletzungshandlung hinausgeht. Neben dem Hauptantrag sollte auch die Androhung von Ordnungsmitteln (Ordnungsgeld und Ordnungshaft, § 890 ZPO) beantragt werden. Allerdings wird das Bestimmtheitserfordernis durch § 938 ZPO etwas gelockert, indem das Gericht im Verfügungsverfahren Anordnungen nach freiem Ermessen treffen darf. 237

c) Schutzschrift

Unter einer „Schutzschrift" versteht man einen vorbeugenden Verteidigungsschriftsatz des potenziellen Adressaten einer einstweiligen Verfügung. Sie kann einerseits das Ziel haben, den voraussichtlichen Antrag auf einstweilige Verfügung **abzulehnen** (indem Verfügungsanspruch bzw. Verfügungsgrund widerlegt werden) oder zumindest eine **mündliche Verhandlung** einzuberufen. Auf Grundlage von § 945a ZPO führt die hessische Landesjustizverwaltung ein bundesweit zentrales Register, über das deutschlandweit alle ordentlichen Gerichte Schutzschriften abrufen können. Wegen der Gewährung rechtlichen Gehörs (Art. 103 I GG) muss die Schutzschrift von den Gerichten vor Erlass der Verfügung beachtet werden. Die Kosten der Schutzschrift sind – wie die Kosten der Abmahnung (→ Rn. 223 ff.) – grundsätzlich erstattungsfähig, wenn keine mündliche Verhandlung stattfindet, allerdings nur in Höhe einer halben Gebühr. 238

d) Verfahren und Rechtsbehelfe

Die Entscheidung im Verfügungsverfahren kann nach Ermessen des Gerichts mit (Urteil) oder ohne **mündliche Verhandlung** (Beschluss) 239 ergehen (§ 922 ZPO). In besonders dringenden Fällen kann eine Entscheidung durch den Kammervorsitzenden allein erfolgen (§ 944 ZPO). Das BVerfG sieht Entscheidungen ohne jede Anhörung des Gegners allerdings zu Recht als Gefahr für die durch Art. 3 I, 20 III GG garantierte prozessuale Waffengleichheit (BVerfG NJW 2020, 2021 Rn. 16 ff.). Soweit nicht durch eine vorherige Abmahnung des nunmehr gerichtlich geltend gemachten Anspruchs die Möglichkeit zur Reaktion (etwa durch eine Schutzschrift) gewährt wurde, *muss* das Gericht daher eine mündliche Verhandlung durchführen.

240 Die einstweilige Verfügung muss innerhalb eines Monats (im Parteibetrieb) zugestellt werden (§§ 936, 929 III ZPO). Gegen die als Beschluss ergangene einstweilige Verfügung kann **Widerspruch** erhoben werden (§§ 936, 924 ZPO), der jedoch keine aufschiebende Wirkung hat. Auf den Widerspruch entscheidet das Gericht durch Urteil (§§ 926, 925 ZPO), hiergegen ist wiederum die Berufung statthaft. Ist die einstweilige Verfügung als Urteil erlassen worden, ist hingegen (nur) unmittelbar die Berufung zulässig. Möglich ist zudem (sowohl bei Urteils- als auch bei Beschlussverfügungen) ein **Antrag auf Geltendmachung der Ansprüche in einem Hauptsacheverfahren** (§§ 936, 926 ZPO) – erfolgt dies nicht innerhalb der durch das Gericht gesetzten Frist, wird die einstweilige Verfügung von Amts wegen aufgehoben. Die Kostenentscheidung ergeht nach §§ 91 ff. ZPO (was auch die Kosten der Schutzschrift bei erfolgreicher Zurückweisung des Antrags erfasst; vgl. hierzu auch § 5 III Schutzschriftregister-VO). Wird eine einmal erlassene einstweilige Verfügung aufgehoben, steht dem Adressaten der Verfügung ein verschuldensunabhängiger Schadensersatzanspruch zu (§ 945 ZPO). Der Streitwert im Verfügungsverfahren wird nach freiem Ermessen des Gerichts bestimmt. Der Streitwert kann nach § 12 III, IV UWG (→ Rn. 244) herabgesetzt werden.

e) Abschlussschreiben und Abschlusserklärung

241 Eine einstweilige Verfügung schafft nur eine vorläufige (und zeitlich befristete) Klärung. Erhebt der Verfügungskläger allerdings unmittelbar Hauptsacheklage, kann der Verfügungsbeklagte den Anspruch sofort anerkennen, so dass der Verfügungskläger nach § 93 ZPO die Kosten zu tragen hat. Stattdessen hat sich das sog. „Abschlussverfahren" etabliert: Ein **„Abschlussschreiben"** des erfolgreichen Verfügungsklägers beinhaltet die Aufforderung an den Verfügungsbeklagten durch eine **„Abschlusserklärung"** die rechtskräftige Entscheidung innerhalb einer angemessenen Frist (in der Regel 14 Tage ab Zustellung) **als endgültig** anzuerkennen. Dies erfordert insbesondere einen Rechtsmittelverzicht. Die Abgabe der Abschlusserklärung beseitigt wie eine strafbewehrte Unterlassungserklärung (→ Rn. 218, 219) das Rechtsschutzbedürfnis für ein späteres Hauptsacheverfahren des konkreten Verfügungsklägers und die materiellrechtliche Wiederholungsgefahr gegenüber jedermann.

4. Hauptsacheverfahren

Ein Hauptsacheverfahren wird in der Praxis **nur selten** durchgeführt, da die meisten Wettbewerbsverstöße sich bereits im Verfügungsverfahren erledigen. Wird dennoch Hauptsacheklage erhoben, wird damit neben dem Unterlassungsantrag auch eine Stufenklage (Auskunft und Schadensersatz; § 254 ZPO) bzw. eine Feststellungsklage (§ 256 ZPO) bezüglich des Grundes eines Schadensersatzanspruchs iSv § 9 UWG (→ Rn. 82 ff.) verfolgt. 242

Der mutmaßliche Verletzer kann **negative Feststellungsklage** (§ 253 ZPO) mit dem Antrag erheben, festzustellen, dass keine unlautere geschäftliche Handlung vorliegt, soweit jemand eine solche (etwa in einer Abmahnung) behauptet. Hierdurch kann er Rechtsklarheit erlangen und evtl. eine andere gerichtliche Zuständigkeit begründen. Die Zuständigkeit hierzu ist gerade spiegelbildlich zu § 14 II UWG (→ Rn. 229 f.) – er darf also am eigenen allgemeinen Gerichtsstand klagen. 243

Nach § 12 III UWG können Kläger oder Beklagter im Hauptsacheverfahren jeweils eine **Streitwertermäßigung** beantragen, die sich auf ggf. zu erstattende oder vorzustreckende Gerichts- und Anwaltskosten (beider Parteien) bezieht. Dadurch soll sichergestellt werden, dass eine Klage (die auch dem Interesse der Allgemeinheit dient) bzw. die effektive Verteidigung nicht an überhöhten Kosten scheitert. Die Streitwertermäßigung wirkt allerdings nur zugunsten des jeweiligen Antragstellers – soweit dieser erfolgreich ist, werden die Gebühren für die unterliegende Gegenpartei normal berechnet, außer diese hat ihrerseits einen Ermäßigungsantrag gestellt. Daneben ist § 51 III 2, 3 GKG zu beachten, wonach der gerichtliche Streitwert in Fällen unerheblicher Interessensbeeinträchtigung bereits von Amts wegen auf 1.000 € festzusetzen ist. 244

Nach § 12 II 1 UWG kann die obsiegende Partei in einem Unterlassungsrechtsstreit verlangen, dass das Urteil (unter expliziter Nennung des Gegners) **öffentlich bekannt gemacht** wird, sofern sie ein berechtigtes Interesse darlegt. Diesbezüglich ist das Urteil erst mit Rechtskraft des Urteils vollstreckbar (§ 12 III 4 UWG), um nicht wiedergutzumachende Schäden zu vermeiden. Die Veröffentlichung dient der Warnung der Allgemeinheit bzw. der Rehabilitation des zu Unrecht Beschuldigten. Wie das Urteil veröffentlicht wird, entscheidet das 245

Gericht – ein Anspruch auf eine bestimmte Form besteht nicht. Unzulässig ist hingegen die eigenmächtige Veröffentlichung. Neben einem Verstoß gegen die DS-GVO bei Nennung natürlicher Personen kann bei Veröffentlichung durch Mitbewerber auch ein Fall von §§ 3 I, 4 Nr. 1 UWG (→ Rn. 135 f.) vorliegen, wenn hierdurch eine unlautere Herabsetzung erfolgt.

III. Einigungsstellen (§ 15 UWG)

246 Die Einigungsstelle bei der jeweiligen IHK (§ 15 UWG) bildet einen Mittelweg zwischen der rein privaten Durchsetzung (Abmahnung) und der staatlichen Durchsetzung (einstweilige Verfügung bzw. Urteil). Die Einigungsstellen sind **keine Schiedsgerichte** im Sinne von §§ 1025 ff. ZPO – sie machen nur schriftliche und begründete Einigungsvorschläge. Nehmen die Parteien diese an, werden sie als Vergleich (§ 779 BGB) behandelt; die Zwangsvollstreckung erfolgt analog § 797a ZPO. Als Verfahren der alternativen Streitbeilegung ist die Einschaltung der Einigungsstelle freiwillig; die zuständige KfH kann jedoch den Parteien die Durchführung eines Verfahrens vor einer Einigungsstelle aufgeben, soweit dies Erfolg verspricht. Solange das Verfahren vor der Einigungsstelle läuft, ist die Einreichung einer negativen Feststellungsklage (auf Nichtbestehen des Anspruchs) unzulässig (§ 15 X 4 UWG). Die Anrufung der Einigungsstelle hemmt die Verjährung analog § 204 BGB wie die Einreichung einer Klage (§ 15 IX 1 UWG).

247 Die Einigungsstelle ist mit (mindestens) zwei Unternehmern (bei Anträgen von Mitbewerbern oder Wirtschaftsverbänden) bzw. (mindestens) einen Verbraucher und einen Unternehmer (bei Anträgen von Verbraucherschutzverbänden) besetzt (§ 15 II 2 UWG). Nur der Vorsitzende muss Volljurist sein (§ 15 II 1 UWG). Details des **Verfahrens** regeln Durchführungsverordnungen der Länder (§ 15 XI UWG).

IV. Bußgelder (§§ 19, 20 UWG); Straftatbestände (§ 16 UWG)

248 Nach § 19 I UWG können auch bei bloß fahrlässigen Verstößen Bußgelder von bis zu 50.000 €, bei Großunternehmen sogar höhere, umsatzabhängige **Geldbußen**, verhängt werden. Zuständig ist grundsätzlich das Bundesamt für Justiz; außer die Unternehmen unterliegen ohnehin der Sonderaufsicht der Bafin bzw. es handelt sich um Versicherungsunternehmen und Pensionsfonds, dann sind die Landesbehörden zuständig. Verfahrenstechnisch muss dem Bußgeldverfahren der Koordinierungsmechanismus nach Art. 16 ff. CPC-VO vorgeschaltet werden. Voraussetzung ist ein „weitverbreiteter Verstoß“ (ggf. mit

Unionsdimension) im Sinne der CPC-VO (§ 5c I UWG). Dies verlangt eine grenzüberschreitende Bedeutung der Handlung, die mindestens zwei Mitgliedgliedstaaten betrifft. Eine Unionsdimension (welche eine Führungsrolle der EU-Kommission nach Art. 17 III CPC-VO zur Folge hat) verlangt, dass mindestens 2/3 der Mitgliedstaaten die zusammen 2/3 der Bevölkerung der Union ausmachen, betroffen sind.

Der **Bußgeldtatbestand des § 20 I Nr. 1 UWG** betrifft demgegen- 249
über auch rein nationale Sachverhalte: Die Bundesnetzagentur kann Verstöße gegen das Verbot der Telefonwerbung (§ 7 II Nr. 1, Nr. 2 UWG, → Rn. 113 ff.) verfolgen. § 20 I Nr. 2 UWG betrifft die Dokumentation von telefonischen Einwilligungserklärungen (§ 7a I UWG), § 20 I Nr. 3, Nr. 4 UWG sanktionieren die Verletzung von Mitwirkungspflichten von Wirtschaftsverbänden iSv § 8 III Nr. 2 UWG (→ Rn. 74) ggü. dem Bundesamt für Justiz. Konsequent ist für diese Verstöße auch das Bundesamt für Justiz zuständig.

§ 16 I UWG stellt einen (kleinen) Teilbereich von §§ 3 I, 5 UWG 250
(→ Rn. 162 ff.) unter Strafe: Verboten ist nur **Werbung** mit unwahren (nicht bloß irreführenden) Angaben, die in öffentlichen Bekanntmachungen oder Mitteilungen für einen größeren Personenkreis erfolgt. Zudem ist neben Vorsatz auch die Absicht (*dolus directus 1. Grades*) erforderlich, den Anschein eines besonders günstigen Angebots zu erwecken. Die Tat liegt im Vorfeld des Betrugs, denn es muss noch keine Vermögensverfügung erfolgt sein, geschweige denn ein Schaden eingetreten. Zudem ist kein direkter Kontakt mit einem bestimmten Geschädigten erforderlich – die (öffentliche) Werbung als solche genügt.

§ 16 II UWG richtet sich gegen **Schneeballsysteme** – diese gelten 251
als besonders gefährlich, weil sie glückspielartigen Charakter aufweisen und denklogisch zu Vermögensverlusten bei einer Vielzahl von Personen führen müssen (siehe auch Nr. 14 des Anhangs zu § 3 III UWG).

3. Teil: Kartellrecht (GWB, AEUV)

Während bei der Regulierung des unlauteren Wettbewerbs die Marktteilnehmer im Vordergrund stehen und der Schutz des Wettbewerbs nur durch deren Schutz vermittelt wird (§ 1 I UWG, → Rn. 4), ist die Lage im Kartellrecht genau umgekehrt: Ziel ist die Fortexistenz von **Wettbewerb als solchem**, die Marktteilnehmer werden nur mittelbar geschützt. Erreicht wird dies durch drei Säulen: 252

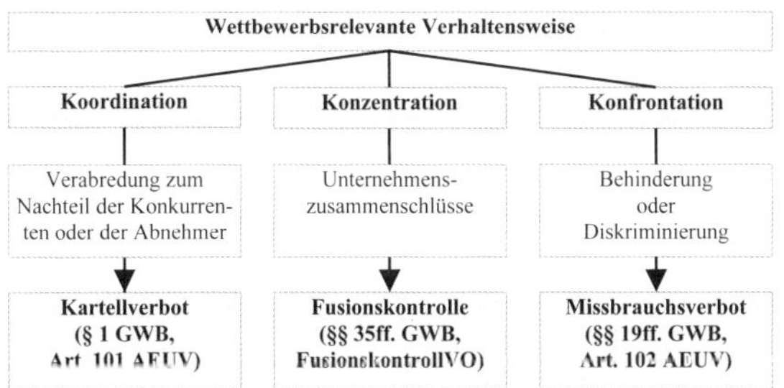

1. Verboten sind nach Art. 101 I AEUV und § 1 GWB zunächst wettbewerbsbeschränkende Absprachen (→ Rn. 380 ff.), egal ob diese zwischen Wettbewerbern (**„horizontale Beschränkungen"**) oder zwischen Anbietern und Nachfragern (**„vertikale Beschränkungen"**) erfolgen. 253
2. Gegenstand des Kartellrechts ist zudem der (einseitige) **Missbrauch von Marktmacht** (Art. 102 AEUV, §§ 19–21 GWB, → Rn. 284 ff.). Dabei geht es um Maßnahmen aller Art, die geeignet sind, bestehende Konkurrenz zu behindern oder den Markteintritt Dritter zu erschweren. Verboten sind aber auch Maßnahmen zum Nachteil der Abnehmer, etwa Diskriminierung oder Ausbeutung. 254
3. Schließlich soll durch die Zusammenschlusskontrolle (Art. 1 FKVO; §§ 35 ff. GWB, → Rn. 499 ff.) in Fällen von herausragender Bedeutung ein **externes Wachstum** von Unternehmen verhindert werden, soweit hierdurch eine schwerwiegende Wettbewerbsbeeinträchtigung zu erwarten ist. 255

Kartellverbot (Art. 101 AEUV, § 1 GWB) und Missbrauchsverbot (Art. 102 AEUV, §§ 19 ff. GWB) schließen sich nicht aus, sondern 256 sind **nebeneinander anwendbar**. Selbst wenn ein Kartell ausnahmsweise erlaubt ist (etwa aufgrund einer Gruppenfreistellungsverordnung), darf eine dadurch bestehende Machtstellung nicht missbraucht werden. Ebenso kann auch ein Zusammenschluss im Einzelfall (etwa bei so genannten „Gemeinschaftsunternehmen“, → Rn. 512 ff., 535) als „Vereinbarung“ qualifiziert werden (→ Rn. 414 ff.) und so an mehreren Säulen zu messen sein.

A. Grundlagen

I. Adressaten der Verbote

1. Unternehmen

257 Das GWB gilt nur für **„Unternehmen“**. Anders als beim Begriff des „Unternehmers“ in § 2 I Nr. 8 UWG (→ Rn. 67, 102) geht es aber nicht um die Bestimmung einer bestimmten natürlichen oder juristischen Person bzw. einer rechtsfähigen Personenvereinigung. Vielmehr wird ein „funktionales“ Verständnis zugrunde gelegt, welches darauf abstellt, welche Einheiten aus Sicht der Marktgegenseite auftreten.

Unternehmen ist jede wirtschaftliche Einheit.

258 **Irrelevant** ist damit zunächst, ob ein Gewerbe oder ein freier Beruf (Ärzte, Architekten, Anwälte) ausgeübt wird. Daher ist insbesondere das – die Tätigkeit beschränkende – Berufsrecht der freien Berufe aus Sicht des europäischen Kartellrechts problematisch. Auch eine Gewinnerzielungsabsicht ist nicht erforderlich – auch nichtwirtschaftliche Vereine (§ 21 BGB) sind vom Unternehmensbegriff erfasst. Ohne Bedeutung ist die Größe des Unternehmens. Selbst der kleinste Kleingewerbetreibende, der Feuerzeuge an der Straßenecke verkauft, ist vom Kartellverbot erfasst.

259 Kapitalgesellschaften (AG, KGaA, GmbH) oder Handelsgesellschaften (OHG, KG) sowie die PartG sind **absolute Unternehmen**, da sie kraft Natur der Sache keine „Privatsphäre“ haben. Dies bedeutet, dass das GWB und die Regelungen der Art. 101 ff. AEUV auf jede Handlung eines solchen „absoluten Unternehmens“ Anwendung findet.

260 Natürliche Personen sind hingegen **relative Unternehmen**. Nur soweit diese als Wettbewerber auftreten, unterliegen sie dem Kartellrecht. Die Grenze ist dabei fließend – wer einmalig ein Zimmer bei Airbnb vermietet, ist nicht Unternehmen; erfolgt dies „geschäftsmäßig“, muss man hingegen die Unternehmenseigenschaft bejahen. Aktionäre, Arbeitnehmer oder Organmitglieder eines Unternehmens sind

nicht bereits deshalb selbst Unternehmen. Eingetragene Idealvereine sind nur „Unternehmen“ im Sinne des Kartellrechts, soweit sie in das Marktgeschehen eingreifen.

Beispiel: Ein eingetragener Verein wählt aus dem Angebot der Hamburger Bühnen für seine Mitglieder Theaterstücke aus und beschafft diesen Eintrittskarten; insgesamt werden so rund 30% der Plätze in Privattheatern vergeben. Die Hamburger Volksbühne begehrt nach § 33 III GWB iVm § 20 GWB Schadensersatz wegen unterschiedlicher Behandlung gegenüber anderen Theatern bei der Abnahme von Plätzen. Der Verein meinte demgegenüber (u.a.) er sei kein Unternehmen. Der BGH hingegen bejahte die Unternehmenseigenschaft: Während der einzelne Theaterbesuch eines Verbrauchers nicht dem GWB unterfällt, gelte dies nicht für die Vermittlungstätigkeit, die erheblichen wirtschaftlichen Umfang (40.000–50.000 Mitglieder!) entfalte (BGH GRUR 1971, 171 – Hamburger Volksbühne).

Soweit Körperschaften (also insbesondere Bund, Bundesländer oder Gemeinden) bzw. Anstalten des **öffentlichen Rechts** als Anbieter oder Nachfrager auftreten, sind auch sie grundsätzlich „Unternehmen“, vgl. § 185 I GWB und Art. 106 I AEUV. Sie sind nur privilegiert, soweit ihre Verhaltensweise zur Erfüllung der ihnen übertragenen Aufgabe zwingend erforderlich ist, Art. 106 II AEUV. Ganz ausgenommen ist der rein hoheitliche Bereich – d.h. soweit der Staat (1) ausschließlich im Interesse der Allgemeinheit (2) durch Handlungsformen auftritt, die ausschließlich dem Staat und seinen Untergliederungen zustehen. Ausdrücklich ausgenommen wird eine Missbrauchsaufsicht bei Gebühren und Beiträgen (§ 185 I 2 GWB). 261

Beispiele: 1. Eurocontrol kontrolliert und überwacht den Luftraum der EU, nimmt aber auch Forschungs- und Koordinierungstätigkeiten vor und zieht Streckengebühren ein. Der EuGH (NJW 1994, 2344 – Eurocontrol) stellte fest, dass Eurocontrol nicht als Unternehmen im Sinne von Art. 101 AEUV handelte. Alle Tätigkeiten seien notwendiger Annex zur Überwachung des Luftraums, welche die Ausübung hoheitlicher Vorrechte erfordere. Soweit eine Tätigkeit aber notwendig vom Staat auszuführen sei, greife das EU-Kartellrecht nicht. **2.** Die AOK (eine Körperschaft des öffentlichen Rechts) führte eine Liste über Zulieferer für therapeutische Gummistrümpfe unter denen ihre Versicherten auswählen konnten. Der Einzelhändler A beantragte Eintragung in diese Liste, um ebenfalls als Anbieter auftreten zu können. Die AOK lehnte den Antrag ab. Hiergegen wendete sich der Einzelhändler vor dem Zivilgericht (und nicht vor dem Verwaltungs- oder Sozialgericht). Der BGH (BGHZ 36, 91, 93 – Gummistrümpfe) stellte fest, dass zwischen der AOK und den Versicherten ein öffentlich-rechtliches Verhältnis bestand. Jedoch bestand zwischen der AOK und den Zulieferern ein **privatrechtliches** Wettbewerbsverhältnis: Der Einkauf sei eine geschäftliche Handlung. Für diese Tätigkeit fand daher auch auf die AOK das GWB Anwendung. **3.** Der spanische Sozialversicherungsträger, der insbesondere die öffentlichen Krankenhäuser betreibt (was nicht als „unternehmerische

Tätigkeit" gilt), bezahlte Rechnungen für medizinisches Material regelmäßig nur mit erheblichen Verzögerungen. Hierin erblickte ein Wirtschaftsverband den Missbrauch einer marktbeherrschenden Stellung im Sinne von Art. 102 AEUV. Der EuGH (EuGH Slg. 2006, I-6295 – FENIN) stellte fest, dass für die Beurteilung des Wesens der Einkaufstätigkeit der Kauf eines Erzeugnisses nicht von dessen späterer Verwendung zu trennen ist. Daher bestimme der wirtschaftliche oder nichtwirtschaftliche Charakter der späteren Verwendung des erworbenen Erzeugnisses den Charakter der Einkaufstätigkeit – insoweit ist die Ausnahme weiter gefasst als in der o.g. BGH-Entscheidung, wonach unabhängig von der späteren Nutzung bereits die privatrechtliche Gestaltung (Einkauf) die Unternehmenseigenschaft begründete. **4.** Der AOK Bundesverband setzt im Rahmen der gesetzlichen Vorschriften Höchstbeträge für die Erstattungsfähigkeiten bestimmter Arzneimittel fest. Ein hiervon betroffenes Pharmaunternehmen sieht darin einen Verstoß gegen das Kartellverbot des Art. 101 I AEUV (Preisbindung). Der EuGH (EuGH Slg. 2004, I-2493 – AOK Bundesverband) betonte, dass die gesetzlichen Krankenkassen eine rein soziale Aufgabe ohne Gewinnerzielungsabsicht wahrnehmen, die auf dem Grundsatz der Solidarität beruht und (vor allem) keinen Einfluss auf die zu erbringenden Pflichtleistungen haben. Es besteht keine echte Konkurrenz, da nach §§ 265 ff. SGB ein Kosten- und Risikoausgleich erfolgt; die mögliche Differenzierung bei Beitragssätzen sei insoweit nur zur Verfolgung einer Sicherung der Wirtschaftlichkeit relevant. Die Krankenkassen würden daher in diesem Kernbereich nicht unternehmerisch tätig werden; etwas anderes sei jedoch der Fall, wenn die Kassen außerhalb der rein sozialen Tätigkeit aktiv werden. Im konkreten Fall würde durch die Festsetzung der Preise durch die Kassenverbände eine gesetzliche Pflicht erfüllt, die im Notfall durch das Gesundheitsministerium wahrgenommen würde; die Kassen würden also kein eigenes Interesse verfolgen, sondern nur eine Pflicht wahrnehmen.

262 Nicht erfasst ist schließlich der **rein private Bereich** (also Verbraucher, die ausschließlich als Nachfrager agieren), da diese einerseits individuell keine relevante Marktmacht haben und andererseits regelmäßig gerade durch das Kartellrecht geschützt werden sollen. Ausgenommen ist schließlich der Arbeitsmarkt (und damit insbesondere Tarifverträge).

263 Es genügt, dass der Betreffende zumindest ***potenziell*** als Anbieter oder Nachfrager am wirtschaftlichen Leben teilnehmen kann. Daher werden vom Kartellverbot auch Vereinbarungen erfasst, die bereits den Markteintritt eines Beteiligten verhindern. Dies spielt praktisch etwa eine Rolle bei der Übertragung von Anwaltskanzleien, bei denen der Erwerber regelmäßig mit seinem Vorgänger vereinbart, dass dieser ihm für eine „angemessene Zeit" (etwa 2 Jahre) in „angemessener Entfernung" (etwa 50 km) keine Konkurrenz machen darf.

264 Die „wirtschaftliche Einheit" als Anknüpfungspunkt des Kartellrechts ist auch nicht notwendig an die Rechtsfähigkeit geknüpft. Ein **Unternehmensverbund**, insb. ein Konzern (§ 18 AktG), ist nicht rechtsfähig, sondern besteht aus selbstständigen, rechtlich voneinander getrennten juristischen oder natürlichen Personen bzw. Personenvereinigungen. Nach allgemeinen Grundsätzen sind Rechtsträger nur diese einzelnen Gesellschaften, nach dem gesellschaftsrechtlichen Trennungsprinzip gibt es keine Haftung eines Konzernbeteiligten für Pflichten eines anderen. Allerdings treten die beteiligten Rechtsträger üblicherweise nicht in Wettbewerb zueinander – die einheitliche Leitung im Sinne von § 18 AktG stellt vielmehr einen Interessengleichlauf sicher. Sowohl bei vertraglicher Konzernierung (d.h. soweit ein „Beherrschungsvertrag" iSv § 291 AktG geschlossen wurde) als auch bei bloß faktischer Konzernierung (soweit die Tochter tatsächlich weisungsgebunden handelt; § 18 I 1 AktG) sind die Tochterunternehmen praktisch bloße Marionetten des herrschenden Unternehmens. Demzufolge wird für Beschränkungen innerhalb eines Konzerns (etwa die interne Verabredung, dass eine Tochter ausschließlich in Deutschland tätig ist, während ihre Schwester ausschließlich Großhändler in Frankreich beliefert oder die Unterscheidung nach Sparten bei einer Bank) das Kartellverbot nicht angewandt (sog. **Konzernprivileg**), denn für den Markt handelt es sich um eine einzige wirtschaftliche Einheit, bei der ohnehin nicht mit Wettbewerb gerechnet werden konnte.

Wenn aber der Gesamtkonzern nach außen eine wirtschaftliche Ein- 265
heit bildet, muss er auch im kartellrechtlichen Sinne als *ein* Unternehmen behandelt werden. Eines besonderen Rückgriffs auf den europarechtlichen Effektivitätsgrundsatz bedarf es hierzu nicht. Das führt aber auch dazu, dass mehrere Konzerngesellschaften **Adressaten** behördlicher Maßnahmen und zivilrechtlicher Haftung sein können. Im Verfahren vor der EU-Kommission bzw. dem BKartA werden in der aktuellen Praxis freilich nicht *alle* konzernangehörigen Gesellschaften beteiligt, sondern meist nur das herrschende Unternehmen (§ 17 I AktG) bzw. besonders wichtige Tochtergesellschaften. Nur gegen diese kann dann (aus Gründen des rechtlichen Gehörs) auch ein Bußgeld verhängt werden. Der Bußgeldbescheid entfaltet allerdings nach Auffassung des EuGH für spätere Schadensersatzklagen Tatbestandswirkung zu Lasten der am Verwaltungsverfahren nicht beteiligten Gesellschaften – d.h. diese können die dortigen Feststellungen nicht mehr angreifen (EuGH NJW 2021, 3583 Rn. 48, 59 – Sumal). Schwierigkeiten bereitete insoweit traditionell das deutsche Bußgeldverfahren, das eigentlich an bestimmte (natürliche/juristische) Personen bzw. Personengesellschaften anknüpft. Daher regelt § 81a I GWB die Haftung ausdrücklich (→ Rn. 470); die danach erfassten Rechtsträger innerhalb des Konzerns haften als Gesamtschuldner (§ 81a V GWB).

Ob mehrere rechtsfähige juristische bzw. natürliche Personen oder 266
Personenvereinigungen zusammen eine wirtschaftliche Einheit bilden,

ist jeweils **im Einzelfall zu beurteilen**, wobei man die Kriterien aus Art. 3 II, 5 IV FKVO heranziehen kann. Wichtigstes Indiz ist der Umfang der Beteiligung des herrschenden Unternehmens an der abhängigen Gesellschaft: Bei einer annähernd 100%-Beteiligung wird eine wirtschaftliche Einheit (widerleglich) vermutet (EuGH EuZW 2009, 816 – Akzo Nobel), sog. **Akzo-Vermutung**. Bei geringeren Beteiligungen braucht es zusätzliche Indizien. In Betracht kommen vor allem Beherrschungsverträge (§§ 291 I, 308 I AktG), durch welche ein Weisungsrecht eingeräumt wird, und personelle Verflechtungen. Auch wurde eine Minderheitsbeteiligung mit Vetorechten an einem Gemeinschaftsunternehmen für ausreichend erachtet (EuGH NZKart 2017, 74). Erst wenn das herrschende Unternehmen ein umfassendes Weisungsrecht hat, kann eine Zurechnung erfolgen. Irrelevant ist hingegen, ob die Gewinne aus dem Kartell an das herrschende Unternehmen geflossen oder in der kartellrechtswidrigen Tochter verblieben sind. Damit lässt sich unproblematisch eine Haftung des herrschenden Unternehmens für seine Töchter begründen. Aber eine Haftung von Schwestergesellschaften untereinander oder von abhängigen Gesellschaften für Verstöße (nur) des herrschenden Unternehmens setzt weitergehend einen „konkreten Zusammenhang zwischen der wirtschaftlichen Tätigkeit der Tochtergesellschaft und dem Gegenstand der Zuwiderhandlung" voraus, wofür es aber genügt, dass eine Vereinbarung der Muttergesellschaft „dieselben Produkte betrifft, wie die von der Tochtergesellschaft vermarkteten" (EuGH NJW 2021, 3583 Rn. 51 f. – Sumal). Praktisch bedeutet dies, dass in einem Konzern mehrere wirtschaftliche Einheiten vorhanden sein können.

267 Eine wirtschaftliche Einheit bleibt auch durch **Umwandlungsmaßnahmen** (Formwechsel, Verschmelzung, Spaltung), **Änderungen bei den Organen oder in den Beteiligungsverhältnissen** erhalten. Wer hinter dem Unternehmen steht und wie es rechtlich organisiert ist, ist nämlich bei einem funktionalen Verständnis irrelevant. Um allerdings festzustellen, wer nunmehr diese wirtschaftliche Einheit ausmacht, differenziert man zwischen dem Grundsatz der „wirtschaftlichen und funktionalen Kontinuität" (für Verschmelzungen) und dem Grundsatz der „persönlichen Verantwortlichkeit" (für Änderungen der Rechtsform oder der hinter einer juristischen Person bzw. Personengesellschaft stehenden Inhaber oder der Organe oder Spaltung nach dem UmwG). Schwierigkeiten bereitet dieser Gedanke aber wiederum im deutschen Bußgeldverfahren: Dieses knüpft nämlich an ein Fehlverhalten einer bestimmten (natürlichen oder juristischen) Person bzw. Personengesellschaft an – und Gesellschaften kann man bekanntlich recht frei auflösen. Erforderlich war daher eine besondere Regelung zur Verantwortlichkeit der Rechtsnachfolger, die sich heute in § 81a II, III

GWB findet. Berühmt geworden ist die frühere Regelungslücke durch ein Kartellverfahren gegen die Tönnies-Gruppe. Diese löste mehrere Tochtergesellschaften durch Übertragung der Vermögenswerte und Löschung aus dem Handelsregister auf und konnte aufgrund des damaligen Fehlens einer Rechtsnachfolger- und Konzernhaftung (sog. **„Wurstlücke“**) die Verhängung von Bußgeldern verhindern.

2. Unternehmensvereinigungen

Bei „Unternehmensvereinigungen“ im Sinne des Kartellverbots (§ 1 GWB, Art. 101 I AEUV, → Rn. 386, 390 f.) geht es um Konstellationen, in denen nicht zwei rechtlich und tatsächlich unabhängige (natürliche oder juristische) Personen oder Personenvereinigungen handeln, sondern stattdessen eine **einheitliche Organisation**, welche die *gemeinsamen* unternehmerischen Interessen ihrer Mitglieder wahrnimmt. Der Begriff der Unternehmensvereinigungen wird – wie der Begriff des Unternehmens – weit ausgelegt. 268

Unternehmensvereinigung ist jeder Zusammenschluss aus mehreren Unternehmen (im Sinne des Kartellrechts), dessen Zweck zumindest auch darin besteht, die Interessen seiner Mitglieder wahrzunehmen.

Die Vereinigung muss die **unternehmerische Tätigkeit** ihrer Mitglieder in irgendeiner Hinsicht beeinflussen, aber nicht notwendig selbst unternehmerisch tätig werden. Zweck und Organisation der Vereinigungen sind wie Rechtsform und Sitz ohne Relevanz. Der Verband kann öffentlich-rechtlich oder privatrechtlich organisiert sein, so dass etwa auch die Zwangsvereinigungen der freien Berufe (Rechtsanwaltskammer, etc.) unter das Kartellrecht fallen. Vom Kartellverbot erfasst sind auch Zusammenschlüsse von Unternehmensvereinigungen (etwa der DFB, der aus 27 Mitgliedsverbänden wie u.a. dem Bayerischen Fußball-Verband, dem Fußballverband Rheinland und dem Fußball- und Leichtathletik-Verband Westfalen besteht). 269

II. Anwendungsbereich des Kartellrechts

Das **europäische Kartellrecht** ist anwendbar, sofern der AEUV keine **ausdrückliche** Ausnahme nennt. Solche Regelungen existieren für Kriegswaffen (Art. 346 I b AEUV) und die **Landwirtschaft** (Art. 42 AEUV; vgl. Art. 2 VO 1184/2006). Nach Art. 106 II AEUV sind **„Dienstleistungsunternehmen“** im weitesten Sinne, die „allgemeinen wirtschaftlichen Interessen“ dienen, privilegiert, soweit deren 270

Tätigkeit durch die Anwendung des Europarechts gefährdet würde (wobei insoweit wiederum das Gemeinschaftsinteresse „berücksichtigt“ wird, d.h. eine Abwägung stattfinden muss). **Tarifverträge zur Regelung der Arbeitsbedingungen** sind vom Kartellverbot freigestellt, soweit die betroffene Klausel der Verbesserung der Arbeits- und Beschäftigungsbedingungen dient (EuGH Slg. I 2000, 7111 – Van der Woude).

271 Auch das GWB gilt grundsätzlich für die **gesamte Wirtschaft**. Für bestimmte Sondermaterien existieren jedoch spezialgesetzliche Vorschriften: Für den Bereich des **Energierechts** enthält das Energiewirtschaftsgesetz (EnWG) Sonderregelungen (beachte auch § 29 GWB, der einen strengeren Maßstab für die Missbrauchsaufsicht im Bereich der Energiewirtschaft anordnet). Ebenso ist das **Verkehrsrecht** durch zahlreiche Sonderregeln (AEG, PersBefG) geregelt. Das für das **Telekommunikationsrecht** geltende TKG tritt grundsätzlich gleichrangig neben das GWB. § 28 GWB privilegiert die **Landwirtschaft** wegen der Abhängigkeit von der Natur und der fehlenden bzw. nur geringen Möglichkeiten, Gestaltung und Menge der Produktion anzupassen. Das Buchpreisbindungsgesetz zwingt (!) die Verlage und Importeure von Büchern, einheitliche verbindliche Preise ggü. dem Handel festzusetzen; § 30 I GWB betrifft Preisbindungen durch Verlage bei Zeitungen und Zeitschriften und ergänzt so diese Regelung (→ Rn. 444 ff.). § 30 IIa GWB privilegiert „Branchenvereinbarungen“ zwischen den Verbänden der Presseverlage und der Pressegrossisten, um das Pressevertriebssystem mit einem Remissionsrecht (unentgeltlichen Rückgaberecht) der einzelnen Zeitschriftenhändler zu rechtfertigen (dies soll die „Überallerhältlichkeit“ eines breiten Sortiments gewährleisten). § 30 IIa GWB wird angesichts des eine entsprechende Schranke nicht kennenden Art. 101 AEUV vom deutschen Gesetzgeber dadurch gerechtfertigt, dass die entsprechenden Verbände iSv Art. 106 II 1 AEUV mit Dienstleistungen von allgemeinem wirtschaftlichem Interesse betraut sind. § 30 IIb GWB privilegiert verlagswirtschaftliche Kooperationen – soweit freilich die Kooperation zwischenstaatliche Bedeutung entfaltet, setzt sich Art. 101 I AEUV durch, der eine entsprechende Ausnahme nicht kennt. §§ 31 ff. GWB schaffen Sonderregeln für die Wasserwirtschaft, für die das allgemeine Kartellverbot aufgrund der technischen Gegebenheiten und der essentiellen Bedeutung für die Daseinsvorsorge nicht passt. § 185 I 3 GWB privilegiert die Bundesbank und die Kreditanstalt für Wiederaufbau.

III. Europarecht und nationales Recht

1. Verhältnis der Rechtsordnungen zueinander

Die europäische und die nationalen Kartellrechtsordnungen **bestehen grundsätzlich unabhängig voneinander** mit unterschiedlichen, aber teilweise überlappenden Anwendungsbereichen. Das Europarecht und damit auch das europäische Kartellrecht der Art. 101, 102 AEUV beansprucht allerdings Anwendungsvorrang vor den jeweiligen nationalen Rechtsordnungen (Art. 3 II 1 VO 1/2003; § 22 I, II GWB, → Rn. 55 f.): 272

- Eine **Absprache** im Sinne von Art. 101 AEUV (entsprechend § 1 GWB), die nach Europarecht verboten ist, kann zwar nach nationalem Recht erlaubt sein, muss aber trotzdem durch die nationalen Behörden nach Europarecht verfolgt werden (→ Rn. 383). Umgekehrt darf eine aus europäischer Sicht zulässige Vereinbarung nicht durch das nationale Recht verboten werden (§ 22 II 1 GWB, Art. 3 II 1 VO 1/2003). Das europäische Kartellverbot des Art. 101 I, III AEUV bildet also sowohl die Ober- als auch die Untergrenze für das nationale Recht, sofern ein grenzüberschreitender Sachverhalt betroffen ist. Nun wäre es natürlich möglich, für Sachverhalte, die ausschließlich innerhalb Deutschlands Wirkung entfalten (z.B.: alle Bäckereien in Passau vereinbaren, für Brötchen ab sofort einheitlich 2 € zu fordern) ein abweichendes nationales Recht beizubehalten. Damit würde jedoch nur unnötige Komplexität geschaffen. Daher entspricht das deutsche Kartellverbot (auch für nur national relevante Sachverhalte, für die das europäische Kartellrecht nicht gilt) fast vollständig der europäischen Regelung. 273
- Die Einschränkung des Art. 3 II VO 1/2003 bzw. § 22 II GWB gilt nicht für Verstöße gegen das europäische **Missbrauchsverbot** (Art. 102 AEUV). Dort müssen die nationalen Behörden zwar ebenfalls auf Grundlage von Art. 102 AEUV gegen Verhalten einschreiten, das nach nationalem Recht zulässig, aber nach Europarecht missbräuchlich ist. Jedoch kann das nationale strengere Vorgaben als das europäische Recht treffen (vgl. Art. 3 II 2 VO 1/2003, § 22 II 2 GWB), so dass ein nach Europarecht zulässiges Verhalten nach nationalem Recht verboten werden kann. Die EU-Kommission und die nationalen Behörden müssen eine von der jeweils anderen Stelle erlassene Bußgeldentscheidung anrechnen, um eine Doppelbestrafung („*ne bis in idem*“) zu vermeiden. 274
- Der Vorrang des europäischen Rechts gilt grundsätzlich auch in der **Fusionskontrolle** (§ 35 III GWB, Art. 21 III FKVO). Hier erfolgt die Kompetenzentscheidung grundsätzlich anhand starrer Umsatzschwellen (Art. 1 FKVO). Allerdings können auf Antrag der Betei- 275

ligten (Art. 4 IV, V FKVO), sowie der nationalen Kartellbehörden (Art. 9, 22 FKVO) Ausnahmen gemacht werden, so dass ausnahmsweise auch bei Überschreiten der Umsatzschwellen die nationalen Kartellbehörden oder umgekehrt trotz Nichterreichung die Mitgliedstaaten zuständig sind. Neben der Kontrolle durch die EU-Kommission bleiben Maßnahmen der Mitgliedstaaten nach Art. 21 IV FKVO möglich, soweit „andere berechtigte Interessen", insbesondere die öffentliche Sicherheit, die Medienvielfalt und Aufsichtsregeln, betroffen sind.

2. Behördenzuständigkeit

276 Interessanterweise folgt die Behördenzuständigkeit (→ Rn. 57) nur teilweise dem anwendbaren Recht – während die EU-Kommission in keinem Fall deutsches Kartellrecht anwendet, müssen deutsche Behörden auch die Einhaltung der Regelungen des Europarechts durchsetzen (**System paralleler Zuständigkeit**, Art. 5, 6 VO 1/2003, § 50 I GWB). Die ECN+-RL 2019/1 (umgesetzt durch die 10. GWB-Novelle) hat für alle nationalen Wettbewerbsbehörden einen weitgehend einheitlichen Rahmen von Durchsetzungsinstrumenten geschaffen. Nach der Verordnung 1/2003 bilden die Wettbewerbsbehörden der Mitgliedstaaten und die EU-Kommission ein „Netzwerk" (das „European Competition Network = ECN). Der EU-Kommission steht dabei zwar kein Weisungsrecht zu. Sie hat jedoch die Befugnis, Verfahren, die sie für bedeutsam erachtet, an sich zu ziehen und ausschließlich selbst weiter zu betreiben (sog. „Evokationsrecht", Art. 11 VI VO 1/2003). Widersprüchliche Entscheidungen verschiedener Behörden sind dabei unzulässig (Art. 16 VO 1/2003). Im Rahmen der Missbrauchsaufsicht und der Überwachung wettbewerbsbeschränkender Vereinbarungen und Verhaltensweisen erfolgt die Kontrolle *ex post*.

277 Anders ist die Lage bei der **Fusionskontrolle**: Dort sind die Zuständigkeiten ausschließlich, d.h. nur die EU-Kommission wendet die Fusionskontrollverordnung an, während umgekehrt nur das BKartA sich auf die Vorschriften der §§ 35 ff. GWB stützen kann (→ Rn. 519 ff.).

3. Zwischenstaatlichkeit, Wesentlichkeit und Bündeltheorie

278 Die Abgrenzung des anwendbaren Rechts erfolgt durch Feststellung der **„Zwischenstaatlichkeit"** einer Maßnahme oder Vereinbarung: Die Maßnahme muss *„geeignet sein, den Handel zwischen den Mitgliedstaaten zu beeinträchtigen"* (Art. 101, 102 AEUV). Hierfür genügt es, wenn die Maßnahme aufgrund der gesamten Umstände geeignet ist,

unmittelbar oder mittelbar den Handel in einer Weise zu beeinträchtigen, welche der Verwirklichung der Ziele eines einheitlichen zwischenstaatlichen Marktes nachteilig sein kann. Dies ist möglich, indem sie zur Errichtung von Handelsschranken beiträgt und die vom Vertrag gewollte Durchdringung der Märkte erschwert.

Zur (für den EuGH allerdings unverbindlichen) Konkretisierung hat die EU-Kommission **„Leitlinien über den Begriff der Beeinträchtigung des zwischenstaatlichen Handels in den Artikeln 81 und 82 des Vertrags“** (2004/C 101/07) bekannt gemacht. Danach erfolgt die Prüfung in drei Schritten: 279

1. Handel zwischen den Mitgliedstaaten
2. Eignung zur Beeinträchtigung
3. Wesentlichkeit („Spürbarkeit“)

Der Begriff des **„Handels“** meint danach umfassend jede wirtschaftliche Tätigkeit, also den Austausch von Waren, Kapital oder Dienstleistungen. Die an der Absprache Beteiligten müssen nicht grenzüberschreitend tätig werden. Es genügt, dass grenzüberschreitende Auswirkungen eintreten, selbst wenn sich die Wettbewerbsbeschränkung auf das Territorium eines Mitgliedstaates beschränkt. 280

Beispiel (EuGH Slg. 1991, I-935 – Delimitis): Ein Frankfurter Gastwirt schloß mit einer deutschen Brauerei einen Pachtvertrag, der u.a. die Pflicht enthält, eine jährliche Mindestmenge Bier von dieser Brauerei zu beziehen und den Bezug von Bier Konkurrenzbrauereien zu unterlassen, sofern die Brauereien **nicht** in anderen Mitgliedstaaten der EU niedergelassen sind. Als bald darauf Streitigkeiten entstanden, berief sich der Gastwirt darauf, der Vertrag sei nach Art. 101 II AEUV nichtig und verweigerte die Zahlung einer Restkaufpreisschuld. Der EuGH stellte fest, dass die Klausel die Beeinträchtigung des zwischenstaatlichen Handels (in Form einer Abschottung des deutschen Marktes) nur ausschließt, wenn gewährleistet ist, dass die Bezugsmöglichkeit auch wirtschaftlich und rechtlich wahrgenommen werden kann. Daran kann es zum Beispiel fehlen, wenn der übliche Umsatz der Gaststätte bereits aufgrund einer Mindestabnahmepflicht erfüllt werde; zweifelhaft sei auch, wenn nur der Direktimport durch den Gastwirt selbst zugelassen wird.

Eine Maßnahme ist **„geeignet“**, diesen Handel zu beeinträchtigen, wenn mit hinreichender Wahrscheinlichkeit eine nachteilige Beeinflussung des Waren- oder Dienstleistungsverkehrs zwischen den Mitgliedstaaten zu erwarten ist, egal ob diese unmittelbar oder mittelbar, tatsächlich oder potenziell erfolgt. Die Beeinträchtigung muss nicht tatsächlich eingetreten sein, es genügt die bloße **Eignung** oder die **Absicht** der Beeinträchtigung. Die Situation ist also mit derjenigen ohne die betreffenden Verhaltensweisen zu vergleichen. 281

282 Allerdings soll nicht jede Handelsbeeinträchtigung genügen – vielmehr muss die Abweichung von der hypothetischen Entwicklung des Handels **„wesentlich“** sein. Die Kommission spricht von „spürbar“, was jedoch unnötig verwirrend ist: Dieser Begriff wird uns auch im Rahmen der mehrseitigen Beschränkungen wieder begegnen. Während aber dort die Intensität der Beschränkung diskutiert wird, steht hier die Auswirkung auf den gemeinsamen Markt im Vordergrund. Ausgenommen werden sollen Vereinbarungen zwischen kleinen und mittleren Unternehmen in mehreren Mitgliedstaaten, die auf das „große Ganze“ keinen relevanten Einfluss haben (NAAT-Regel: *„no appreciable affectation of trade“*).

Beispiel: Ein Kaffeegeschäft aus Rhede an der deutsch-niederländischen Grenze vereinbart mit einem Supermarkt aus Venlo in den Niederlanden, für Kaffee identische Preise von den Kunden zu fordern. Aufgrund der räumlichen Nähe und dem Umstand, dass Kaffee (anders als z.B. Brot und Milch) ein haltbares Produkt ist, sind die beiden Anbieter aus Verbrauchersicht austauschbar und damit Konkurrenten. Da hier zwei verschiedene EU-Mitgliedstaaten involviert sind, ist auch der zwischenstaatliche Handel berührt und eine Beeinträchtigung ist durchaus wahrscheinlich (denn die deutschen Kunden haben bei gleichem Preis keinen Grund, ihren Kaffee in den Niederlanden zu kaufen). Dennoch ist der Umfang so gering, dass die Anwendbarkeit der Regelungen des AEUV unzweckmäßig wäre.

283 Zu beachten ist freilich, dass mehrere für sich genommen unwesentliche Einzelmaßnahmen in ihrer Gesamtheit durchaus eine spürbare Beeinträchtigung des Handels darstellen können, indem sie einen Mitgliedstaat komplett von den anderen abschotten (sog. **„Bündeltheorie“**). Diskutiert wurde diese im Wesentlichen im Rahmen von Bierlieferungsverträgen zwischen Brauereien und Gaststätten (→ Beispiel bei Rn. 280).

Beispiel: Die Langnese-Iglo GmbH und die Schöller Lebensmittel GmbH & Co. KG boten ihre Eissorten nur zum Einzelverkauf (zum Essen unterwegs) an, wenn die entsprechenden Händler sich vertraglich verpflichteten, ausschließlich Speiseeis des jeweiligen Herstellers zu beziehen und anzubieten. Hiergegen wandte sich die Mars GmbH, welche Eisriegel der Marken *„Mars“*, *„Snickers“*, *„Milky Way“* und *„Bounty“* in das Sortiment der Tankstellen, Kioske, etc. bringen wollte. Die Kommission stellte fest, dass der Markt für „Mitnahmeeis“ vom Markt für sonstiges Eis (Familienpackungen, etc.) zu unterscheiden ist und dieser Markt einer Ausschließlichkeitsbindung unterlag. Das EuG (EuGE 1995, II/1611, 1643 ff. – Schöller) bestätigte die Anwendbarkeit des AEUV, da deutlich mehr als 15% der Verkaufsstätten Langnese-Iglo und über 10% an Schöller gebunden waren. Insgesamt waren so über 30% der Anbieter nicht befugt, Konkurrenzprodukte anzubieten. Hinzu trat, dass Schöller und Langnese Kühltruhen geliefert hatten, in denen nur Produkte der jeweiligen Firma angeboten werden durften und durch Rabatte eine faktische Bindung schufen. Schließlich hatten viele Einzelhändler so geringe Umsätze, so dass die Belieferung erst bei einer Vielzahl von Einzelhändlern rentabel wird. Daher wurde eine Marktabschottung durch die Gesamtheit der Maßnahmen im Rahmen der Bündeltheorie bejaht.

B. Machtmissbrauch (§§ 18 ff. GWB, Art. 102 AEUV)

Den im zweiten Teil des Buches erörterten Verhaltenspflichten (→ Rn. 123 ff.) am ähnlichsten sind die besonderen Vorgaben für marktbeherrschende und marktmächtige Unternehmen, die wir aus diesem Grunde als erstes betrachten: Art. 102 AEUV und §§ 18, 19 GWB behandeln **einseitige Wettbewerbsbeschränkungen**, die von einem Unternehmen bzw. einer Gruppe von Unternehmen, zwischen denen kein Wettbewerb besteht, gegenüber Dritten ausgeübt werden. Dies scheint auf den ersten Blick bereits durch das Lauterkeitsrecht gewährleistet – denn die „gezielte Behinderung" ist immerhin sogar als Regelbeispiel in §§ 3 I, 4 Nr. 4 UWG (→ Rn. 15ß) genannt. 284

Jedoch ist der **Maßstab an das Verhalten mächtiger Unternehmen** strenger als bei sonstigen Marktteilnehmern. Steht im Lauterkeitsrecht vor allem der Schutz der Marktteilnehmer im Vordergrund (und wird der Schutz des Wettbewerbs nur durch diese vermittelt), soll das Kartellrecht vor allem das „System unverfälschten Wettbewerbs" iSd Auslegungsprotokolls Nr. 27 über den Binnenmarkt und den Wettbewerb als solches gegen *einseitige* Praktiken schützen. Der EuGH spricht von einer „besonderen Verantwortung" der marktbeherrschenden Unternehmen (EuGH Slg. 1983, 3461 Rn. 57 – Michelin), insbesondere gegenüber dem Restwettbewerb, aber auch gegenüber der Marktgegenseite (beim Ausbeutungsmissbrauch). Daher erfolgt auch im Rahmen des GWB anders als im UWG primär eine staatliche Durchsetzung. 285

Adressaten des Missbrauchsverbots sind daher nicht alle Unternehmen: Art. 102 AEUV und § 19 GWB verlangen eine **„beherrschende Stellung"** im jeweiligen Markt. Das Missbrauchsverbot schließt nicht die parallele Anwendung des Kartellverbots (Art. 101 AEUV, § 1 GWB) aus, welches das wettbewerbsbeschränkende Zusammenwirken mehrerer Unternehmen untersagt. 286

Im Rahmen des Missbrauchsverbots stellt sich freilich ein praktisches Problem – regelmäßig setzen die Tatbestände den Vergleich mit **hypothetischen Verläufen** voraus (z.B. bei der Feststellung der Wirkungen eines Verhaltens) oder verlangen den Nachweis von Marktmacht, der nie naturwissenschaftlich präzise, sondern nur anhand ökonomischer Erwägungen erfolgen kann. Der deutsche Gesetzgeber 287 hat insoweit Vermutungsregelungen (vgl. etwa § 18 IV, VI GWB) aufgestellt oder auch eine klassische Beweislastumkehr angeordnet (vgl. etwa § 19 II Nr. 3 GWB: „es sei denn"). Die Bedeutung solcher Regelungen unterscheidet sich danach, ob es um eine zivilrechtliche Streitigkeit, die Ergreifung von verwaltungsrechtlichen Maßnahmen oder um die Verhängung von Bußgeldern geht:

288 1. Im **Zivilprozess** gilt auch bei Streitigkeiten, in denen sich eine Partei auf einen Verstoß gegen das Kartellrecht beruft, der Beibringungsgrundsatz. Danach müssen alle erforderlichen Beweise von den Parteien in den Prozess eingeführt werden. Die Beweislast richtet sich dabei nach dem materiellen Recht – regelmäßig muss jeder (nur) die Umstände beweisen, die für ihn günstig sind. Vermutungsregelungen und Normen, die eine Beweislastumkehr vorsehen, bewirken also, dass nunmehr die andere Partei (d.h. das marktbeherrschende Unternehmen) die entsprechenden Umstände vortragen und durch zulässige Beweismittel (Zeugen, Urkunden, Parteivernehmung, Sachverständige, Augenschein) belegen muss. Insoweit sind wiederum zwei Stufen der Verschiebung zu unterscheiden: Einerseits kann es sich um eine vollständige Beweislastumkehr handeln, andererseits kann aber auch ein bloßer „Anscheinsbeweis" vorliegen. Eine kuriose Ausnahme findet sich schließlich in § 29 S. 1 Nr. 1 GWB – die dortige Beweislastumkehr soll ausdrücklich nicht im Zivilprozess gelten.

289 2. Im **Ordnungswidrigkeitenrecht** gilt hingegen der Amtsermittlungsgrundsatz – die Behörde muss den kompletten Sachverhalt ermitteln und beweisen. Vermutungsregelungen sind in diesem Verfahren aufgrund der durch das Rechtsstaatsprinzip vorgegebenen Unschuldsvermutung („*in dubio pro reo*") unanwendbar; erst recht scheidet eine Beweislastumkehr aus.

290 3. Auch im **Kartellverwaltungsverfahren** gilt grundsätzlich ebenfalls der Amtsermittlungsgrundsatz (§ 24 VwVfG). Bei der Verhängung von verwaltungsrechtlichen Sanktionen gilt jedoch die Unschuldsvermutung nicht. Dies führt zu einer kuriosen Aufspaltung der Beweislast: Zwar muss die Behörde alle Tatsachen ermitteln (**„formelle Beweislast"**), soweit jedoch das Ergebnis nicht eindeutig ist, greift im Zweifel die Vermutung zu Lasten des (vermeintlich) marktbeherrschenden Unternehmens (**„materielle Beweislast"**). Die Vermutungsregelungen entlasten die Behörden daher nicht von ihrer Ermittlungs- und Darlegungslast, treffen jedoch für trotz umfassender Aufklärung bestehende Zweifelsfälle eine eindeutige Entscheidung.

Prüfung von Art. 102 AEUV/§ 19 I GWB

1. Unternehmen
2. marktbeherrschende Stellung
3. missbräuchliche Ausnutzung
4. bei Art. 102 AEUV zusätzlich: Zwischenstaatlichkeit

I. Zwischenstaatlichkeit – Abgrenzung GWB/AEUV

§§ 18 ff. GWB sind in jedem Fall (also **unabhängig von der Zwischenstaatlichkeit**) zu prüfen. Da der deutsche Gesetzgeber insoweit aber nicht nur strengere Verhaltenspflichten schaffen durfte (vgl. Art. 3 II 2 VO 1/2003, § 22 II 2 GWB), sondern die Regeln sogar einen weitergehenden Anwendungsbereich haben (§§ 20, 21 GWB), liegt es nahe, vorrangig das deutsche Recht zu untersuchen. Freilich ist mit dem dabei gefundenen Ergebnis noch keine Aussage zur Vereinbarkeit eines Verhaltens mit Art. 102 AEUV getroffen, so dass dieser in jedem Fall ebenfalls zu prüfen ist. **291**

Wie bereits dargestellt (→ Rn. 278) ist Art. 102 AEUV nur anwendbar, wenn das Verhalten *„dazu führen kann, den Handel zwischen den Mitgliedstaaten zu beeinträchtigen"* (**Zwischenstaatlichkeitsklausel**). Die Auslegung ist sehr weit, insbesondere genügen auch bloß potentielle Auswirkungen. **292**

Beispiel: Die niederländische „N.V. Nederlandsche Banden-Industrie Michelin" gewährte von 1975 bis 1980 Reifenhändlern in den Niederlanden selektive Rabatte auf individueller Basis und erreichte so eine starke Kundenbindung. Die Kommission und der EuGH (EuGH Slg. 1983, 3461 – Michelin) bejahten die Zwischenstaatlichkeit, obwohl es auf den ersten Blick um einen nur innerstaatlichen Sachverhalt ging. Andere Reifenhersteller produzierten nämlich überwiegend in anderen Mitgliedstaaten. 25 bis 28% der schweren Reifen, die auf dem niederländischen Markt für Ersatzreifen mit Michelin konkurrierten, stammten aus anderen Mitgliedstaaten. Da Konkurrenten der Zugang zum Markt verwehrt wurde, hatte dies auch Auswirkungen auf die Handelsströme und den Wettbewerb innerhalb des gemeinsamen Marktes (Gefahr einer „Marktabschottung").

Von der zwischenstaatlichen Bedeutung des konkreten Verhaltens und dessen Spürbarkeit (→ Rn. 282) abzugrenzen ist das Erfordernis, dass das Unternehmen zumindest **in einem „wesentlichen Teil" des Gemeinsamen Marktes marktbeherrschend ist** (→ Rn. 300). Entscheidend für die Wesentlichkeit in diesem Sinne ist nicht die Landfläche, sondern Kaufkraft, Ressourcen und Bevölkerungsdichte. Die nationalen Märkte der großen und mittleren Mitgliedstaaten stellen danach grundsätzlich jeweils wesentliche Teile des Gemeinschafts- **293** marktes dar. Es genügt sogar eine größere Region (z.B. Bayern) oder sogar eine Infrastruktureinrichtung mit zentraler Verkehrsbedeutung wie der Hafen von Genua (EuGH EuZW 1992, 248).

Beispiel: Die Zuweisung eines Monopols für die Vermittlung von Führungskräften an die damalige Bundesanstalt für Arbeit (die insoweit als „Unternehmen" im Sinne von Art. 102 AEUV tätig wurde) durch § 13 AFG a.F. führte dazu, dass diese eine marktbeherrschende Stellung auf dem deutschen Markt erhielt. Das deutsche Staatsgebiet stellt dabei einen „wesentlichen Teil" des gemeinsamen Marktes iSv Art. 102 AEUV dar. Soweit die BA die Nachfrage tatsächlich nicht befriedigen kann, aber Unternehmen (auch aus anderen Mitgliedstaaten) durch das Monopol ausgeschlossen sind, wird diese Stellung auch „missbraucht". Daher hat der EuGH (EuGH NJW 1991, 2891 – Macrotron) insoweit einen Verstoß gegen Art. 102 AEUV (iVm Art. 106 AEUV) bejaht.

II. Ein oder mehrere Unternehmen

294 § 19 I GWB und Art. 102 AEUV richten sich primär an **einzelne Unternehmen**. Maßgeblich für §§ 18 ff. GWB und Art. 102 AEUV ist insoweit der oben dargestellte „funktionale" Unternehmensbegriff, der jede wirtschaftliche Einheit (ggf. einschließlich eines Konzerns bzw. einer Teilmenge eines solchen Konzerns, → Rn. 264 ff.) umfasst.

295 Daneben ist aber auch **gemeinschaftliche Marktmacht** denkbar („mehrere Unternehmen"). Dazu müssen rechtlich und wirtschaftlich *selbstständige* Unternehmen sich in einem oligopolistischen Markt aus strukturellen Gründen untereinander keinen Wettbewerb machen (können) und deshalb Dritten gegenüber als Einheit wirken (vgl. § 18 V GWB, → Rn. 305). Dabei ist zu beachten, dass diese Unternehmen nicht etwa *als ein Unternehmen* marktbeherrschend sind (denn eine Absprache unter ihnen wäre wegen des Kartellverbots nach § 1 GWB bzw. Art. 101 AEUV unzulässig). Vielmehr gilt *jedes* der betroffenen Unternehmen als marktbeherrschend und unterliegt den strengen Verhaltensanforderungen des Missbrauchsverbots.

Beispiel: Die E.ON AG und die RWE AG sind im deutschen Stromgroßhandelsmarkt gemeinsam marktbeherrschend (Komm., WuW/E (EuV), 1380, Rn. 26, 50 ff.), weil das Produkt „Strom" keinen Raum für Variationen eröffnet, der Markt völlig transparent ist und vor allem die herausragende Position im hochkonzentrierten Markt den Unternehmen die Verfolgung eigener Strategien ermöglicht.

III. Marktstellung

296 Während sich das europäische Missbrauchsverbot nur an „marktbeherrschende Unternehmen" richtet, enthält das deutsche GWB auch

Vorschriften für Unternehmen „mit relativer oder überlegener Marktmacht“ (§ 20 GWB) sowie schließlich Regelungen, die sich an alle Unternehmen richten (§ 21 GWB). Zudem gibt es mit § 19a GWB sogar eine Regelung für Unternehmen „mit überragender *marktübergreifender* Bedeutung für den Wettbewerb“. Es ist also zu differenzieren:

1. Marktbeherrschende Stellung

Nach Art. 102 AEUV und § 19 GWB ist der Missbrauch einer marktbeherrschenden Stellung verboten. Da der Begriff der „Marktbeherrschung“ auch für die Fusionskontrolle nach §§ 35 ff. GWB bzw. der FKVO relevant ist, handelt es sich um einen zentralen Begriff des Kartellrechts. Maßgeblich ist die Stellung hinsichtlich des Angebots bzw. der Nachfrage bestimmter Produkte oder Leistungen auf einem bestimmten Markt (**„Marktmachtkonzept“**). Die allein aus den finanziellen Reserven, dem Personal oder den sonstigen Ressourcen begründete Macht („Größenmacht“) ist demgegenüber für das Kartellrecht irrelevant. Die Prüfung erfolgt dabei zweistufig: Zunächst wird der relevante **Markt** ermittelt, dann wird die **beherrschende Stellung** des Unternehmens auf diesem Markt geprüft. 297

a) Ermittlung des relevanten Marktes

In einem ersten Schritt ist der Markt in räumlicher, sachlicher und zeitlicher Hinsicht **abzugrenzen** (→ Rn. 36). Dabei tendieren die Kartellbehörden meist zu einer eher engen Marktdefinition, während sich die betroffenen Unternehmen in der Regel eine weite Definition wünschen. 298

Beispiel: Bei der Prüfung einer Fusion der Schweizer Nestle AG mit der französischen Source Perrier S.A. betrachtete die Kommission (nur) den Markt für stilles und sprudelndes Mineral- und Quellenwasser in Flaschen (Komm., Abl. 1992 L 356/1 – Nestlé/Perrier). Die Unternehmen meinten hingen, zum Markt würden auch kohlesäurehaltige Limonaden (insb. Cola) gehören, so dass sie nur eine geringe Marktmacht hätten. Für die Kommission war insoweit maßgeblich, dass Limonaden bis zu dreimal so teuer sind wie abgefülltes Wasser. Da dieser Preisunterschied langfristig fortbesteht, ist ersichtlich, dass aus Sicht der Verbraucher ein Ersatz von Limonade durch Wasser oder umgekehrt nicht in Frage kommt. Darüber hinaus wurden Umfragen angestellt, die belegten, dass Limonade nur unregelmäßig und gerade wegen ihres jeweiligen Eigengeschmacks getrunken würde und Wasser gerade wegen seiner Reinheit und gesundheitsfördernden Wirkung gekauft wird.

Für das deutsche Kartellrecht stellt § 18 II GWB klar, dass der Markt in räumlicher Hinsicht **nicht auf das deutsche Staatsgebiet** 299

begrenzt ist (→ Rn. 39). Diese weite Betrachtung gilt entsprechend auch im EU-Kartellrecht. So kann durchaus auch ein Weltmarkt zu betrachten sein, wenn Produkte aus beliebigen Ländern importiert werden können. Dann genügt es nicht, dass das Unternehmen (nur) in Deutschland marktbeherrschend ist, sondern die Marktbeherrschung muss sich auf den gesamten Weltmarkt erstrecken.

300 Im europäischen Kartellrecht muss der Markt in räumlicher Hinsicht stets einen **„wesentlichen Teil"** des gemeinsamen Marktes darstellen (→ Rn. 293). Jedoch sollte diese Hürde nicht überschätzt werden. Bereits das Gebiet eines (größeren) Mitgliedstaates kann genügen; auch einzelne (!) Infrastruktureinrichtungen (Häfen, Flughäfen) können für den Gesamtmarkt „wesentlich" sein.

b) „Beherrschung"

aa) Deutsches Kartellrecht (§ 18 GWB)

301 Für das deutsche Recht unterscheidet § 18 I GWB formal drei Formen der Marktbeherrschung:

302 **1.** Nach § 18 I Nr. 1 GWB ist ein Unternehmen marktbeherrschend, soweit es auf dem relevanten Markt ohne Wettbewerber ist (**„Monopol"**). Praktisch gibt es solche Monopole nur sehr selten: In Betracht kommen rechtliche Normen (staatlich gewährte Monopole) oder ausnahmsweise faktische Rahmenbedingungen. Bei Computerbetriebssystemen, Suchmaschinen oder sozialen Netzwerken gibt es hingegen so lange keine Monopole, wie es überhaupt Alternativangebote gibt.

Beispiele: 1. Staatlich gewährte (rechtliche) Monopole gab es früher für Postbriefe, Telefongespräche, Schienenverkehr. Heute sind diese Märkte hingegen offen, aber noch immer stark reguliert. **2.** Ein staatliches Monopol besteht vor allem bei Immaterialgüterrechten – bei Patenten, Designs, etc. sind bestimmte Verhaltensweisen dem jeweiligen Rechteinhaber ausschließlich vorbehalten – er hat also keine Konkurrenz. **3.** Schließlich können Monopole insb. durch geographische Rahmenbedingungen entstehen – etwa wenn in einer Bucht nur Platz für einen Hafen ist. **4.** Ein Monopol besteht auch bei geschlossenen Plattformen wie dem Apple App-Store für Smartphone-Apps: Nur Anwendungen, die über diesen Weg vertrieben werden, können an Endkunden ausgeliefert werden – Apple ist also alternativloser „*Gatekeeper*".

303 **2.** § 18 I Nr. 2 GWB regelt den Fall des **„Quasi-Monopols"**, d.h. Unternehmen die „keinem wesentlichen Wettbewerb" ausgesetzt sind. „Wesentlicher" Wettbewerb setzt voraus, dass Maßnahmen der Konkurrenten die Gestaltung von Preisen bzw. Vertragsbedingungen tatsächlich beeinflussen. Wesentlicher Wettbewerb fehlt daher, wenn ein Unternehmen sich weitgehend unabhängig von seinen Mitbewerbern bewegt.

Nach § 18 I Nr. 3 GWB ist ein Unternehmen selbst bei Verneinung eines Monopols und eines Quasi-Monopols marktbeherrschend, wenn es im Verhältnis zu den Wettbewerbern eine **„überragende Marktposition"** hat. Dies ist der Fall, wenn es einen Verhaltensspielraum innehat, der unabhängig vom Verhalten der Konkurrenz verbleibt. 304

Beispiel: Wenn ein Unternehmen über lange Zeit deutlich höhere Preise als die Konkurrenz fordert, ohne der Gefahr des Verlusts der bestehenden Marktstellung ausgesetzt zu sein, kann man von einer „überragenden Marktposition" ausgehen.

§ 18 V GWB betrifft **die gemeinschaftliche Marktbeherrschung** (→ Rn. 295). Zwei (dann spricht man von „Duopol" oder **„Dyopol"**) oder mehrere Unternehmen sind marktbeherrschend, wenn zwischen ihnen kein wesentlicher Wettbewerb besteht (Innenverhältnis) **und** sie gemeinsam im Außenverhältnis keine anderen Wettbewerber haben (§ 18 I Nr. 1 GWB), keinem wesentlichen Wettbewerb ausgesetzt sind (§ 18 I Nr. 2 GWB) oder eine überragende Marktstellung (§ 18 I Nr. 3 GWB) innehaben. Damit im Innenverhältnis kein Wettbewerb besteht, muss (1) jeder Oligopolist stets hinreichend genaue und schnelle Informationen über das Verhalten der jeweils anderen erhält (**Markttransparenz**), (2) bei Abweichungen von der bisherigen gemeinsamen Politik signifikant nachteilige Gegenmaßnahmen (**Koordinierungsdisziplin**) drohen und (3) Nicht-Oligopolisten (also insb. Nachfrager und Anbieter) praktisch keinen Einfluss auf das Verhalten der Oligopolisten nehmen können (siehe auch für die europäische Fusionskontrolle EuG, EuR 2002, 720 – Airtours). Das Fehlen wesentlichen Wettbewerbs zwischen den Unternehmen liegt vor allem dann nahe, wenn ihr Marktverhalten (insbesondere bei der Preisgestaltung) über eine längere Zeit ähnlich ist. Fehlt der Wettbewerb zwischen dem Unternehmen aufgrund einer ausnahmsweise erlaubten Absprache iSv § 1 GWB bzw. Art. 101 AEUV, spricht man von einem „Kollektivmonopol". 305

Beispiel: Ein Oligopol kann man bei Tankstellen bejahen, aber auch bei den Herstellern von Markenzigaretten.

Zur Verdeutlichung benennt § 18 III GWB Kriterien, welche bei der Beurteilung der Marktmacht heranzuziehen sind. Neben dem reinen Marktanteil sind etwa auch mögliche Ausweichprodukte oder Zutrittsschranken für neue Wettbewerber in die Entscheidung einzubeziehen. Entscheidend ist allerdings die Frage, **wie sicher das Unternehmen seine Position halten kann**. Hierbei kann es durchaus auf die Finanzkraft (die Geldreserven) ankommen (so explizit § 18 III Nr. 2 GWB), mit denen man eigene Produkte vorübergehend subventionieren, Werbekampagnen finanzieren oder Unternehmen auf Drittmärkten hinzu- 306 kaufen kann. Droht einem Unternehmen die Insolvenz, wird es eine marktmächtige Position im Zweifel nicht verteidigen können. Die Marktmacht wäre dann zu verneinen. Große Konzerne können Risiken streuen und Verluste durch Gewinne in ganz anderen Branchen auffangen (vgl. § 18 III Nr. 5 GWB).

307 Eine klarstellende Sonderregelung für **„mehrseitige Märkte und Netzwerke"** enthält § 18 IIIa GWB. „Netzwerke" zeichnen sich dadurch aus, dass sie zwischen verschiedenen Nutzern vermitteln, etwa soziale Netzwerke, Messengerdienste, Suchmaschinen oder Onlinemarktplätze, wobei ein größerer Nutzerkreis die Attraktivität steigert (direkte Netzwerkeffekte). „Mehrseitige Märkte" sind solche, bei denen ein Unternehmen steigende Umsätze bei einem Kundenkreis generiert, indem es einer wachsenden Zahl von Abnehmern auf einem anderen Markt Leistungen anbietet (indirekte Netzwerkeffekte), etwa bei Plattformen, die sich über Onlinewerbung finanzieren. Das Gesetz stellt insoweit primär auf diese direkten und indirekten Netzwerkeffekte ab (→ Rn. 24) – d.h. die Vorteile durch steigende Nutzerzahlen für die Nutzer selbst, aber auch für Dritte (etwa Werbetreibende). Daneben ist aber auch die Möglichkeit der parallelen Nutzung mehrerer Dienste durch die Nutzer (Multi-Homing) relevant, also etwa von Signal und Whatsapp durch denselben Kunden. Relevant ist auch der bestehende Datenfundus (der zur Verbesserung und Optimierung der Plattform genutzt werden kann). Schließlich soll der „innovationsgetriebene Wettbewerbsdruck" Berücksichtigung finden – damit ist die abstrakte Sorge der Anbieter gemeint, durch neue Entwicklungen der Konkurrenz (oder von Markteinsteigern) verdrängt zu werden. Für „Vermittler auf mehrseitigen Märkten" wird in § 18 IIIb GWB auf die Bedeutung ihrer Leistungen für den Zugang zu den Folgemärkten abgestellt (**„Intermediationsmacht"**).Gemeint ist der Fall, dass ein Onlineshop, der nicht auf Google gefunden werden kann oder ein Anzeigenkunde, dem die Nutzung von Facebook verwehrt wird, deutliche Nachteile beim Vertrieb seiner Produkte erleiden würde.

308 Marktanteile haben bei der Ermittlung der Marktbeherrschung große, aber keinesfalls ausschließliche Bedeutung; daher werden sie auch in § 18 III Nr. 1 GWB an erster Stelle genannt. Die Marktanteile werden grundsätzlich durch den **Anteil der verkauften Produkte** bestimmt. Unerheblich sind Umsatzanteil und Gewinn des Unternehmens – es geht allein um die Menge. In der Praxis werden die Marktanteile oft durch Schätzungen der Unternehmen und Studien von Wirtschaftsverbänden bestimmt. Analog § 36 II GWB (im europäischen Kartellrecht aufgrund des weiten Unternehmensbegriffs) werden die Marktanteile von verbundenen Unternehmen addiert.

§ 18 IV, VI GWB enthalten Vermutungsregelungen für die Annahme der Marktbeherrschung, die allerdings nur für das deutsche Missbrauchsverbot gelten. Nach § 18 IV GWB gilt ein Unternehmen als marktbeherrschend, soweit es einen Marktanteil von über 40% hat (**„Einzelmarktbeherrschungsvermutung"**). Diese Vermutung kann im Einzelfall widerlegt werden, etwa durch den Nachweis, dass die Konkurrenz einen Innovationsvorsprung hat, der sich auf dem Markt künftig realisieren wird oder durch besonders marktmächtige Konkurrenten (§ 18 III Nr. 7 GWB) oder einen besonders leichten Marktzugang Dritter (§ 18 III Nr. 6 GWB). Generell gilt aber jedenfalls bei Marktanteilen über 50%, dass ganz außergewöhnliche Umstände vorliegen müssen, um die Marktbeherrschung zu widerlegen, da schon rechnerisch kein auch nur im Ansatz gleich großes Unternehmen konkurrieren kann. **309**

Nach § 18 VI GWB wird vermutet, dass **drei oder weniger Unternehmen** marktbeherrschend sind, wenn sie insgesamt einen Marktanteil von 50% erreichen. Bei **fünf oder weniger Unternehmen** muss ein Marktanteil von zwei Dritteln erreicht werden (**„Gruppenmarktbeherrschungsvermutung"**). Zur Widerlegung genügt es, zu zeigen, dass zwischen den beteiligten Unternehmen wesentlicher Wettbewerb zu erwarten ist oder dass die Gesamtheit der Unternehmen im Verhältnis zu den übrigen Wettbewerbern keine überragende Marktstellung haben (§ 18 VII GWB). Entgegen dem Wortlaut („gilt als") handelt es sich nicht um eine Fiktion, sondern wie bei § 18 IV GWB um eine Vermutung. Demgegenüber sieht der BGH in § 18 VI GWB eine echte Beweislastumkehr (§ 292 ZPO). Trotz Amtsermittlung soll auch im Kartellverwaltungsverfahren (nicht aber im Bußgeldverfahren) eine gesteigerte Darlegungslast der mutmaßlichen Oligopolisten bestehen. **310**

Die Vermutung für ein Oligopol (§ 18 VI GWB) greift auch, wenn einer der mutmaßlichen Oligopolisten allein einen **Marktanteil von 40**% hat und damit eigentlich schon nach § 18 IV GWB als Monopolist gelten würde. Hat also ein Unternehmen 40% Marktanteil und ein anderes 20%, bilden diese im Zweifel ein Oligopol. Soweit es um ein Verhalten des 40%-Unternehmens geht, findet § 19 I GWB aber wegen § 18 IV GWB ohnehin Anwendung, egal ob es nun allein oder gemeinsam mit dem 20%-Unternehmen den Markt beherrscht. Nur für das 20%-Unternehmen kommt es auf § 18 VI GWB an. **311**

bb) Europäisches Kartellrecht

Weder der EU-Vertrag noch der AEUV enthalten eine Begriffsbestimmung für die Marktbeherrschung. § 18 GWB findet weder unmittelbare noch entsprechende Anwendung. Generell wird eine **„beherrschende Stellung"** bejaht, soweit ein oder mehrere Unternehmen in **312** der Lage sind, die Aufrechterhaltung eines wirksamen Wettbewerbs auf dem relevanten Markt zu verhindern, indem sie ihr Verhalten in erheblichem Umfang unabhängig von Wettbewerbern, Abnehmern und Verbrauchern gestalten können (**Unabhängigkeitspostulat**). Ergänzend greift der Test des **„unvermeidlichen Handelspartners"**: Marktbeherrschung liegt vor, wenn die Marktgegenseite mangels Alternativen ihre Tätigkeit völlig aufgeben müsste, wenn das betreffende Unternehmen geschäftliche Kontakte ablehnt. Hierzu ist eine Gesamtbetrachtung verschiedener Kriterien erforderlich:

313 – Der **Marktanteil** ist dabei wesentliches, wenn auch nicht ausschließliches Indiz für oder gegen das Vorliegen der marktbeherrschenden Stellung: Auch im Europarecht liegt die magische Grenze insoweit bei 40% (der deutsche Gesetzgeber hat sich bei § 18 IV UWG bewusst an der europäischen Praxis orientiert) – ab diesem Wert wird die Marktbeherrschung vermutet. Bei einem Anteil von weniger als 25% wird hingegen Marktbeherrschung regelmäßig verneint, bei einem Marktanteil von mehr als 75% kann man allenfalls unter ganz außergewöhnlichen Umständen die Marktbeherrschung ablehnen.

Beispiel: In den 80er-Jahren waren auf dem deutschen Markt für Farbfernsehgeräte mindestens 18 Hersteller tätig Die SABA GmbH besaß dabei einen Marktanteil von weniger als 10%. Die Metro SB-Großmärkte GmbH & Co. KG wollte Geräte dieser Marke in ihren Cash & Carry Märkten für Gewerbetreibende vertreiben. Saba verweigerte die Belieferung, da ihre Erzeugnisse ausschließlich über ein eigenes geschlossenes Vertriebssystem aus anerkannten Alleinvertriebs-, Groß- und Einzelhändlern erfolgte. Die dem System zugrundeliegenden Vereinbarungen waren bereits als mit Art. 101 AEUV vereinbar eingestuft bzw. freigestellt worden. Die Metro sah in der Lieferverweigerung den Missbrauch einer marktbeherrschenden Stellung. Der EuGH (EuGH Slg. 1986, 3021, 3094 – Metro/Saba II) meinte, dass ein so kleiner Marktanteil wie der der SABA GmbH auf einem Markt für technisch hochentwickelte, aber aus der Sicht der großen Masse der Käufer leicht austauschbare Erzeugnisse das Vorliegen einer beherrschenden Stellung ausschließe, wenn nicht besondere Umstände gegeben seien. Solche seien jedoch im vorliegenden Fall nicht nachgewiesen. Die Klage der Metro wurde daher abgewiesen.

314 – Die **Marktstruktur** ist vor allem in Betracht auf die relative Größe im Vergleich zu den Konkurrenten relevant. Soweit ein Einstieg in den Markt schnell und kostengünstig möglich ist, wird man eine marktbeherrschende Stellung eher verneinen; hat ein Unternehmen hingegen bereits seit längerer Zeit einen konstanten Vorsprung vor der Konkurrenz ist es marktbeherrschend.

– Im Übrigen ist auf die tatsächliche Fähigkeit eines **Unternehmens**, die Preise zu bestimmen und die Produktion oder ihre Verteilung zu kontrollieren, abzustellen. Hierzu ist insbesondere auch die Unternehmensstruktur zu berücksichtigen. So spielen Produktvielfalt, technischer Vorsprung und gewerbliche Schutzrechte eine erhebliche Rolle. Aber auch das tatsächliche Marktverhalten ist ein Indiz – verhält sich ein Unternehmen so, wie sich nur ein marktbeherrschendes Unternehmen verhalten kann? **315**

Beispiel: In den 80er-Jahren gab es in Irland keinen umfassenden wöchentlichen Programmführer, sondern nur von den relevanten Fernsehanstalten (RTE, ITV, BBC) separat veröffentlichte eigene wöchentliche Programmführer. Tageszeitungen und Zeitschriften erhielten auf Anfrage kostenlos das Tagesprogramm und durften die „Highlights" der Woche ankündigen. Die Magill TV Guide Ltd wollte einen umfassenden wöchentlichen Fernsehprogrammführer herausgeben. Daran wurde sie durch einstweilige Anordnungen der Sender gehindert. Nach Einschreiten der Kommission bejahte der EuGH (EuGH Slg. 1995, I-743 – Magill) als Rechtsmittelinstanz ein faktisches Monopol der Sendeanstalten an für die Programmübersicht relevanten Informationen. Dadurch erlangten diese auch die Möglichkeit, wirksamen Wettbewerb auf dem Markt für Fernsehwochenzeitschriften zu verhindern. Die Zwischenstaatlichkeit folgte daraus, dass die Sender auch in einem (wenn auch kleinen) Teil von Nordirland (also von Großbritannien) als einem anderen Mitgliedstaat empfangen werden konnten. Da die tatsächlich bestehende Nachfrage auf keinem anderen Wege als durch einheitliche Programmführer befriedigt werden konnte und eine Rechtfertigung ausschied, war die Verweigerung der Nutzung der Daten missbräuchlich.

2. Relative oder überlegene Marktmacht (§ 20 GWB)

§ 20 I GWB definiert Unternehmen mit *„relativer Marktmacht"*. Dies sind Unternehmen, von denen andere Unternehmen „abhängig" sind. **Abhängigkeit** besteht, wenn diese Unternehmen keine (objektiv) ausreichenden und (subjektiv) zumutbaren Alternativen haben und zusätzlich ein Machtungleichgewicht besteht (das etwa durch verschiedene Größe der Unternehmen indiziert wird). Erfasst sind sowohl die Abhängigkeit des **Anbieters** als auch des **Nachfragers**. Man differenziert fünf **Grundtypen** der Abhängigkeit: **316**

– Bei **„sortimentsbedingter Abhängigkeit"** muss ein Händler eine Ware führen, um konkurrenzfähig zu bleiben (insb. bei Markenartikeln). Bei **„Spitzengruppenabhängigkeit"** muss der Abnehmer um ein vollständiges Sortiment zu bieten die Waren einer ganzen Gruppe von Spitzenherstellern führen, so dass er von jedem dieser Spitzenhersteller abhängig ist. Bei **„Spitzenstellungsabhängigkeit"** ist sogar ein Produkt so herausragend, dass es generell nicht **317** durch Produkte anderer Hersteller ersetzt werden kann. Ein wichtiges Indiz für die Angehörigkeit zur Spitzengruppe ist die Verbreitung auf dem Markt, d.h. wie viele Anbieter das konkrete Produkt anbieten.

Beispiel: Dies wurde etwa bei Rossignol-Ski (BGH NJW 1976, 801) als „weltbekannte Marken-Skiern" (mit einem Marktanteil von nur 8% in Deutschland) für oberbayerische Sportgeschäfte bejaht.

318 – **„Unternehmensbedingte Abhängigkeit"** liegt vor, wenn bestehende Geschäftsverbindungen zu einer Abhängigkeit führen, die das Ausweichen auf andere Geschäftspartner nur unter unzumutbaren Wettbewerbseinbußen zulässt. Im Hinblick auf Abnehmer dürfte dies bei einem Anteil von 10% des Gesamtumsatzes anzunehmen sein.

Beispiele: 1. Ein Beispiel sind industrielle Zulieferer, die ihre Produktion ganz auf Teile eingestellt haben, die sie an einen Hersteller zur Weiterproduktion liefern – allerdings nicht, soweit diese Abhängigkeit auf einer eigenen unternehmerischen Fehlentscheidung beruht (BGH NJW 1993, 1653). **2.** Auch Kfz-Vertragshändler sind von einem bestimmten PKW-Hersteller abhängig (BGH NJW-RR 1995, 1260 – Kfz-Vertragshändler)

319 – **„Mangelbedingte Abhängigkeit"** liegt vor, wenn wegen einer unvorhergesehenen Warenverknappung Waren nicht mehr in den bisher verfügbaren Mengen verfügbar sind (z.B. Streik, Ölkrise, etc.) und die Nachfrager daher nicht zu konkurrenzfähigen Bedingungen auf Dritte ausweichen können.

Beispiel: Im Rahmen der Ölkrise belieferte ein Mineralölkonzern nur noch eigene Tochtergesellschaften, nicht aber wie zuvor freie Tankstellen (BKartA Tätigkeitsbericht 1979/1980 S. 44).

320 – **„Nachfragebedingte Abhängigkeit"** liegt vor, wenn es für einen Anbieter keine ausreichenden und zumutbaren Ausweichmöglichkeiten auf andere Nachfrager für seine Waren oder Leistungen gibt.

Beispiel: Dies betrifft etwa orthopädische Schuhe, die fast ausschließlich von den Sozialversicherungsträgern abgenommen werden (BGH NJW-RR 1994, 1199 – Orthopädisches Schuhwerk).

321 – Schließlich regelt § 20 Ia GWB den besonderen Fall der **„datenbedingten Abhängigkeit"**. Dabei ist ein Unternehmen für seine Tätigkeit auf digitale Informationen angewiesen, die ihm ein anderes Unternehmen zur Verfügung stellt. Die maßgebliche Behinderung ist hier die Verweigerung des Zugangs trotz angemessenem Entgelt (!), auch wenn bislang kein Lizenzvertrag besteht.

322 § 20 I 2 GWB regelt klarstellend den Sonderfall der **Abhängigkeit von Vermittlern auf mehrseitigen Märkten** (siehe auch § 18 IIIb

GWB, → Rn. 307): Dort besteht Abhängigkeit, wenn es keine (objektiv) ausreichenden und (subjektiv) zumutbaren Ausweichmöglichkeiten gibt, um ohne dieses Unternehmen Zugang zu Beschaffungs- oder Absatzmärkten zu erhalten.

§ 20 I 3 GWB enthält eine **Vermutungsregelung für marktstarke Nachfrager**. Danach gilt ein Anbieter als abhängig, wenn der Nachfrager regelmäßig besondere Vergünstigungen erlangt, welche andere gleichartige Nachfrager nicht erhalten. Wie die Vermutungen des § 18 IV, VI GWB ist auch diese Vermutung widerleglich. Sie betrifft primär die materielle Beweislast im Verwaltungsverfahren; im Bußgeldverfahren gilt die Vermutung nicht. Im Zivilprozess handelt es sich um einen Anscheinsbeweis, keine Beweislastumkehr im Sinne von § 292 ZPO. **323**

3. Überragende marktübergreifende Bedeutung für den Wettbewerb (§ 19a GWB)

Im System des Machtmissbrauchs nimmt § 19a GWB eine besondere Stellung ein: Hier geht es nicht um die Macht auf einem bestimmten Markt bzw. gegenüber bestimmten Unternehmen der Marktgegenseite, sondern um eine darüberhinausgehende Bedeutung eines Unternehmens (eben durch seine **Intermediationsmacht**). Adressaten sind nur Unternehmen, die auf mehrseitigen Märkten bzw. in Netzwerken tätig sind (§ 18 IIIa GWB, → Rn. 307). Damit eine „marktübergreifende“ Bedeutung vorliegt, müssen mindestens zwei Märkte betroffen sein. **324**

Die Bedeutung des Unternehmens muss **„überragend“** sein; es muss also erheblichen Einfluss ausüben können, aber nicht notwendig auf einem bestimmten der betroffenen Märkte marktbeherrschend sein. Der Gesetzgeber hatte dabei insbesondere Amazon (Marketplace), Alphabet (Suchmaschine Google) und Meta (soziales Netzwerk Facebook, Messaging-Programm Whatsapp) im Fokus. § 19a I 2 GWB nennt eine Reihe von (nicht abschließenden) Regelbeispielen für derartige Bedeutung – neben der Marktbeherrschung auf einzelnen Märkten (die hier in aller Regel vorliegen wird, aber nicht notwendig ist) wird auf Finanzkraft (vgl. § 18 III Nr. 2 GWB), Tätigkeiten auf verbundenen Märkten (§ 18 III Nr. 4, Nr. 5), Zugang zu Daten (vgl. § 18 III Nr. 3 GWB) und die Bedeutung für den Zugang Dritter zu Folgemärkten (vgl. § 18 IIIb GWB) verwiesen. **325**

Ob ein Unternehmen diese Bedeutung hat, stellt das BKartA durch eine auf 5 Jahre befristete **Verfügung** fest (§ 19a I GWB). Gegen die Feststellung kann wie üblich Beschwerde (§ 73 I GWB) eingelegt werden, über die der BGH erst- und letztinstanzlich entscheidet (§ 73 V Nr. 1 GWB). Folge der Feststellung nach § 19a I GWB ist **326** (nur), dass bestimmte zusätzliche Verhaltenspflichten im Vorfeld begründet werden (§ 19a II GWB, → Rn. 335). Daneben bleiben aber (soweit Marktbeherrschung oder relative Marktmacht bestehen) die §§ 19, 20 GWB anwendbar (§ 19a III GWB).

IV. Missbrauch

327 Der Aufbau und der Bestand einer marktbeherrschenden Stellung sind grundsätzlich als Folge eines Schaffensprozesses erlaubt und erwünscht. Verboten ist nur **„missbräuchliches"** Verhalten.

1. Behinderungs- und Diskriminierungsverbote für Unternehmen mit relativer Marktmacht (§ 20 GWB)

328 § 20 GWB richtet sich an Unternehmen mit „relativer Marktmacht". Die Norm erweitert das Behinderungs- und Diskriminierungsverbot (§ 20 I GWB iVm § 19 II Nr. 1 GWB) und das Anzapfverbot (§ 20 II GWB iVm § 19 II Nr. 5 GWB) auf solche Unternehmen. § 20 III GWB statuiert ein besonderes horizontales Behinderungsverbot, stellt dabei aber nur auf „überlegene Marktmacht" ab, für das § 20 IV GWB eine Beweiserleichterung aufstellt. Schließlich regelt § 20 V GWB einen Aufnahmezwang. Da der Anwendungsbereich insoweit weiter ist als bei § 19 GWB, bietet es sich an, zunächst zu prüfen, ob ein Verstoß gegen § 20 GWB vorliegt.

a) Vertikales Behinderungsverbot, Diskriminierungsverbot, Anzapfverbot (§ 20 I, II GWB iVm § 19 II Nr. 1, Nr. 5 GWB)

329 Bestimmte Verbote für marktbeherrschende Unternehmen passen auch auf Unternehmen, die nur relative Marktmacht haben. Konkret ordnet § 20 I GWB die entsprechende Anwendung des Verbots **„unbilliger Benachteiligung"** und **„ungerechtfertigter Ungleichbehandlung"** gem. § 19 I GWB iVm § 19 II Nr. 1 GWB an (→ Rn. 338 ff.). Im Verhältnis zu anderen Unternehmen kann zudem eine Abhängigkeit auch zur Gewährung ungerechtfertigter Vorteile genutzt werden. Diesen **Missbrauch von Nachfragemacht** erfasst § 20 II GWB, der wiederum auf §§ 19 I, 19 II Nr. 5 GWB (→ Rn. 350) verweist.

b) Besonderes horizontales Behinderungsverbot (§ 20 III, IIIa, IV GWB)

330 Das **horizontale Behinderungsverbot** (§ 20 III, IIIa, IV GWB, auch „Mittelstandsbehinderung") dient dem Schutz der Mitbewerber auf gleicher Marktstufe. Ein „überlegenes" Unternehmen darf kleine und mittlere Wettbewerber nicht unbillig behindern. Dazu muss es nicht das größte Unternehmen auf dem Markt sein, es genügt, dass es gegenüber den benachteiligten Unternehmen relativ größer ist. Soweit die Marktmacht feststeht, beinhaltet § 20 IV GWB eine Beweiserleichterung für den Zivilprozess: Soweit Indizien auf einen Missbrauch hinweisen, muss das betroffene Unternehmen beweisen, dass es seine Macht nicht missbraucht hat. § 20 III 2 GWB enthält zwei Konkretisierungen der Generalklausel, in denen die Unbilligkeit unwiderleglich vermutet wird:

1. § 20 III 2 Nr. 1 und Nr. 2 verbieten es marktmächtigen Unternehmen, Waren unter Einstandspreis (§ 20 III 3 GWB) zu verkaufen (sog. **„predatory pricing"**). Bei Lebensmitteln genügt bereits der einmalige Verkauf (§ 20 III 2 Nr. 1 GWB), bei anderen Waren oder Dienstleistungen muss dies „nicht nur gelegentlich" erfolgen (§ 20 III 2 Nr. 1 GWB). Das praktische Problem ist dabei die Bestimmung eben dieses „Einstandspreises". **331**

Beispiel: Aufgrund niedriger Einstandspreise von 0,71 DM verkaufte die Supermarktkette WalMart H-Milch für 0, 73 DM. Aldi und Lidl zahlten hingegen Einstandspreise von 0,75 DM, verkauften aber für 0,74 DM. In der Folge senkten Lidl und Aldi ihre Verkaufspreise auf 0,70 DM, WalMart behielt den Verkaufspreis von 0,73 DM bei. Ab dem 1.7.2000 musste WalMart einen Einstandspreis von 0,76 DM zahlen, behielt aber den Verkaufspreis von 0,73 DM bei. Bei Pflanzenfett zahlte Walmart einen Einstandspreis von 0,73 DM und verkaufte es für 0,78 DM. Zwischen August und Oktober erhöhte sich der Einstandspreis kurzfristig auf 0,91 DM, fiel danach aber wieder auf unter 0,78 DM. Walmart behielt auch hier den Verkaufspreis von 0,78 DM unverändert bei. Der BGH (BGH GRUR 2003, 363 – Wal*Mart) bejahte relative Marktmacht von WalMart gegenüber kleineren Lebensmittelhändlern (freilich nicht ggü. Aldi oder Lidl). Das Verbot des § 20 III 2 Nr. 2 GWB sei verletzt, obwohl der Preis selbst unverändert blieb – denn Anknüpfungspunkt ist der Unterschied zwischen dem Einstands- und dem Verkaufspreis, der auch auf gestiegenen Einkaufspreisen beruhen kann. Der Einwand, man habe sich nur gegen die Unterpreisverkäufe von Aldi und Lidl verteidigt, rechtfertige das Verhalten nicht – vorrangig seien vielmehr Beschwerden bei den Kartellbehörden oder eine Unterlassungsklage nach § 33 GWB. Anders ist es jedoch bei der vorübergehenden Preiserhöhung für Pflanzenfett, da die hierdurch verursachte, bloß vorübergehend Beeinträchtigung der kleinen Konkurrenten noch zumutbar sei.

2. § 20 III 2 Nr. 3 GWB betrifft Fälle, in denen Unternehmen Waren oder Dienstleistungen sowohl über eigene Verkaufsstellen als auch über Zwischenhändler vertreibt. Dann darf es von den Händlern keinen höheren Preis fordern als den, zu dem es selbst die Waren oder gewerblichen Leistungen anbietet (sog. **Preis-/Kostenschere**). Der Gesetzgeber hatte dabei insbesondere Mineralölunternehmen im Blick, die von freien Tankstellen höhere Preise verlangten als den, zu dem sie an ihren konzerneigenen Tankstellen ihre Produkte anboten. **332**

333 § 20 IIIa GWB soll das sog. **„Tipping"** auf Netzwerkmärkten bzw. mehrseitigen Märkten (§ 18 IIIa GWB, → Rn. 307) verhindern. Hintergrund ist die Beobachtung, dass gerade im Digitalbereich vielfach Märkte, in denen es ursprünglich viele alternative Anbieter gab, „kippen" und es letztlich nur wenige oder gar einen Anbieter gibt. Dem wirkt § 20a III GWB durch ein besonderes Behinderungsverbot entgegen: Onlineplattformen mit starken positiven Netzwerkeffekten (z. B. berufliche Netzwerke wie LinkedIn oder Xing, → Rn. 24) sollen den Nutzern die parallele Nutzung konkurrierender Plattformen oder Plattformwechsel keinesfalls erschweren dürfen.

c) Aufnahmezwang (§ 20 V GWB)

334 § 20 V GWB verbietet die **Aufnahmeverweigerung** ohne sachlichen Grund in bestimmte Vereinigungen, die nicht selbst als wirtschaftliche Einheit auftreten, als Sonderfall des Diskriminierungsverbots (§§ 20 I, 19 I, II Nr. 1 GWB, → Rn. 329, 338 ff.). Nicht umfasst sind Zwangsvereinigungen, wie Kammern, IHK, etc., sondern nur freiwillige Zusammenschlüsse unabhängig von ihrer Rechtsform. Typisches Beispiel sind Taxigenossenschaften, welche eine zentrale Rufnummer anbieten, ohne die einzelne Taxifahrer auf (seltene) Laufkundschaft angewiesen sind. Ebenso gehören hierhin die Inhaber einer Kollektivmarke (§ 97 MarkenG, z.B. „GOLDEN TOAST", „Deutscher Honig", Sparkassen-Rot), die für eine bestimmte Produktkategorie im Verkehr erwartet wird. Einen vergleichbaren Aufnahmezwang für Vereinigungen, die nicht unter § 20 V GWB fallen, entnimmt die Rechtsprechung §§ 826, 249 I BGB.

2. Pflichten von Unternehmen mit überragender marktübergreifender Bedeutung für den Wettbewerb (§ 19a II GWB)

335 § 19a II 1 GWB enthält anders als die Generalklausel des § 19 I GWB einen **abschließenden Katalog von Verhaltensweisen**, die das BKartA untersagen darf. Diese Verhaltensweisen müssen nicht auf der Bedeutung beruhen, sondern bestehen auch dann, wenn das Verhalten auch ohne die überragende Stellung in gleicher Weise erfolgt wären. Das BKartA muss keine Wiederholungs- oder Erstbegehungsgefahr nachweisen, sofern die Besonderheiten der digitalen Wirtschaft ein frühes Einschreiten erfordern. Das Unternehmen kann sich nur mit einer sachlichen Rechtfertigung für das Verhalten verteidigen (§ 19a II 2, 3 GWB).

3. Verhalten marktbeherrschender Unternehmen (§ 19 GWB, Art. 102 AEUV)

336 Primäres Schutzgut des Missbrauchs ist der **Wettbewerb als Institution**. Daher muss nicht nachgewiesen werden, dass es tatsächlich zu unmittelbaren Einbußen bestimmter Mitglieder der Marktgegenseite gekommen ist. Zudem kommt es nicht auf die guten Sitten oder ethische Maßstäbe an – es geht vielmehr nur um die Beeinträchtigung als solche. Dementsprechend ist subjektiv auch keine böse Absicht der Unternehmen erforderlich.

a) Deutsches Kartellrecht (§§ 19, 29 GWB)

337 Über die für alle Marktteilnehmer geltenden Pflichten nach § 3 I UWG (→ Rn. 4) hinaus, regelt das Kartellrecht für marktbeherrschende Unternehmen besondere Pflichten in Form eines Missbrauchsverbots (§ 19 I GWB), das durch Beispieltatbestände (§ 19 II GWB) konkretisiert wird. Anders als in Art. 102 S. 1 AEUV (→ Rn. 354) spricht der deutsche Gesetzgeber in § 19 I GWB bewusst nicht (mehr) von der „missbräuchlichen *Ausnutzung* einer marktbeherrschenden Stellung“, sondern nur noch vom „*Missbrauch* einer marktbeherrschenden Stellung”. Damit sollte klargestellt werden, dass gerade keine (Verhaltens-) Kausalität zwischen der Marktmacht und dem Missbrauch bestehen muss – d.h. es sind auch verbotene Verhaltensweisen umfasst, die auch ein Unternehmen ohne Marktmacht vornehmen könnte (etwa Datenschutzverstöße oder die Verwendung unwirksamer AGB). Vielmehr genügt bloße „Ergebniskausalität“, d.h. dass die Folge des Missbrauchs die Marktmacht verstärkt, Signalwirkung für die anderen Wettbewerber entfaltet oder auf andere Weise zu einem Marktergebnis führt, das bei normalem Wettbewerb nicht eingetreten wäre. Damit genügt nicht jeder Rechtsverstoß, sondern es ist ähnlich wie in § 3a UWG (→ Rn. 157) ein Wettbewerbsbezug erforderlich; d.h. es müssen entweder die Mitbewerber oder die Marktgegenseite einen Nachteil erleiden. Es bietet sich an, mit der Prüfung der Regelbeispiele des § 19 II GWB zu beginnen; daneben verbleibt für die Generalklausel kaum ein Anwendungsbereich.

aa) Behinderungsmissbrauch/Diskriminierungsverbot (§ 19 II Nr. 1 GWB)

338 Nach § 19 I GWB iVm § 19 II Nr. 1 GWB sind sowohl eine **„unbillige Benachteiligung“** als auch eine **„ungerechtfertigte Ungleichbehandlung“** verboten. Betroffen ist in beiden Fällen das Verhältnis zu Abnehmern bzw. Anbietern (Vertikalverhältnis). Zudem muss jeweils ein anderes Unternehmen beteiligt sein – d.h. innerhalb eines Konzerns

(→ Rn. 264 ff.) kann in der Regel kein Missbrauch im Sinne von § 19 II Nr. 1 GWB vorliegen.

339 Als **unbillige Behinderung** ist jedes Verhalten untersagt, das die wettbewerbliche Betätigungsfreiheit eines anderen Unternehmens nachteilig beeinflusst. Erfasst sind damit primär Handlungen, durch welche die unmittelbare Konkurrenz auf demselben Markt benachteiligt wird. Die **ungerechtfertigte Ungleichbehandlung** verbietet sowohl die (mittelbare oder unmittelbare) Bevorzugung als auch die Benachteiligung einzelner Unternehmen im Verhältnis zur Mehrheit. Eine spiegelbildliche Pflicht zur *Ungleichbehandlung* verschiedener Sachverhalte gibt es demgegenüber nicht.

340 Eine klare **Abgrenzung** zwischen den beiden Missbrauchsmodalitäten ist allerdings vielfach nicht möglich: In beiden Fällen ist eine Abwägung unter Berücksichtigung der auf die Freiheit des Wettbewerbs gerichteten Zielsetzung des Gesetzes bei Respektierung des unternehmerischen Freiraums erforderlich („unbillig" bzw. „ungerechtfertigt"). Erforderlich ist eine Abwägung der auf Freiheit des Wettbewerbs gerichteten Zielsetzung des GWB mit dem Grundsatz des freien Verhaltens. Eine Behinderung wurde vor allem bei der Unterbietung von Preisen in Vernichtungs- oder Verdrängungsabsicht (=*dolus directus 1. Grades*) sowie beim nicht nur gelegentlichen Verkauf unter Einstandspreis (vgl. § 20 III 2 GWB, → Rn. 331) bejaht.

Beispiel: Ein Tankstellenbetreiber kaufte das Benzin für seine freie Tankstelle (anders als die Konkurrenz) von einem britischen Unternehmen. Dies ermöglichte es ihm, sein Benzin unter den Preisen der anderen lokalen Tankstellen (die das Benzin von deutschen Mineralölunternehmen bezogen) anzubieten. Daraufhin senkten die konkurrierenden Tankstellen (nur lokal) ihre Preise unter ihren Einstandspreis auf exakt einen Pfennig unter den Preis des Konkurrenten; bei jeder Preisänderung zogen sie entsprechend nach. Dies stellt eine gezielte Behinderung dar, die einen Missbrauch von Marktmacht darstellt (siehe RGZ 134, 342 ff. – Benrather Tankstellenfall; dort freilich vor Geltung des GWB und nur an der Generalklausel des UWG gemessen).

341 Die für die Diskriminierung maßgebliche **Gleichartigkeit** lässt sich nicht generell bestimmen, sondern nur im Hinblick auf den konkret betroffenen Geschäftsverkehr. Dabei ist eine großzügige Herangehensweise geboten – es genügt, dass die betroffenen Unternehmen im Verhältnis zum Normadressaten dieselbe Grundfunktion ausüben, also auf einer Wirtschaftsstufe stehen.

Beispiele: **1.** Gleichartig sind Buchhändler in Fernbahnhöfen, in U-Bahnhöfen, S-Bahnhöfen und Flughäfen (BGH NJW-RR 1998, 1730 – Bahnhofsbuchhandel). **2.** Auch Versandhandel und Facheinzelhandel sind gleichartig (BGH NJW 1979, 2515 – Modellbauartikel I). **3.** Selbst freie Reparaturwerkstätten und Vertragswerkstätten sind im Sinne von § 19 II Nr. 1 GWB „gleichartig"

(BGH NJW-RR 1988, 1504 – Reparaturbetrieb). **4.** Auch der Originalhersteller (z.B. VW) und Fremdhersteller von Ersatzteilen sind insoweit „gleichartig" (BGH NJW 1982, 46 – Original-VW-Ersatzteile II).

Der Missbrauch kann auch auf einem Markt erfolgen, auf dem das Unternehmen keine marktbeherrschende Stellung hat (sog. **„Drittmarktbehinderung"**). 342

Beispiel: Die Deutsche Telekom hatte in den 90er Jahren eine marktbeherrschende Stellung im Bereich der Festnetzkommunikation. Gemeinsam mit ihrer (damaligen) Konzerntochter bot sie als „Oberhammer" eine Kombination aus einem ISDN-Anschluss und einem Internetzugriff über T-Online an. Hiergegen wandte sich AOL, die ebenfalls Internetzugriff anboten. Der BGH (BGH NJW 2004, 2375 – Der Oberhammer) lehnte den Einwand der Telekom, im Bereich des Internetzugangs in keiner Weise marktbeherrschend zu sein, ab. Es genüge, dass auf einem verwandten Markt eine beherrschende Stellung bestehe.

Auch **Ausschließlichkeitsbindungen** fallen grundsätzlich unter den Behinderungsmissbrauch. 343

Beispiel: Die aus mehreren Unternehmen bestehende SodaClub-Gruppe hatte eine marktbeherrschende Stellung (70%) auf dem Markt für das Befüllen von CO_2-Zylindern für Trinkwasser-Besprudelungsgeräte (BKartA WuW/E DE-V 1177 – Soda-Club). Konkurrierenden Abfüllunternehmen wurde zunächst ein Verstoß gegen Markenrechte vorgeworfen, wenn diese Soda-Club-Zylinder befüllen. Nachdem diese Praxis letztlich durch den BGH verworfen wurde, begann Soda-Club die Zylinder an die Endverbraucher nur noch zu „vermieten"; eine Befüllung durch konkurrierende Abfüllunternehmen wurde als Verstoß gegen das Eigentumsrecht von Soda-Club am Zylinder verfolgt. In Verträgen mit Einzelhändlern wurde vereinbart, dass diese nur Soda-Club-Zylinder und keine Konkurrenzprodukte verkaufen durften. Soda-Club nahm nur von so gebundenen Vertriebshändlern Zylinder zurück, andere Anbieter mussten die Lager- bzw. Stilllegungskosten selbst tragen. Umgekehrt durften Vertriebshändler (gekaufte) Zylinder von Konkurrenten entgegennehmen, dafür aber nur (vermietete) Soda-Club-Zylinder ausgeben. Bei Beendigung der Exklusivbindung nahm SodaClub nur noch eine begrenzte Anzahl von Zylindern zurück. Das BKartA sah in der Gesamtheit dieser Maßnahmen einen Behinderungsmissbrauch.

bb) Ausbeutungsmissbrauch (§ 19 II Nr. 2 GWB)

Ausbeutungsmissbrauch (§ 19 II Nr. 2 GWB) liegt vor, wenn Marktmacht zur Forderung von Preisen und Geschäftsbedingungen eingesetzt wird, die ohne Marktbeherrschung mit hoher Wahrscheinlichkeit nicht erzielt würden. Es ist eine Kausalitätsprüfung vorzunehmen, in der die tatsächlichen mit den hypothetischen Wettbewerbsbedingungen verglichen werden. Diese „hypothetischen" Bedingungen können aber praktisch nicht sicher bestimmt werden. Praktisch wird daher versucht, vergleichbare Märkte als Referenz heranzuziehen 344

(**Vergleichsmarktkonzept**, § 19 II Nr. 2, 2. HS GWB). Die Vergleichbarkeit bezieht sich auf die zeitliche, räumliche und sachliche Dimension. Da selten zwei exakt vergleichbare Märkte existieren erfolgt eine Korrektur durch Ab- oder Zuschläge.

345 Nun ist aber auch nicht jede Abweichung vom Idealmarkt „missbräuchlich". Nach der Rechtsprechung ist vielmehr stets zusätzlich zu prüfen, ob es nicht möglicherweise **sachliche Gründe** für die konkreten Preise gibt. Ansonsten würde die Freiheit eines marktbeherrschenden Unternehmens zur freien Gestaltung von Preisen und Konditionen unzumutbar beeinträchtigt (siehe auch § 29 S. 1 Nr. 1 GWB für Versorgungsunternehmen, → Rn. 352).

cc) Strukturmissbrauch/Preis- und Konditionenspaltung (§ 19 II Nr. 3 GWB)

346 Beim **Strukturmissbrauch** (§ 19 II Nr. 3 GWB) wird die beherrschende Stellung missbraucht, um für die Abnehmer ungünstigere Preise bzw. Konditionen zu verlangen, als auf vergleichbaren Märkten tatsächlich gefordert werden (darin liegt der Unterschied zu § 19 II Nr. 2 GWB, wo es um einen *fiktiven* Vergleichsmarkt geht). Auch hier muss die Preis- bzw. Konditionenpolitik für verschiedene Abnehmer oder Waren sachlich nicht gerechtfertigt sein. Die Formulierung „es sei denn" bedeutet im Zivilprozess sowie im Verwaltungsverfahren (trotz Amtsermittlungsgrundsatz, § 24 VwVfG) eine Beweislastumkehr. Im Ordnungswidrigkeitenverfahren greift die Vermutung hingegen nicht – dort gilt *„in dubio pro reo"*.

Beispiel: Die Lufthansa nutzte ihre marktbeherrschende Stellung auf der Strecke Berlin-Frankfurt um höhere Preise als auf der Strecke Berlin-München zu verlangen, wo sie erheblichem Wettbewerb ausgesetzt war. Nur dadurch konnte sie das dortige Geschäft subventionieren und mit den ansonsten effizienteren Konkurrenten konkurrieren (BGH GRUR 2000, 163 – Flugpreisspaltung).

dd) Essential Facilities (§ 19 II Nr. 4 GWB)

347 Bei der **Verweigerung des Zugangs zu wesentlichen Einrichtungen** (*„essential facilities"*, § 19 II Nr. 4 GWB) wurde eine Rechtsprechungslinie aus dem amerikanischen Recht (United States v. Terminal Railroad 224 U.S. 383 (1912)) übernommen. Die Regelung soll verhindern, dass eine Monopolstruktur auf einem Markt sich auf Folgemärkte erweitert. Ökonomisch ist sie jedenfalls nicht unbedenklich – denn es werden „Trittbrettfahrer" belohnt, welche auf eine von Dritten aufwändig geschaffene Infrastruktur (freilich gegen Entgelt) zurückgreifen dürfen. Traditionell geht es um „natürliche Monopole" wo sich die Schaffung einer eigenen (redundanten) Infrastruktur nicht lohnt (→ Rn. 23) – so wäre es wenig sinnvoll (und würde einen Anbieterwechsel sowie den Marktzugang erheblich einschränken), wenn jeder Telefon-, Strom-, Wasser- oder Gasanbieter eine eigene Leitung zu jedem einzelnen Kunden legen müsste. § 19 II Nr. 4 GWB übernimmt weitgehend die Voraussetzungen, die der EuGH für Art. 102 AEUV entwickelt hat (→ Rn. 372 ff.).

1. Der Anspruchsteller begehrt
   a) Lieferung einer Ware oder gewerblichen Leistung oder
   b) Zugang zu Daten, zu Netzen oder zu Infrastruktureinrichtungen (inkl. Immaterialgüterrechten wie Patenten, urheberrechtlich geschützter Software oder Datenbankstrukturen)

   gegen ein angemessenes Entgelt.
2. Der Zugang ist für den Anspruchsteller objektiv notwendig, um auf einem vor- oder nachgelagerten Markt tätig zu werden.
3. Die Zugangsverweigerung ist geeignet, den wirksamen Wettbewerb auf dem vor- oder nachgelagerten Markt *vollständig* auszuschalten.
4. Die Verweigerung darf nicht sachlich gerechtfertigt sein, insb. durch
   a) unzureichende Kapazität der Einrichtung
   b) drohende Gefahr für den Betriebsablauf
   c) zerstörte Vertrauensbasis, mangelnde Kreditwürdigkeit
   d) Belohnung eigener unternehmerischer Leistung (Innovationsanreiz)

Im Vordergrund stand also die Pflicht, **gerechte und faire Bedingungen** zu schaffen, die für alle Beteiligten (unabhängig von ihrer Beziehung zum Inhaber der notwendigen Einrichtung) einheitlich gelten. Damit wird ein Kompromiss zwischen den sich aus dem Eigentum ergebenden Rechten (vgl. für das deutsche Recht § 903 BGB – Ausschluss Dritter, freie eigene Nutzung) und der Notwendigkeit der Nutzung durch Dritte für abgeleitete Märkte gebildet: Der Zugang wird nicht unentgeltlich gewährt, sondern nur zu einem (für alle gleichen) Entgelt. Im Kern handelt es sich also bei der *Essential Facilities* Doktorin also traditionell um ein Diskriminierungsverbot, so dass ergänzend auf § 19 II Nr. 1 GWB (→ Rn. 338 ff.) zurückgegriffen werden kann. 348

Ähnlich wie bei Art. 102 AEUV (→ Rn. 373 ff.) kann § 19 I, II Nr. 4 GWB auch für Zwangslizenzen für **Immaterialgüterrechte** dienen. Praktisch wird dies vor allem bei Industriestandards, die prak- 349 tisch den Zugang zu bestimmten Folgemärkten von der Nutzung von Patenten oder Urheberrechten abhängig machen. Für die meisten „Netze“ gibt es freilich eigenes Regulierungsrecht, etwa für Eisenbahnen, Telekommunikation oder Energienetze.

Beispiele: Der BGH hat eine Zwangslizenz (freilich aus Art. 102 AEUV) für möglich gehalten bei einem Patent, das für ein „Spundfass“ erforderlich ist, das vom Verband der deutschen chemischen Industrie als faktischer Standard empfohlen wurde (BGHZ 160, 67 – Standard-Spundfass). Denkbar (im Ergebnis aber abgelehnt) war dies auch bei einem für die Herstellung von standardkonformen CD-RW-Rohlingen erforderlichen Patent (BGHZ 180, 312 – Orange-Book-Standard).

ee) Anzapfverbot (§ 19 II Nr. 5 GWB)

350 § 19 II Nr. 5 GWB betrifft den **Missbrauch von Nachfragemacht**, genauer das Verbot, sich **ungerechtfertigte Vorzugsbedingungen** gewähren zu lassen. Anders als nach § 19 II Nr. 1 GWB geht es nicht um die Diskriminierung einzelner Anbieter (soweit Zusatzleistungen nur von Einzelnen gefordert werden), sondern um die Benachteiligung der konkurrierenden Nachfrager, welche diese Vorzugsbedingungen nicht erhalten. Das Unternehmen will also eine **Ungleichbehandlung seiner selbst**. Dieses Verbot findet nach § 20 II GWB auch auf marktstarke Unternehmen Anwendung (→ Rn. 329).

Beispiele: Das BKartA fasst unter § 19 II Nr. 5 GWB etwa finanzielle Zuwendungen zu besonderen Anlässen (Geschäftseröffnung, Neuaufnahme von Geschäftsbeziehungen, Geschäftsjubiläum); Werbekostenzuschüsse, die nicht im Interesse des Herstellers verwandt werden; günstigere Zahlungsbedingungen oder rückwirkende Konditionenanpassungen für die Zeit vor einem Zusammenschluss der Abnehmer.

ff) Sonderregelung für Energiewirtschaft (§ 29 GWB)

351 § 29 GWB ergänzt nur für marktbeherrschende **Gas- und Stromversorgungsunternehmen** zwei besondere Verbote:

352 **1.** Nach § 29 S. 1 Nr. 1 GWB sind **abweichende Geschäftsbedingungen** (insbesondere Entgelte) von denen vergleichbarer Anbieter nur zulässig, soweit hierfür ein sachlicher Grund besteht. Die Beweislast für die Rechtfertigung trägt dabei das jeweils marktbeherrschende Unternehmen – allerdings nur im Verwaltungsverfahren vor dem BKartA. Die Beweislastumkehr gilt hingegen weder im Ordnungswidrigkeitenverfahren noch vor den Zivilgerichten. Streitig ist freilich, ob die Regelung auch die formelle Beweislast auf den Marktbeherrscher verlagert (d.h. die Kartellbehörde nur bei konkretem Vortrag sachliche Gründe berücksichtigt) oder ob es insoweit bei der Amtsermittlungspflicht bleibt.

2. Nach § 29 S. 1 Nr. 2 GWB sind dagegen **absolut unangemessene Entgelte** verboten. Die Kosten sind dabei hypothetisch anhand eines Marktes mit wirksamem Wettbewerb zu ermitteln. 353

b) Europäisches Kartellrecht (Art. 102 AEUV)

Der Wortlaut des Art. 102 AEUV spricht anders als das geltende deutsche Recht von „missbräuchlicher *Ausnutzung* einer marktbeherrschenden Stellung". Es ist umstritten, ob damit echte Verhaltenskausalität in dem Sinne gemeint ist, dass gerade die Marktbeherrschung den Missbrauch überhaupt ermöglicht hat. Der deutsche Gesetzgeber meint, diese Frage durch eine Umformulierung von § 19 I GWB für das nationale Kartellrecht beantwortet zu haben (→ Rn. 337). Im europäischen Recht fehlt es aber bislang an einer eindeutigen Klärung, die hM verneint aber ein solches Erfordernis. Der EuGH setzt für die Anwendung von Art. 102 AEUV jedenfalls eine abstrakte Gefährdung dergestalt voraus, dass das betreffende Unternehmen Marktmacht gerade auf dem vom Verhalten betroffenen oder einem damit „eng verbundenen" Markt innehat. Ein Verhalten auf einem Markt, der von der Beherrschung nicht einmal mittelbar berührt wird, ist nur nach allgemeinen Regeln (insb. nach dem UWG) zu beurteilen – der Verkauf von Hamburgern durch Google wäre daher nicht an Art. 102 AEUV zu messen. 354

Beispiel: Die Tetra Pak International SA stellt Verpackungen für flüssige Lebensmittel sowie Maschinen zu deren Befüllung her. Auf dem EU-Markt für keimfreie Verpackungen („TetraBrick") hielt Tetra Pak 1996 einen Marktanteil von 90–95%, auf dem für nicht keimfreie aber nur einen von 50–55% und war dort nicht marktbeherrschend. Tetra Pak sah in Kaufverträgen über Befüllungsmaschinen für *nicht* keimfreie Verpackungen vor, dass Gewährleistungsansprüche die ausschließliche Nutzung von Original-Ersatzteilen und des Reparaturservices von Tetra Pak voraussetzten. Eine Verwendung der Maschine für Verpackungen anderer Hersteller war ausgeschlossen. Der EuGH (EuGH Slg. 1996, I-5987 –Tetra Pak) betonte, dass zwischen dem Markt, auf dem die beherrschenden Stellung vorliegt und dem Markt, auf dem das missbräuchliche Verhalten erfolgt, ein Zusammenhang bestehen muss. Hier waren die Grundmaterialien für beide Verpackungen identisch und 35% der Kunden benötigten sowohl septische als auch septische Verpackungen, so dass Tetra Pak auch auf dem Markt für nicht keimfreier Verpackungen ein bevorzugter Lieferant war. Darüber hinaus hatte Tetra Pak am aus aseptischen und septischen Verpackungen bestehenden Gesamtmarkt für Kartonverpackungen einen Marktanteil von 78% – was fast siebenmal so viel wie der engste Konkurrent war. Dies genügte dem EuGH, um hier eine hinreichend enge Verbindung aufzuzeigen.

Missbräuchlich sind Verhaltensweisen, welche die Aufrechterhaltung des auf dem Markt noch bestehenden Restwettbewerbs oder dessen Entwicklung durch andere **Mittel** als diejenige eines „normalen Produkt- oder Dienstleistungswettbewerbs" gefährden. Art. 102 S. 2 355

AEUV enthält insofern vier nicht abschließende **Regelbeispiele** missbräuchlichen Verhaltens:

aa) Preis- und Konditionenmissbrauch (Art. 102 S. 2 lit. a AEUV)

356 Die „Erzwingung“ (Art. 102 S. 2 lit. a AEUV) unangemessener Einkaufs- oder Verkaufspreise (**Preismissbrauch**) bzw. sonstiger Geschäftsbedingungen (**Konditionenmissbrauch**) ist ein besonderer Fall des gegen die Abnehmer gerichteten **Ausbeutungsmissbrauchs** (§ 19 II Nr. 2 UWG, → Rn. 344). Die Kartellbehörde muss dabei die Unangemessenheit der Preise bzw. Unbilligkeit der Bedingungen nachweisen. Nach dem EuGH gibt es auch Fälle „offensichtlicher Unbilligkeit“, in denen eine Abwägung entbehrlich ist. In der Klausur hilft dies freilich wenig, denn ob etwas „offensichtlich“ ist, lässt sich kaum je ohne Abwägung begründen.

Beispiele: 1. Die Berechnung unterschiedlicher Preise für Chiquita-Bananen ohne sachliche Rechtfertigung gegenüber Abnehmern in verschiedenen Ländern durch die United Brands Company als Alleinimporteur stellte in Verbindung mit einem Weiterverkaufsverbot einen Preismissbrauch dar (EuGH, Slg 1978, 207 – United Brands). **2.** Die vertragliche Einräumung einer Befugnis an die Tetra Pak SA als Quasimonopolist, jederzeit anhand der Geschäftsbücher sowie durch unangemeldete Besuche in Betrieben italienischer Käufer bzw. Mieter von Maschinen für die Befüllung keimfreier Verpackungen, deren vertragsgemäße Verwendung zu überprüfen, war ein Fall des Konditionenmissbrauchs (EuGH Slg. 1996, I-5987 – Tetra Pak).

bb) Einschränkungen zum Schaden der Verbraucher (Art. 102 S. 2 lit. b AEUV)

357 Die Einschränkung der Produktion, des Absatzes oder technischen Entwicklung zum Schaden der Verbraucher (Art. 102 S. 2 lit. b AEUV) beinhaltet Merkmale des **Ausbeutungsmissbrauchs** aber auch des **Behinderungs**- und des **Strukturmissbrauchs**. Gemeint sind damit insbesondere selektive Vertriebssysteme (etwa bei Markenwaren). Zu beachten ist, dass zwar Vereinbarungen über Spezialisierung, Forschung und Entwicklung und Technologietransfers in weitem Umfang vom Kartellverbot freigestellt sind, dies jedoch im Rahmen von Art. 102 AEUV ohne Relevanz ist. Der Verbraucherbegriff ist weit auszulegen – es sind nicht nur die nichtgewerblichen Endverbraucher (§ 13 BGB), sondern alle Abnehmer gemeint; praktisch ist aber ohnehin kaum eine Einschränkung von Produktion, Absatz oder technischer Entwicklung denkbar, die nicht zu Lasten der Abnehmer wirkt.

Beispiele: 1. Eine Einschränkung der Produktion liegt nicht vor, soweit schlicht (etwa aufgrund eines Geschmacksmusters) die Herstellung von Karosserieersatzteilen verboten wird, solange damit nicht andere Verhaltensweisen (z.B.

willkürliche Diskriminierung selbstständiger Reparaturwerkstätten, Festsetzung unangemessener Preise) einhergehen (EuGH Slg. 1988, 6232, 6235 – Volvo). Eine unangemessene Einschränkung wurde demgegenüber bejaht, als Renault die Produktion von Ersatzteilen für ältere Renaultmodelle einstellte, obwohl nach wie vor eine Nachfrage bestand (EuGH, Urteil vom 05.10.1988 – Rechtssache 53/87, Tz. 9 EuGH Slg. 1988, 6067, 6073 – CICRA/Régie Renault). **2.** Soweit ein Speiseeislieferant Kühltruhen unter der Bedingung nur unter der Bedingung zur Verfügung stellt, dass in diesen Truhen keine Konkurrenzprodukte gelagert werden, kann darin eine Einschränkung des Absatzes liegen (EuG Slg. 2003, II-4662). **3.** Paradigmatisch für die Einschränkung der technischen Entwicklung dürften die Vorwürfe gegen die Firma Microsoft sein, die durch Geheimhaltung von Schnittstelleninformationen die Entwicklung kompatibler Komplementär- und Ersatzprodukten verhinderte (Komm., ABl. 2007, Nr. L 32, 23).

Eine indirekte Absatzbeschränkung liegt insbesondere bei besonders **358** intensiven **Rabattsystemen** vor, durch welche die folgende Marktstufe praktisch ausschließlich an einen Lieferanten gebunden wird. Der EuGH unterscheidet drei Stufen von Rabatten mit unterschiedlicher Rechtfertigungslast:

1. Bloße **Mengenrabatte** sind grundsätzlich unproblematisch. Diese **359** sind ausschließlich an die Erwerbsmenge geknüpft und stehen damit regelmäßig nicht im Zusammenhang mit der Stärkung oder dem Erhalt der Marktmacht.

2. Demgegenüber sind sog. **Exklusivitätsrabatte**, die nur dann ge- **360** währt werden, wenn überhaupt keine (oder nur sehr geringe) Mengen von anderen Anbietern bezogen werden, grundsätzlich verboten. Erst die Entscheidung des EuGH in Sachen Intel hat insoweit den Maßstab etwas zugunsten des Marktbeherrschers verschoben: Soweit es belastbare Anhaltspunkte für eine fehlende Beschränkungswirkung gibt, muss die Kommission diesen nachgehen und letztlich eine Abwägung durchführen. Es liegt damit zwar kein absolutes Verbot mehr vor, aber noch immer eine Zweifelsregelung gegen den Marktbeherrscher.

Beispiel: Intel Inc. stellt Computerprozessoren her und hat einen Marktanteil von 80%; einziger Konkurrent ist AMD mit einem Marktanteil von 20%. Intel vergab an die Computer-Hersteller Dell, HP, NEC und Lenovo Rabatte. Allerdings wurde der Rabatt an eine Abnahmemenge geknöpft, die praktisch voraussetzt, dass Prozessoren ausschließlich bei Intel abgenommen wird (= Exklusivitätsrabatt). Der EuGH hat zwar eine generelle Befreiung abgelehnt, aber eine Abwägung für geboten gehalten, da es trotzdem möglich sei, dass Hersteller zu AMD wechseln und den Fall daher an das EuG zurückverwiesen (EuGH, EuZW 2017, 850 – Intel).

3. Schließlich gibt es Rabatte, die **nicht eindeutig** einer dieser bei- **361** den Gruppen zugeordnet werden können. Bei diesen ist die Auswirkung auf den Markt zu untersuchen und eine Abwägung durchzuführen. Im Kern ist dabei zu fragen, ob der Marktzugang für Dritte jedenfalls potenziell nicht nur unerheblich erschwert wird.

362 Nach dem EuGH müssen bei der Beurteilung von Rabatten **alle Aspekte des konkreten Programms**, d.h. insb. die Voraussetzungen der Inanspruchnahme, die Dauer und die Höhe, berücksichtigt werden. Keinesfalls darf es die Gesamtstrategie des Rabattgewährenden sein, Wettbewerber aus dem Markt auszuschließen. Anschließend muss eine mögliche Kompensation durch Effizienzvorteile in Betracht gezogen werden. Die Abwägung soll so umfassend wie möglich erfolgen.

363 Im Rahmen des „*more economic approach*" (→ Rn. 31) hat die Kommission versucht, diese doch recht freie Abwägung durch einen ökonomischen Test zu konkretisieren (vgl. Mitteilung der Kommission zum Behinderungsmissbrauch, 2009/C 45/02). Diesen bezeichnet sie als **„As Efficient Competitor"** (AEC) Test. Dabei erfolgt die Analyse in drei Schritten:

364 **1.** Zunächst wird der Anteil der Nachfrage ermittelt, der überhaupt innerhalb kurzer Zeit auf andere Anbieter als den Marktbeherrscher umgelenkt werden kann (sog. **„contestable share"**). Es geht also um die wechselfähigen und wechselwilligen Abnehmer (die „Wechselwähler"). Die ohnehin treuen Kunden lassen sich auch durch Rabatte nicht zum Wechsel bewegen, so dass diese auszuklammern sind.

365 **2.** Als zweiter Beurteilungsfaktor ist der **effektiv verlangte Preis** für diesen Anteil der Nachfrage zu ermitteln. Hierbei sind der Grundpreis und die Rabatte miteinander zu verrechnen (wenn der Preis etwa 100 € pro Stück beträgt und ein Rabatt von 10% gewährt wird, ist der effektive Preis 90 €).

366 **3.** Schließlich ist als Vergleich auf die **Kosten eines fiktiven, gleichstarken Wettbewerbers** (daher auch „*as efficient competitor*") abzustellen. Liegt der Preis unter diesen Kosten, ist er nicht mehr durch normalen Wettbewerb zu rechtfertigen und dient allein dem Aufbau oder Erhalt einer marktbeherrschenden Stellung. Dabei wird teilweise auf die „*average avoidable costs*" (AAC), teilweise aber auch auf die „*long run average incremental costs*" (LRAIC) abgestellt. Unter AAC (durchschnittlichen vermeidbaren Kosten) versteht man den Aufwand, der durchschnittlich vermieden worden wäre, wenn das Unternehmen auf die Produktionsmenge verzichtet hätte, die Gegenstand des Missbrauchs ist (also die Zusatzkosten für Strom, Personal, etc.). Demgegenüber geht es bei LRAIC (langfristigen durchschnittlichen Grenzkosten) um die Gesamtheit aller Kosten, die für die Herstellung eines Produkts entstehenden; die Fixkosten werden dabei über den Gesamtzeitraum anteilig abgeschrieben. Der Kostenvergleich spielt darüber hinaus im Rahmen der Kampfpreisunterbietung (→ Rn. 370) eine Rolle.

cc) Diskriminierungsverbot (Art. 102 S. 2 lit. c AEUV)

Die Anwendung unterschiedlicher Bedingungen bei gleichwertigen Leistungen gegenüber Handelspartnern (Art. 102 S. 2 lit. c AEUV), wodurch diese im Wettbewerb benachteiligt werden, ist ein Fall eines **Diskriminierungsverbots** (vgl. § 19 II Nr. 1 GWB, → Rn. 338 ff.) und des Ausbeutungsmissbrauchs (§ 19 II Nr. 2 GWB, → Rn. 344). Als „Handelspartner" sind alle aktuellen (nicht nur potenzielle) Anbieter oder Abnehmer gemeint, die unmittelbar mit dem Unternehmen auf dem beherrschten Markt in Kontakt stehen. Gefordert sind freilich nicht identische Bedingungen – vielmehr genügt ein vergleichbarer wirtschaftlicher Gegenwert. **367**

Beispiel: Die United Brands Company berechnete Abnehmern u.a. in den Niederlanden und Deutschland ohne sachliche Rechtfertigung unterschiedliche Preise für Chiquita-Bananen (EuGH NJW 1978, 2439 – United Brands).

dd) Koppelungsverbot (Art. 102 S. 2 lit. d AEUV)

Verboten ist schließlich die Knüpfung der Abnahme zusätzlicher Leistungen an den Abschluss von Verträgen, die weder sachlich noch nach Handelsbrauch in Beziehung zum Vertragsgegenstand stehen (**Koppelungsgeschäfte**, Art. 102 S. 2 lit. d) AEUV. **368**

Beispiel: Microsoft bot das Betriebssystem „Windows" seit 1996 lediglich in Kombination mit Internet Explorer an. Eine isolierte Version des Internet Explorers gab es auf dem Markt nicht (Kommission, ABl. 2007, Nr. L 32, 23).

ee) Generalklausel (Art 102 S. 1 AEUV)

Die Regelbeispiele sind nicht abschließend. Ein missbräuchliches Verhalten liegt allgemein dann vor, wenn der auf dem Markt bestehende Wettbewerb mit Mitteln behindert wird, die von den Mitteln des normalen Produkt- oder Dienstleistungswettbewerbs abweichen. **369**

– Dies ist etwa der Fall bei der **„Kampfpreisunterbietung"** (*Predatory Pricing),* die das deutsche Recht ausschnittsweise in § 20 III Nr. 1, Nr. 2 GWB (→ Rn. 331) regelt. Ein marktbeherrschendes Unternehmen hat idR freie Ressourcen, die ihm eine Quersubventionierung zur Unterbietung von Konkurrenten auf dem beherrschten oder einem anderen Markt erlauben. Zentraler Hinweis für den Missbrauch ist hier die Selbstschädigung durch Vertrieb unter den eigenen Kosten – hier kann wieder auf AAC bzw. LRAIC (→ Rn. 366) zurückgegriffen werden. **370**

Beispiel: Die deutsche Post subventionierte den Paketmarkt mit Gewinnen aus dem Briefmarkt, auf dem sie ein Monopol besaß. Somit konnte sie auch auf dem Paketmarkt Preise der Konkurrenz unterbieten (Kommission, 20.03.2001, ABl. Nr. L 125/27 – DPAG/UPS).

371 – Zudem kommt ein **Marktstrukturmissbrauch** in Betracht, d.h. eine Veränderung der Marktstruktur durch Verstärkung einer marktbeherrschenden Stellung infolge Fusionen oder Erhöhung der Marktzutrittsschranken (etwa durch starke Netzwerkeffekte, → Rn. 24). Insoweit greift idR freilich auch die FKVO (→ Rn. 506).

372 – Die Rechtsprechung hat anhand mehrerer Fälle die sogenannte „**Essential Facilities Doctrine**" des US-amerikanischen Rechts (vgl. § 19 I, II Nr. 4 GWB, → Rn. 347 ff.) übernommen. Diese betrifft nicht nur die Zugangsverweigerung zu physischer Infrastruktur (Häfen, Schienen, etc.), sondern auch Schnittstellen, virtuelle Netze, Daten oder Immaterialgüterrechte. Der EuGH und Kommission haben insoweit vier Voraussetzungen aufgestellt, die der deutsche Gesetzgeber in § 19 II Nr. 4 GWB (→ Rn. 347 ff.) weitgehend übernommen hat:

1. Beherrschung des **Markts für wesentliche Einrichtung** durch Unternehmen
2. Bedürfnis eines Drittunternehmens für Zugriff auf wesentliche Einrichtung, um auf von Markt für Einrichtung unabhängigem **(Folge-) Markt** tätig zu werden, um dort zumindest potentielle Nachfrage zu decken, die das marktbeherrschende Unternehmen nicht selbst befriedigt
3. Verweigerung des Zugangs gegen angemessenes Entgelt **ohne sachliche Rechtfertigung** (etwa Überlastung oder berechtigter Innovationsschutz).
4. Eignung der Zugangsverweigerung, **jeglichen Wettbewerb auf abgeleitetem Markt auszuschließen** (hohe Kosten für Alternative genügen nicht)

Beispiele: 1. Der Hafen Holyhead bedient als einziger Hafen den Fährverkehr zwischen England und Irland. Die dortige Hafenbehörde zögerte die Nutzung des Hafens für Schnellfähren hinaus, bis sie selbst eine Schnellfähre anbieten konnte und verstieß so gegen Art. 102 AEUV (Komm. 21.12.1993, ABl. 1994 Nr. L015, 8 – Stena Sealink). **2.** Demgegenüber ist es kein Missbrauch, wenn ein Verlag dem unmittelbaren Konkurrenten keinen Zugang zum eigenen Hauszustellsystem eröffnet (EuGH NJW 1999, 2259 – Oscar Bronner).

373 Wie im deutschen Recht (§ 19 I, II Nr. 4 GWB, → Rn. 349 ff.) liegt die besondere Bedeutung der *Essential Facilities* Doktrin heute im

Immaterialgüterrecht. Das Geistige Eigentum gewährt gerade ein Ausschließlichkeitsrecht, so dass der Ausschluss Dritter von diesen Rechten als solcher naturgemäß kein Missbrauch sein kann. Es müssen also zusätzliche Gründe vorliegen, welche den Ausschluss missbräuchlich machen. Wenn sich der Patentinhaber im Rahmen einer Standardsetzungsorganisation selbst zu einer Lizenzvergabe verpflichtet hat (unter sog. „FRAND"-Bedingungen: *Fair, Reasonable and Non-Discriminatory*) verlangt der EuGH, dass **der Patentinhaber** jedem Interessenten ein konkretes, unbedingtes und annahmefähiges Angebot macht. Für bloß faktische Standards muss hingegen nach dem BGH gerade der Interessent dem Patentinhaber ein konkretes, unbedingtes und annahmefähiges Angebot **des potenziellen Patentnutzers** machen. Beide Einwände tauchen in der Praxis meist nicht als separate Klage auf Lizenzerteilung, sondern als „Zwangslizenzeinwand" in Streitigkeiten um die Verletzung der jeweiligen Schutzrechte auf.

Beispiele: 1. Der bereits erwähnte Fall Magill (EuGH Slg. 1995, I-743 – Magill, → Rn. 315) betraf einen Missbrauch des Urheberrechts an der Programmplanung als „Essential Facility" für eine Fernsehzeitung. **2.** Das Unternehmen IMS Health bot Datenbanken an, welche Apothekeneinkaufszahlen von Medikamenten in Deutschland nach 1860 bzw. knapp 3000 (im Laufe von Jahrzehnten herausgearbeiteten) Gebieten aufschlüsselte (sog. „Blockstruktur"). Diese Blockstruktur hatte sich im Pharmavertrieb als Standard etabliert, so dass die Konkurrenten NDC Health und Azyx meinten, für einen erfolgreichen Marktzutritt dieselbe (urheberrechtlich geschützte) Struktur nutzen zu müssen. Der EuGH (GRUR 2004, 524 – IMS Health) entschied, dass es entscheidend darauf ankomme, ob das Konkurrenzprodukt insoweit neu sei, als der bisherige Anbieter den Bedarf nicht befriedigen kann. 3. Huawei war Inhaber eines Patents, das für die Implementierung des Mobilfunkstandards LTE zwingend erforderlich war. Bei der Normierung von LTE durch das Europäische Institut für Telekommunikationsnormen (ETSI) verpflichtete sich HUAWEI ggü. ETSI zur Lizenzierung unter FRAND-Bedingungen. Die ZTE-Unternehmensgruppe benötigte für Basisstationen mit LTE-Software eine Lizenz für dieses Patent, jedoch blieben die Verhandlungen mit Huawei erfolglos. Daraufhin produzierte ZTE die Basisstationen ohne Lizenz und wurde auf Unterlassung und Schadensersatz verklagt. Allerdings hatte Huawei diese Pflicht erfüllt, indem es ZTE vorab auf diese Patentverletzung hinwies und ein konkretes schriftliches Lizenzangebot zu FRAND-Bedingungen unterbreitete, aus dem insb. die Lizenzgebühr sowie die Art und Weise ihrer Berechnung dargelegt wurden. ZTE hätte nach Ansicht des EuGH (WRP 2015, 1080 – *Huawei/ZTE*) gemäß den branchenweit anerkannten geschäftlichen Gepflogenheiten und nach Treu und Glauben reagieren müssen: Soweit das Angebot angemessen war, war ZTE verpflichtet, es anzunehmen oder auf die Produktion zu verzichten. 4. Im Verfahren gegen Microsoft (Komm., Entscheidung v. 24.5.2004, COMP/C-3/37.792 – *Microsoft*) ging es u.a. um Schnittstellen für die Anbindung an Windows-Netzwerke, die Microsoft als Geschäftsgeheimnis schützte, und so eine Verbindung u.a. mit Linux-basierten

Computern gezielt verhinderte. Die Kommission zwang Microsoft zur Offenlegung und Lizenzierung.

3. Allgemeingültige Verbote (§ 21 GWB)

a) Boykottverbot (§ 21 I GWB)

374 § 21 I GWB verbietet den **„Boykott"** und konkurriert insoweit mit §§ 3 I, 4 Nr. 4 UWG (→ Rn. 151 f.) sowie § 826 BGB bzw. § 823 I BGB iVm dem Recht am eingerichteten und ausgeübten Gewerbebetrieb. Der Boykott setzt mindestens drei Unternehmen im Sinne des GWB voraus – Boykottaufrufe an private Endverbraucher fallen daher zwar unter §§ 3 I, 4 Nr. 4 UWG, aber nicht unter § 21 GWB. Der Adressat muss ein im Verhältnis zum Verrufer selbständiges Unternehmen sein, so dass ein Boykottaufruf innerhalb eines Konzerns ausscheidet.

375 Gegenstand des Boykotts ist die Aufforderung zu einer Liefer- oder Bezugssperre. Anknüpfungspunkt ist bereits der **Versuch**, auf die freie Willensentscheidung des Adressaten Einfluss zu nehmen. Der Aufruf muss in der Absicht (= *dolus directus 1. Grades; dolus eventualis* genügt nicht!) unbilliger Beeinträchtigung gerade durch Liefer- und Bezugssperren erfolgen. Die „Unbilligkeit" setzt außerdem eine eigene Interessenabwägung voraus. In Betracht kommt insbesondere ein Abwehreinwand (analog § 227 BGB, → Rn. 209).

Beispiele: 1. Die AOK forderte den Chefarzt einer Kinderklinik auf, Krankentransportaufträge nicht mehr über das private Krankentransportunternehmen K, sondern über einen von allen Krankenkassen gemeinsam finanzierten Rettungsdienst durchzuführen. Hierin liegt ein Boykottaufruf zu Lasten des privaten Krankentransportunternehmens (BGH NJW 1990, 1531 – Neugeborenentransporte); die Kostenersparnis ist kein hinreichender sachlicher Grund. **2.** Die T-GmbH vermarktet Werbeflächen in der Universität F. Die Gewinne der GmbH werden überwiegend an die Universität abgeführt; die GmbH handelt jedoch in eigenem Namen und auf eigene Rechnung. Die Universität fordert die T-GmbH auf, Werbung für Repetitor R in Werbekästen an der Universität aufzuhängen. Soweit auf dem Campus in offiziellen Werbekästen Werbung von Repetitorien aushängt, könnte dies allerdings den Eindruck verursachen, dass die Universität selbst das Erfordernis eines privaten Repetitoriums neben dem Besuch von Lehrveranstaltungen anerkenne und diese billige. Hierdurch ist der zentrale Bildungsauftrag der Universität betroffen. Dies stellt ein billigenswertes Interesse dar, so dass kein Boykottaufruf iSv § 21 I GWB vorliegt (OLG Karlsruhe NJW 2009, 2143).

376 Anders als bei deliktischen Ansprüchen aus § 826 BGB und aus § 823 I BGB ist für § 21 I GWB der Eintritt eines **Schadens** nicht erforderlich. § 21 GWB kann von den Kartellbehörden durch Verfügungen (§ 32 GWB, → Rn. 467) durchgesetzt und als Ordnungswidrigkeit (§ 81 I Nr. 1 GWB, → Rn. 470) geahndet werden. Daneben kommen Schadensersatz- und Unterlassungsansprüche nach §§ 33, 33a GWB (→ Rn. 490 f.) in Betracht. Der Schadensersatzanspruch richtet sich nur gegen den Veranlasser, nicht gegen den Aufgeforderten (etwas anderes gilt freilich, wenn über den Aufruf hinaus eine Absprache vorliegt, die gegen § 1 GWB oder Art. 101 AEUV verstößt).

b) Veranlassungsverbot (§ 21 II GWB)

§ 21 II GWB soll (ähnlich wie das Boykottverbot) bereits im Vorfeld wettbewerbsschädigender Maßnahmen eingreifen. Verboten ist es, einerseits Vorteile zu versprechen oder zu gewähren, um ein **kartellrechtlich verbotenes** Verhalten zu veranlassen. Aber nicht nur das „Zuckerbrot" ist verboten – auch die „Peitsche", das Androhen oder Zufügen von Nachteilen, verstößt gegen § 21 II GWB. Wie bei der Nötigung nach § 240 StGB muss das Übel **objektiv geeignet** sein, den Willen des Adressaten zu beeinflussen und ihn zu einem bestimmten **wettbewerbswidrigen Verhalten** zu veranlassen. 377

Beispiel: Der „markt intern"-Verlag rief in Rundschreiben und Informationsblättern Bekleidungshersteller dazu auf, ihre Produkte ausschließlich über den Fachhandel zu verkaufen und auf einen Direktvertrieb zu verzichten. Ohne solche Maßnahmen würde eine große Zahl von Fachhändlern ihre Geschäftsbeziehungen einstellen. Der BGH (BGH BB 1980, 1652 – markt intern) bejahte einen Verstoß gegen § 21 II GWB – denn die gewünschte Exklusivvereinbarung hätte gegen § 1 GWB (bzw. Art. 101 AEUV) verstoßen. Der Umstand, dass das „Angebot" nicht von den Beteiligten selbst, sondern von einem Dritten ausging, war dabei ohne Belang.

c) Zwangsausübungsverbot (§ 21 III GWB)

Nach § 21 III GWB ist jeglicher Zwang zu einem **kartellrechtlich zulässigen** Verhalten (nämlich einer nach §§ 2, 3 oder 28 GWB ausnahmsweise erlaubten Vereinbarung, → Rn. 430 ff., bzw. zur Beteiligung an einem nach §§ 35 ff. GWB zulässigen Unternehmenszusammenschluss, → Rn. 528 ff.) verboten. Schutzgegenstand ist „nur" das allgemeine Recht der betroffenen Unternehmen, ihr Verhalten frei zu gestalten – denn das Verhalten ist ja gerade erlaubt. Unter Zwang ist jede Beeinflussung zu verstehen, die so stark ist, dass dem Adressaten allenfalls formell Alternativen gegenüber dem geforderten Verhalten bleiben, denen zu folgen ihm nach den Grundsätzen wirtschaftlicher Vernunft mit Rücksicht auf die Schwere der angedrohten oder zugefügten Nachteile nicht mehr zugemutet werden kann. 378

d) Nachteilszufügungsverbot (§ 21 IV GWB)

379 Schließlich verbietet § 21 IV GWB die Nachteils**zufügung** wegen der Beantragung kartellbehördlichen Einschreitens. Bemerkenswert ist, dass als Täter und Adressat der Nachteilszufügung nicht nur „Unternehmen", sondern alle „Personen" in Betracht kommen – also auch Arbeitnehmer (insb. *Whistleblower*), Verbraucher, etc. Die praktische Relevanz der Norm ist jedoch gering.

C. Kartellverbot (§§ 1 ff. GWB, Art. 101 AEUV)

380 § 1 GWB und Art. 101 I AEUV verbieten alle Verhaltensweisen der Marktbeteiligten, welche die Bildung optimaler Marktverhältnisse in Deutschland bzw. im EU-Binnenmarkt beeinträchtigen (sog. **„Kartellverbot"** – wobei das Kartell eigentlich nur ein Unterfall ist). Erfasst sind damit alle Handlungen von mindestens zwei Marktteilnehmern, durch welche diese den zwischen ihnen (**„Horizontalvereinbarung"**) oder zwischen einem von ihnen (d.h. einem Lieferanten oder Abnehmer) und dessen Konkurrenten (**„Vertikalvereinbarung"**) bestehenden Wettbewerb beschränken wollen oder dies zumindest (wenn auch ungewollt) faktisch tun. Damit wird eine Vielzahl von Absprachen, von Wettbewerbsklauseln in Gesellschaftsverträgen bis hin zu Preisabsprachen, erfasst.

381 Dabei wurde freilich nicht übersehen, dass solche Vereinbarungen im Einzelfall auch **positive Begleitfolgen** haben können. Ähnlich wie im Urheberrecht stehen daher oftmals nicht die Voraussetzungen des Verbots, sondern gerade umgekehrt die Ausnahmen im Vordergrund. Die generalklauselartige Formulierung des Art. 101 III AEUV bzw. des § 2 I GWB (→ Rn. 448 ff.) wird dabei durch so genannte „Gruppenfreistellungsverordnungen" (zur Geltung in Deutschland siehe § 2 II GWB) für konkrete Einzelfälle konkretisiert (→ Rn. 434 ff.).

382 **Voraussetzungen eines Verstoßes gegen § 1 GWB/ Art. 101 AEUV**

I. wesentliche Beeinträchtigung des zwischenstaatlichen Handels (Abgrenzung deutsches und europäisches Recht)

II. Tatbestand des Kartellverbots

1. **persönliche Anwendbarkeit des Kartellverbots:** Unternehmen oder Unternehmensvereinigung

2. **Verhaltensweise:** Vereinbarung zwischen Unternehmen/Beschluss von Unternehmungsvereinigungen/abgestimmte Verhaltensweisen
3. **verbotene Rechtsfolge:** Verhinderung, Einschränkung oder Verfälschung des Wettbewerbs (Wettbewerbsbeschränkung)
4. bezweckt oder bewirkt
5. **Spürbarkeit:** Kein Bagatellkartell
6. **tatbestandsimmanente Schranken**

III. keine Rechtfertigung (vgl. § 2 GWB, Art. 101 III AEUV)

IV. Rechtsfolgen

I. Voraussetzungen (§ 1 GWB, Art. 101 I AEUV)

Art. 101 I AEUV und § 1 GWB sind **wörtlich identisch**. Der praktische Grund hierfür ist, dass für Vereinbarungen, die einen zwischenstaatlichen Bezug aufweisen, auch nach nationalem Recht nur verboten werden dürfen, soweit diese nach Europarecht unzulässig sind, während umgekehrt eine Freistellung allein aufgrund nationaler Vorschriften zwar möglich wäre, aber wegen des vorrangig anzuwendenden Europarechts den Unternehmen nichts nützen würde, soweit das Verhalten nicht auch durch Art. 101 III AEUV gerechtfertigt wäre (§ 22 II 1 GWB, Art. 3 II 1 VO 1/2003, → Rn. 273). Abweichungen sind daher nur zulässig, soweit ein zwischenstaatlicher Bezug in jedem Fall ausgeschlossen ist. Für diese Fälle sieht das deutsche Recht zusätzliche Rechtfertigungsgründe vor (§§ 3, 30 GWB). **383**

1. Zwischenstaatlichkeit – Abgrenzung GWB/AEUV

Art. 101 AEUV findet nur Anwendung, soweit die jeweilige Maßnahme geeignet ist, den „Handel" **zwischen den Mitgliedstaaten** zu beeinträchtigen. Für alle übrigen Fälle gilt die im Übrigen wortgleiche nationale Vorschrift des § 1 GWB. Hier gilt dasselbe wie bei der wortgleichen Zwischenstaatlichkeitsklausel in Art. 102 S. 1 AEUV, einschließlich der Bündeltheorie (→ Rn. 292 ff.). **384**

Beispiele: 1. Die Grundig AG bestellte die französische Firma Consten für unbestimmte Zeit zu ihrem Alleinvertreter in Frankreich und im Saarland hinsichtlich von Grundig hergestellter Rundfunk-, Fernseh- und anderer technischer Geräte. Dabei verpflichtete sich die Firma Consten schriftlich unter anderem, weder für eigene noch für fremde Rechnung gleichartige Waren von Konkurrenzunternehmen zu vertreiben und weder unmittelbar noch mittelbar aus dem Vertragsgebiet in andere Länder zu liefern. Ein entsprechendes Verbot bestand auch für Grundigs Alleinvertriebspartner in anderen Ländern. Grundig wiederum verpflichtete sich, diesen den Alleinverkauf zu überlassen und weder unmittelbar noch mittelbar an andere Personen im Vertragsgebiet zu liefern. Die Rechte der Alleinvertreter wurden durch Eintragung einer Marke („GINT") zu deren Gunsten im jeweiligen Land gesichert. Die Bezeichnung „GINT" war auf allen Grundig-Geräten angebracht. Bei Paralleleinfuhren hätte Consten aus dem für sie in Frankreich eingetragenen Markenrecht „GINT" gegen den Importeur vorgehen können (Markenrechtsverletzung). Die Beschränkung des Absatzes von Grundig-Geräten auf einen Händler in jedem Mitgliedstaat mit Ausfuhrverbot und Sicherung durch Markenschutz ist geeignet, die bei Wettbewerb entstehenden, miteinander konkurrierenden Absatzbeziehungen über die Grenzen hinweg zu verhindern. Dies führt zur Marktabschottung (**„Bündeltheorie"**, EuGH Slg. 1966, 321 – Grundig/Consten). **2.** Ein deutscher Reiseveranstalter schließt mit Hotelunternehmen auf Mallorca Hotelverträge ab, die bestimmte deutsche Wettbewerber vom Bezug eines Bettenkontingents im gleichen Hotel ausschließen. Der BGH (BGH WuW/E DE/R 89, 92 – „Selektive Exklusivität") hat insoweit die Zwischenstaatlichkeit bejaht.

2. Abrede

385 § 1 GWB und Art. 101 I AEUV nennen gleichrangig nebeneinander drei verbotene Verhaltensweisen, nämlich „Vereinbarungen", „Beschlüsse" und „abgestimmte Verhaltensweisen". Diese Begriffe sind (weitgehend) voneinander abgegrenzt und es wird in der Klausur regelmäßig eine genaue Subsumtion unter einen der drei Typen erwartet.

a) Vereinbarungen

386 Der Begriff der **„Vereinbarung"** ist weit zu verstehen und erfasst jede Willensübereinstimmung zwischen zwei oder mehr Unternehmen (bzw. zwischen zwei oder mehr Unternehmensvereinigungen) über ein gemeinsames Verhalten am Markt. Erfasst sind damit sowohl alle **Verträge** im Sinne des BGB (zwei übereinstimmende Willenserklärungen mit Rechtsbindungswillen), als auch (nach umstrittener Auffassung) Vereinbarungen **ohne Rechtsbindungswillen** (*„gentlemen's agreement"*), soweit diese eine faktische Bindung begründen.

Beispiel: Der Kläger A verzichtet **„entgegenkommenderweise"** in einem von beiden Beteiligten als „Gentlemen's Agreement" bezeichneten Dokument auf die Fortsetzung eines Prozesses gegen B, wofür dieser ihn bei künftigen Auftragsvergaben bevorzugt berücksichtigen wollte. Da A meinte, B habe diese Zusage nicht eingehalten, nahm er ihn einige Jahre später auf Auskunft hinsichtlich aller von diesem vergebenen Aufträge in Anspruch. Der BGH (BGH

22.01.1964, WuW/E 602, 604 „Schiffspumpen“) bejahte eine kartellrechtswidrige „Vereinbarung“.

Im letzteren Fall folgt die **Unverbindlichkeit der Vereinbarung** freilich bereits aus dem Willen der Parteien (§§ 117 I, 118 BGB), so dass es der Nichtigkeit nach Art. 101 II AEUV bzw. § 134 BGB regelmäßig nicht bedarf. Daher wird teilweise insoweit statt einer „Vereinbarung“ ein bloßes „abgestimmtes Verhalten“ angenommen. 387

Beispiel: Die belgischen und luxemburgischen Tabakwarenhersteller haben sich im Berufsverband „FEDETAB“ organisiert. Dieser gibt Empfehlungen u.a. über angemessene Verdienstspannen für Groß- und Einzelhändler heraus, die wiederum von der Mehrheit der Tabakwarenhersteller befolgt werden. Der EuGH (EuGH, Slg. 1980, 3125, (3250) – FEDETAB – Empfehlungen) bejahte hier eine Vereinbarung/Abgestimmte Verhaltensweise.

Besondere Formerfordernisse bestehen nicht, die Abreden können schriftlich, mündlich oder sogar konkludent erfolgen. Eine Vereinbarung kann auch unter wirtschaftlichem Druck wirksam zustande kommen, aber es ist unabdingbar, dass die Vereinbarung letztlich mit Zustimmung *aller* Beteiligten erfolgt und nicht nur faktisch gegen ihren Willen durchgesetzt wird. **Einseitige Maßnahmen** einer marktstarken Partei gegenüber ihren Abnehmern stellen keine „Vereinbarungen“ dar, sondern sind allein an Art. 102 AEUV bzw. §§ 19 f. GWB zu messen (→ Rn. 284 ff). 388

Beispiele: 1. Die Firma Sandoz versandte an ihre Großhändler Rechnungen mit dem ausdrücklichen Vermerk „Ausfuhr verboten“. Die Händler akzeptierten diese Regelung stillschweigend. Der EuGH (EuGH Slg. 1990, I-45 – Sandoz) sah darin eine gegen Art. 101 I AEUV verstoßende Vereinbarung, da Ausgangspunkt die freiwillige Vereinbarung und nicht ein nur faktisch ausgeübter einseitiger Zwang war. **2.** Die Bayer AG verkauft ein Medikament unter der Marke „Adalat“. Der durch die jeweiligen Gesundheitsbehörden hierfür festgesetzte Preis lag in Spanien und Frankreich durchschnittlich 40% niedriger als in Großbritannien. In der Folge importierten britische Großhändler Adalat aus Spanien, wodurch die Einnahmen durch die britische Bayer UK um rund 50% einbrachen. Daraufhin verbaten die jeweiligen Bayer-Tochterunternehmen den Großhändlern in Spanien und Frankreich, Adalat zu exportieren und erfüllten Bestellungen nur noch in einem reduzierten Umfang. Ein Verstoß gegen das Exportverbot führte zu einer Verringerung der späteren Lieferungen. Nach Beschwerden betroffener Großhändler nahm die EU-Kommission letztlich eine Vereinbarung im Sinne von Art. 101 AEUV zwischen den jeweiligen Bayer-Tochtergesellschaften und den Großhändlern zum Nachteil der Großhändler in Großbritannien an. Der EuGH (EuGH vom 6. Januar 2004, C-2/01 P und C-3/01 P) lehnte diese Einschätzung ab – es sei nicht ersichtlich, dass die Großhändler den Vorgaben von Bayer zugestimmt hätten. Ein einseitiges Verhalten sei aber nur relevant, soweit Bayer marktbeherrschendes Unternehmen sei, was hier nicht der Fall war.

389 Die **Motive** sind grundsätzlich unbeachtlich. Insbesondere ist ein geheimer Vorbehalt (§ 116 S. 1 BGB), das Kartell insgeheim durch Vertragsbruch zu hintergehen, unbeachtlich. Wer sich auch nur zum Schein an der Abrede beteiligt, verstößt dadurch gegen Art. 101 I AEUV bzw. § 1 GWB.

390 Verboten sind auch wettbewerbsbeschränkende **Vereinbarungen zwischen Unternehmensvereinigungen** und Unternehmen bzw. zwischen zwei oder mehr Unternehmensvereinigungen. Ansonsten wäre es möglich, durch Zwischenschaltung eines solchen Verbandes die Anwendbarkeit des Kartellrechts auszuschließen.

b) Beschlüsse

391 § 1 GWB und Art. 101 AEUV verbieten darüber hinaus „**Beschlüsse**" von Unternehmensvereinigungen. Dabei geht es nicht unbedingt um gesellschaftsrechtlich wirksame Vorgänge, der Begriff erfasst vielmehr sämtliche Rechtsakte, durch die eine solche Organisation ihren Willen bildet, unabhängig vom Verfahren der Willensbildung und Willensäußerung sowie der rechtlichen Zuständigkeit. Auf die *rechtliche* Verbindlichkeit kommt es wie schon bei der Vereinbarung nicht an. Es genügt die durch wirtschaftlichen Druck begründete *faktische* Bindung der Mitglieder. Bloße Empfehlungen werden daher nur erfasst, soweit sie vorhersehbar zu einem abgestimmten Verhalten führen werden. Ob ein beteiligtes Unternehmen im Einzelfall gegen den Beschluss gestimmt hat, ist ohne Relevanz für die kartellrechtliche Verantwortlichkeit, soweit der Beschluss tatsächlich befolgt wird.

Beispiel: Ein Taxiverein beschließt, dass jedes Mitglied nur 5 Wagen haben darf (BGH NJW 1980, 2813 – Taxibesitzervereinigung). Darin liegt ein Beschluss des Vereins, durch welchen die Wettbewerbsfähigkeit der Mitglieder beschränkt wird und die daher an Art. 101 AEUV bzw. § 1 GWB zu messen ist.

c) Abgestimmte Verhaltensweisen

392 Selbstverständlich ist es zulässig, die eigenen Preise oder Leistungen an die Konkurrenz anzupassen. Ein solches autonomes Nachahmen mit wachem Blick (bloßes „**Parallelverhalten**") stellt keine „abgestimmte Verhaltensweise" dar und fällt nicht unter Art. 101 I AEUV bzw. § 1 GWB. Vielmehr muss die Möglichkeit der Beteiligten, über ihre Unternehmenspolitik zu entscheiden (sog. „**Selbstständigkeitspostulat**"), wie bei Vereinbarungen oder Beschlüssen beschränkt werden. Soweit irgendeine rechtliche oder faktische Bindung bezweckt ist, liegt schon eine „Vereinbarung" vor (→ Rn. 386 ff.). Der EuGH verlangt als Minus für die „abgestimmte Verhaltensweise" eine „**Fühlungnahme**" unter den Beteiligten. Irrelevant ist dabei wie bei der Vereinbarung, ob diese auf derselben Marktstufe (horizontal) oder auf

verschiedenen Marktstufen tätig sind oder das Kartell nur fördern (EuGH NZKart 2015, 528 – AC Treuhand II).

Beispiele: 1. Allein der Umstand, dass sich die Preise von Benzin an Tankstellen oder von Glühwein auf einem lokalen Weihnachtsmarkt ähneln begründet noch keinen Verstoß gegen das Kartellverbot. Denn jeder Marktteilnehmer kann sich über die Preise der Konkurrenz leicht informieren (diese sind öffentlich sichtbar) und darf seine Preise entsprechend anpassen. **2.** In den Niederlanden trafen sich Vertreter der 5 einzigen Mobilfunkbetreiber, um über die Standardvertragshändlervergütungen für Postpaid-Verträge zu sprechen, wobei auch vertrauliche Informationen zur Sprache kamen. Der EuGH erblickte darin eine Abstimmung, da bei Austausch von Marktinformationen jedenfalls auf einem hochkonzentrierten Markt Unsicherheiten über das Marktgeschehen beseitigen und eine Angleichung von Strategien ermöglicht; die Beteiligten müssten diesen Erfahrungssatz widerlegen (EuGH EuZW 2009, 505 – T-Mobile Netherlands)

Freilich muss es zulässig sein, Informationen den üblichen Abläufen entsprechend **offen über den Markt** zu verbreiten – etwa durch öffentliche Ankündigung geplanter Preiserhöhungen gegenüber den Abnehmern, die damit auch von der Konkurrenz zur Kenntnis genommen werden. Spiegelbildlich stellt ein Informationsaustausch immer dann eine Fühlungnahme dar, wenn er sich gerade an die Konkurrenten in dieser Eigenschaft unter Ausschluss Dritter richtet (EuGH Slg. 1994, II- 957 – John Deere). Dazwischen bewegen sich Umgehungskonstellationen, in denen z.B. eine langfristige öffentliche Ankündigung gezielt die Konkurrenz zu Preiserhöhungen ermutigen soll und bei Nichtbefolgung die Ankündigung nicht wahr gemacht wird. Eine Abstimmung erfolgt zudem, wenn die Marktteilnehmer wissentlich einen identischen Algorithmus oder identische Quelldaten eines Dritten benutzen, um ihre Preise zu bilden. 393

Beispiel: Eturas bot eine serverbasierte Lösung, über die Reisebüros Reisen für Endkunden anbieten konnten; finanziert wurde diese über eine Umsatzbeteiligung. Obwohl die Zusammenstellung der Reisen und die Preise von den Reisebüros frei bestimmt werden konnten, bat die Eturas Reisebüros über eine systemweite Nachricht, Rabatte für Onlinebuchungen auf maximal 3% zu begrenzen und änderte in der Folge die entsprechende Voreinstellung im System auf 3%. Wenn ein Reisebüro davon abweichen wollte, musste es seinen Rabatt manuell festlegen. Faktisch beließen es fast alle Reisebüros bei den vorgeschlagenen 3%. Der EuGH (EuZW 2016, 435 – Eturas) bestätigte, dass hier eine abgestimmte Verhaltensweise zwischen den Reisebüros vorlag. Dafür genügte allerdings nicht die schlichte Hinnahme des vorgegebenen Rabatts, sondern es ist zusätzlich auch die Kenntnis der entsprechenden Mitteilung erforderlich.

Wenn ein Abstimmungsvorgang vorliegt, können die daran Beteiligten einer kartellrechtlichen Verantwortlichkeit nur entgehen, indem sie diese den Kartellbehörden anzeigen oder sich öffentlich davon **distan-** 394

zieren. In dem oben erwähnten Eturas-Fall sah der EuGH bereits eine Mitteilung an den Administrator des zentralen Systems als hinreichende Distanzierung an.

395 Im Idealfall gelingt der **Beweis der Abstimmung** durch Zeugen oder Urkunden. Als Anreiz für eine Mitwirkung bei der Aufklärung werden beteiligte Unternehmen, welche als Zeugen auftreten, von kartellrechtlichen Sanktionen freigestellt („Kronzeugenregelung", → Rn. 472). Regelmäßig muss zum Nachweis der Abstimmung auf Indizien abgestellt werden. Dazu genügt nicht allein das Parallelverhalten als solches, sondern es sind „Plusfaktoren" erforderlich. Dies ist insbesondere der Fall, wenn das Verhalten des einzelnen Unternehmens als solches nicht rational (d.h. eigennützig gewinnmaximierend) erklärt werden kann. Die beteiligten Unternehmen müssen dann andere Erklärungen für ihr Verhalten darlegen und beweisen.

396 Während bei der Vereinbarung die bloße Absprache genügt, ist für eine „abgestimmte Verhaltensweise" neben der Abstimmung zusätzlich eine gerade darauf beruhende **Verhaltensweise** (d.h. Tun oder Unterlassen) auf dem Markt erforderlich. Weder die objektive Möglichkeit eines späteren abgestimmten Verhaltens noch die entsprechende Absicht genügen insoweit für einen Kartellverstoß. Soweit ein Informationsaustausch im Vorfeld bewiesen wird, kann daraus aber die widerlegbare Vermutung gefolgert werden, dass diese Informationen von den Beteiligten auch bei ihrem künftigen Marktverhalten tatsächlich berücksichtigt werden (sog. „Anic-Vermutung", nach EuGH WuW 2000, 642 – Anic Partecipazioni).

397 Nicht erforderlich ist, dass das Verhalten tatsächlich Auswirkungen auf den Wettbewerb hatte – hier verbleibt es bei der allgemeinen Anforderung, dass auch die bloß bezweckte Wettbewerbsbeschränkung (→ Rn. 418) genügt. Anders ausgedrückt: Es ist ein Verhalten, aber **kein Erfolg erforderlich**.

3. Wettbewerbsbeschränkung

398 GWB und AEUV verbieten Vereinbarungen, Beschlüsse und abgestimmte Verhaltensweisen nur, soweit sie eine **Verhinderung, Einschränkung oder Verfälschung** des Wettbewerbs bezwecken oder bewirken. Die Verhinderung (als gänzliche Aufhebung) und die Einschränkung (als Beschränkung der Entfaltungsfreiheit aller oder einzelner Betroffener) sind dabei Unterbegriffe der „Verfälschung" (bzw. der „Beschränkung"). Maßgeblich ist dabei stets die **wirtschaftliche Betätigungsfreiheit** der an der Maßnahme beteiligten (bzw. von einem Beschluss betroffenen) Unternehmen – werden die Optionen verringert, wird regelmäßig eine Wettbewerbsbeschränkung vorliegen. Nicht schutzwürdig sind freilich unlautere oder gar rechtswidrige Verhaltensweisen, so dass bei einer Vereinbarung, auf solches Verhalten zu verzichten, auch kein Verstoß gegen das Kartellverbot vorliegen kann.

Beispiel: Der Mobilfunkmarkt in den Niederlanden ist unter fünf Unternehmen aufgeteilt, die Marktanteile von 10,6%, 42,1%, 9,7%, 26,1% und 11,4% innehaben. Der Aufbau eines sechsten Mobilfunknetzes war mangels freier Kapazitäten nicht möglich. Neue Anbieter konnten daher nur durch Abschluss einer Vereinbarung mit einem oder mehreren der fünf Betreiber in den Markt gelangen. Die Unternehmen stimmen sich im Hinblick auf eine Kürzung der Standardvertragshändlervergütungen für Postpaid-Verträge ab. Der EuGH nahm an, dass auf einem hochgradig konzentrierten oligopolistischen Markt jeglicher Austausch Aufschluss über die Marktpositionen und die Strategien der Wettbewerber gibt und deshalb den Restwettbewerb spürbar beeinträchtigt. (EuGH 04.06.2009, C-8/08, Rn. 34)

Die Beschränkung kann (wie oben dargestellt) entweder **horizontal** (zwischen Wettbewerbern auf der gleichen Marktstufe) oder **vertikal** (zwischen verschiedenen Marktstufen) erfolgen (→ Rn. 380, 402 ff.). Die Unterscheidung spielt erst im Rahmen der Freistellung, insb. aufgrund der Vertikal-GVO (→ Rn. 435) eine Rolle. 399

Stets liegt eine Beschränkung der Handlungsalternativen der **Beteiligten** vor, welche das kartellrechtliche „Selbständigkeitspostulat" beschränkt. Allerdings erfolgt dies zumeist freiwillig – gerade beim „*gentlemen's agreement*" besteht keine einklagbare oder sonst zwangsweise durchsetzbare Pflicht. Soweit diese Einschränkung der Handlungsalternativen ausschließlich durch Zwang erfolgt, liegt allein ein Fall des Art. 102 AEUV bzw. von §§ 19 f. GWB vor. 400

Die Beeinträchtigung wird regelmäßig die Handlungsfreiheit **Dritter** (d.h. von Personen, die nicht am Kartell beteiligt sind) betreffen. Ohne die Absprache müssen daher mehr Anbieter (oder zumindest weitere verschiedene Angebote) bzw. weitere potenzielle Abnehmer (bei möglicherweise abweichenden Bedingungen) bestehen – die Auswahl der Marktgegenseite wird also durch die Absprache beschränkt. Beschränkt werden kann sowohl der Angebotswettbewerb als auch der Nachfragewettbewerb. 401

Beispiel: Wenn sich X und Y zu einer Einkaufskooperation zusammenschließen, um günstigere Einkaufspreise zu erreichen, liegt eine Beschränkung des **Nachfragewettbewerbs** vor. Setzen X und Y hingegen einheitliche Preise für ihr Sortiment fest, so wird der **Angebotswettbewerb** beschränkt.

a) Einzelne Formen von Wettbewerbsbeschränkungen

aa) Horizontale und vertikale Vereinbarungen

402 Generell (→ Rn. 380, 399) unterscheidet man im Rahmen des Kartellverbots **„horizontale Vereinbarungen"** (zwischen Mitbewerbern, die nach dem eigenen Vorteil auf Kosten ihrer Konkurrenten streben, wobei auch ein potenzielles Wettbewerbsverhältnis genügt) und **„vertikale Vereinbarungen"** (über verschiedene Marktstufen hinweg).

Beispiele: 1. Eine Vereinbarung zwischen Autoherstellern oder zwischen zwei Autohändlern ist eine horizontale Vereinbarung. Typische Fälle sind Preisabsprachen oder Marktaufteilungen (A verkauft in Düsseldorf, B verkauft in Köln; A verkauft Mercedes, B Porsche). **2.** Eine Vereinbarung zwischen Autohersteller und Autohändler ist eine vertikale Vereinbarung. Dabei geht es regelmäßig um Preisbindungen (Händler A soll für das Auto einen vom Hersteller B bestimmten Preis verlangen, den er weder über- noch unterschreiten darf) oder eine Ausschließlichkeitsbindung (Händler A darf keine Produkte von Konkurrenten des Herstellers B verkaufen).

403 – **Horizontale Vereinbarungen** schließen den aufwendigen und nachteiligen Wettbewerb zugunsten einheitlicher Regelungen aus. Damit besteht regelmäßig kein Grund zur Verbesserung der Qualität oder zur Senkung des Preises, durch Einschränkung des Angebots wird nicht nur der potenziell erzielbare Preis erhöht, sondern es verbleibt auch eine ungedeckte Nachfrage. Generell sind hier besonders hohe Anforderungen an eine Rechtfertigung zu stellen, entsprechende Abreden sind besonders gefährlich. In diesen Kontext gehören auch sog. „Sternvereinbarungen" (oder „Hub&Spoke"-Kartelle), bei denen ein Unternehmen aus einem anderen Markt („Hub"), die Wettbewerber („Spokes") durch Vorgaben koordiniert (tendenziell etwa der Eturas-Fall, → Rn. 393). Hier liegt eine horizontale Abrede unter den „Spokes" vor. Dabei kann der Hub auch eine marktbeherrschende Stellung iSv Art. 102 S. 1 AEUV und § 19 I GWB ausnutzen und durch eine Meistbegünstigungsklausel (→ Rn. 409) alle Anbieter praktisch zu einem einheitlichen Verhalten zwingen.

404 – **Vertikale Vereinbarungen** begründen demgegenüber viele Vorteile, sie ermöglichen die Gewährleistung eines einheitlichen Qualitätsstandards und verhindern, dass Dritte unberechtigt von den fremden Leistungen profitieren („*free riding*") bzw. deren Wertschätzung verringern. Allerdings kann so auch ein Ausschluss von Konkurrenz auf dem Absatzmarkt erreicht werden. Solche Exklusivitätsbindungen sind in zwei Gestaltungen denkbar: Der Lieferant kann die **Weiterveräußerer** verpflichten, keine Konkurrenzprodukte anzubieten oder ein marktmächtiger Weiterveräußerer kann seine

Lieferanten zwingen, seine Produkte Dritten nicht oder nur zu schlechteren Konditionen anzubieten. Darüber hinaus kann der Wettbewerb auf dem nachfolgenden Markt durch Vorgabe einheitlicher Konditionen (insbesondere Preise) ganz ausgeschlossen werden.

Obwohl diese Differenzierung weder im AEUV noch (seit 2005) im deutschen Recht auftaucht, hat sie insbesondere im Rahmen der Rechtfertigung erhebliche Bedeutung: Für vertikale Vereinbarungen gilt die sehr weitgehende **Vertikal-GVO 330/2010**, die im Juni 2022 neu gefasst wird (z.T. auch „Schirm-GVO" genannt; → Rn. 435). Diese bestimmt in Art. 2 I, dass das Verbot des Art. 101 I AEUV grundsätzlich überhaupt nicht für vertikale Vereinbarungen gilt – und vielmehr erst bei hohen Marktanteilen oder bei bestimmten besonders kritischen Klauseln eingreift. **405**

Nach § 2 II GWB gilt die Vertikal-GVO 330/2010 entsprechend auch für das **deutsche Kartellverbot**. **406**

bb) Regelbeispiele des Art. 101 I HS 2 AEUV

In den Fällen des Art. 101 I lit. a) bis e) AEUV wird eine Wettbewerbsbeschränkung **indiziert**. Die Auflistung ist nicht abschließend („insbesondere") – und im Einzelfall kann trotz des Vorliegens eines Regelbeispiels die wettbewerbsbeschränkende Wirkung zu verneinen sein (ähnlich wie bei § 4 UWG). Dennoch sind die Fälle des Art. 101 AEUV so extrem, dass bei deren Vorliegen regelmäßig eine (verbotene) Wettbewerbsbeschränkung zu bejahen ist. **407**

Unter Art. 101 I **lit. a)** AEUV gehören Fälle der Preisbindung („die unmittelbare oder mittelbare Festsetzung der An- oder Verkaufspreise") sowie sonstige Vereinbarungen im Hinblick auf Geschäftsbedingungen (**„Preis- oder Konditionenkartell"**). Die Einschränkung kann **rechtlich** als vertragliche Pflicht oder rein **faktisch** durch wirtschaftlichen Druck bzw. das Versprechen von Vorteilen erfolgen. Die Bindung muss gegenüber **Dritten** erfolgen, die am bindenden Vertrag selbst nicht beteiligt sind. Diese Dritten können ebenfalls Unternehmen, aber auch Verbraucher sein. **408**

Der Gegenstand der Preisbindung ist sehr weit zu verstehen. Ohne Bedeutung ist etwa, dass die *preisbindende Partei* einige Leistungen, für die sie die Preise bindet, selbst vornimmt. Umgekehrt kann es sich auch um Leistungen oder Waren handeln, die die *gebundene Partei* selbst herstellt oder erbringt. Eine mittelbare Preisbindung ist insbesondere bei sog. „Meistbegünstigungsklauseln" anzunehmen. **409**

Beispiel: A verpflichtet sich, von B keine höheren Preise zu verlangen, als von anderen Abnehmern. Dadurch wird B aber in seiner Preisgestaltung gegenüber seinen anderen Abnehmern gebunden, da durch eine Preissenkung gegenüber Dritten automatisch auch der Preis gegenüber A gesenkt wird.

410 Art. 101 I **lit. b)** AEUV erfasst die **Einschränkung oder Kontrolle der Erzeugung, des Absatzes, der technischen Entwicklung oder der Investitionen**. Auch hier geht es um eine Koordinierung, aber primär im Innenverhältnis. So fallen hierunter etwa die Festsetzung von Produktionsquoten oder die Koordinierung von technischen Entwicklungen. Auch so genannte „Patentpools", in denen unabhängige Unternehmen ihre technischen Erfindungen zur gemeinsamen Nutzung bündeln können, fallen unter diese Regelung. Solche Vereinbarungen können den Fortschritt behindern oder zu einer künstlichen Marktverknappung führen sowie Dritten den Marktzugang verbauen.

411 Art. 101 I **lit. c)** AEUV nennt die **Aufteilung der Märkte oder Versorgungsquellen** – gemeint ist die klassische Marktabgrenzung, die insbesondere bei Neuwagen und Medikamenten erhebliche Bedeutung hat bzw. hatte. So war es Vertragshändlern von PKW regelmäßig verboten, ihre Fahrzeuge an Bürger anderer Mitgliedstaaten zu verkaufen – um die künstlichen Preisunterschiede zwischen den Staaten aufrecht zu erhalten.

412 Art. 101 I **lit. d)** AEUV enthält ein **Diskriminierungsverbot**. Danach ist die Anwendung unterschiedlicher Bedingungen bei gleichwertigen Leistungen gegenüber Handelspartnern untersagt, wenn diese dadurch im Wettbewerb benachteiligt werden und für die unterschiedliche Behandlung kein sachlicher Grund besteht. Der Begriff der Handelspartner ist sehr weit zu verstehen und erfasst jegliche Anbieter oder Abnehmer.

413 Schließlich erwähnt Art. 101 I **lit. e)** AEUV den Fall, dass an den Abschluss von Verträgen die Bedingung geknüpft wird, dass ein Vertragspartner zusätzliche Leistungen annehmen muss, die weder sachlich noch nach Handelsbrauch in Beziehung zum Vertragsgegenstand stehen (vgl. auch Art. 102 S. 2 lit. e) AEUV, → Rn. 368). Solche **Koppelungsangebote** führen einerseits zu einer Verteuerung des „Gesamtpakets", können aber vor allem Anbieter einer der beiden Leistungen vom Markt verdrängen.

Beispiel: Die Firma A verkauft PKW. Die Firma B verkauft Autoradios. Wenn Firma A ab sofort alle PKW nur noch mit einem Autoradio verkauft, droht Firma B vom Markt gedrängt zu werden. Die Endabnehmer haben keine andere Wahl, als ein Auto mit Autoradio zu kaufen – selbst, wenn sie keines oder ein günstigeres haben möchten.

cc) Sonderproblem: Gemeinschaftsunternehmen

Ein **„Gemeinschaftsunternehmen"** ist eine gemeinsame Tochtergesellschaft von mindestens zwei Muttergesellschaften. Diese können strukturell von ihren Müttern abhängig sein (sog. **„Teilgemeinschaftsunternehmen"**, z.B. wenn diese nur der gemeinsamen Forschung und Entwicklung, dem gemeinsamen Einkauf oder Verkauf, etc. dienen) oder auch auf Dauer alle Funktionen einer selbstständigen wirtschaftlichen Einheit erfüllen (sog. **„Vollgemeinschaftsunternehmen"**). **414**

Soweit solche Unternehmen dabei **„kooperativ"** ausgestaltet sind, liegt in ihrer Gründung stets auch eine Vereinbarung im Sinne von § 1 GWB und Art. 101 AEUV. Beschränkt sich hingegen die Beteiligung auf die Finanzierung (etwa bei börsennotierten Gesellschaften) liegt allein im Anteilserwerb noch keine Vereinbarung der Investoren im Sinne des Kartellverbots. Weitergehend sollen alle Vollgemeinschaftsunternehmen ausgenommen sein, die auf einem Markt tätig sind, auf dem die Muttergesellschaften selbst nicht (mehr) tätig sind und nicht überwiegend vor- oder nachgelagerte Märkte der Muttergesellschaften bedienen. **415**

Zu beachten ist, dass Gemeinschaftsunternehmen bei Erreichung der entsprechenden Schwellenwerte der **Zusammenschlusskontrolle** nach der FKVO bzw. den §§ 36 ff. GWB unterliegen (vgl. § 37 I Nr. 3 S. 3 GWB, Art. 2 IV, V FKVO; → Rn. 512 ff.). Kartellverbot und Fusionskontrolle sind dabei grundsätzlich **voneinander unabhängige** Säulen des kartellrechtlichen Systems, so dass kein ausschließlicher Vorrang der Fusionskontrolle besteht (**„Zweischrankentheorie"**). **416**

Beispiel: Die Schlachtereien Moksel und Südfleisch vertreiben bundesweit Rinderhälften. Aufgrund von Überkapazitäten sollen zwei Schlachthöfe von Moksel und einer von Südfleisch zu einem gemeinsamen Unternehmen („Ostfleisch") zusammengeführt werden. Moksel hatte einen Marktanteil von 20%, Südfleisch ebenfalls 20% und die neugegründete Tochter einen Anteil von 15%. Der nächstgrößere Wettbewerber hatte einen Anteil von 9%. Ostfleisch unterliegt **gemeinsamer** Kontrolle, daher ist eine Addition der Marktanteile von Moksel, Südfleisch und Ostfleisch nicht möglich. Aber es ist wahrscheinlich, dass sich Moksel und Südfleisch keinen Wettbewerb machen, da sie ein gemeinsames Interesse am Schicksal von Ostfleisch haben. Im Einzelfall waren hierfür Indizien wie der Umstand, dass Ostfleisch die Schlachtbetriebe nur gepachtet hatte, die Firmennamen weitergeführt wurden und Einfluss auf die tägliche Geschäftspolitik bestand, entscheidend (BGH WuW 2001, 961 ff – Ost-Fleisch).

dd) Sonderproblem: Wettbewerbsregeln (§§ 24 ff. GWB)

„Wettbewerbsregeln" („Fair Trade Practice Rules") werden von Wirtschafts- und Berufsvereinigungen aufgestellt (§ 24 I GWB). Sie sollen den in der jeweiligen Branche tätigen Unternehmen ein nach **417**

dem UWG oder GWB unzulässiges Verhalten untersagen, präzisieren also die gesetzlichen Vorschriften (§ 24 II GWB). Nach § 24 III GWB bedürfen Wettbewerbsregeln der vorherigen Anerkennung durch das BKartA bzw. der Landeskartellbehörden. Diese Anerkennung beinhaltet aber keine Freistellung vom Kartellverbot. Nach § 26 II GWB darf die Anerkennung vielmehr nur erfolgen, wenn die Regeln entweder nicht von § 1 GWB erfasst sind, oder nach §§ 2 oder 3 freigestellt sind und mit der Rechtsordnung im Übrigen vereinbar sind. Durch die Verfügung gibt die Kartellbehörde zu erkennen, dass sie keinen Anlass sieht, Einwände zu erheben (§ 26 I 2 GWB, vgl. § 32 c GWB).

b) Bezweckte Wettbewerbsbeschränkung

418 Nach dem Wortlaut von § 1 GWB und Art. 101 I AEUV stehen Zweck und Wirkung der Maßnahme gleichberechtigt nebeneinander. Der EuGH und die Kommission sehen jedoch das Bezwecken einer Wettbewerbsbeschränkung als **vorrangig** an. Bedeutung hat dies für die „Spürbarkeit", die nur bei bewirkten Wettbewerbsbeschränkungen zu prüfen ist.

419 Der **Zweck** einer Handlung wird nach der **objektiven** Tendenz der fraglichen Maßnahme bestimmt; die subjektiven Vorstellungen der Parteien sind nach herrschender Ansicht unbeachtlich. Hierzu ist zu prüfen, ob die Vereinbarung oder der Beschluss nach ihrem Inhalt und ihrer Zielsetzung unter Berücksichtigung ihres rechtlichen und wirtschaftlichen Zusammenhangs konkret geeignet sind, eine Wettbewerbsbeschränkung zu verursachen. Der Verstoß liegt in diesen Fällen bereits mit der Vereinbarung vor – es kommt nicht darauf an, ob die Absprache auch nur einmal durchgeführt wurde. Bei abgestimmten Verhaltensweisen ist eine Feststellung des Zwecks hingegen kaum möglich. Die Kommission verweist hierzu auf die „Kernbeschränkungen" (→ Rn. 423 ff.).

c) Bewirkte Wettbewerbsbeschränkung

420 Die **Bewirkung** einer Wettbewerbsbeschränkung ist zu bejahen, wenn die konkrete Handlung diese im Sinne der Äquivalenztheorie (d.h. im Vergleich zur Situation bei Hinwegdenken der Maßnahme) verursacht. Es genügen nicht nur tatsächliche, sondern bereits potenzielle Auswirkungen. Zudem ist es hinreichend, dass eine Maßnahme mitursächlich war – insbesondere können mehrere jeweils unabhängig von einer Partei mit Dritten geschlossene, vergleichbare Verträge (sog. **„Bündelverträge"**) erst in ihrer Gesamtheit eine Wettbewerbsbeschränkung bewirken (→ Rn. 280).

421 Auf die **Wirkung** der Abrede kommt es nur an, soweit der Zweck nicht feststellbar ist (→ Rn. 418 f.); sowohl in der Praxis (zur Bemessung der Bußgelder) als auch in der Klausur wird aber regelmäßig beides zu prüfen sein.

4. Spürbarkeit (Bagatellkartelle)

Nach der Rechtsprechung des EuGH und der Verwaltungspraxis der Kommission ist bei der Anwendung des Art. 101 I AEUV das ungeschriebene Merkmal der **„Spürbarkeit"** der Wettbewerbsbeschränkung zu prüfen. Für das wörtlich identische deutsche Recht gilt nichts anderes. 422

a) Kernbeschränkungen

Die Spürbarkeit ist **nur bei „bewirkten" Wettbewerbsbeschränkungen** zu prüfen (→ Rn. 417). Geht es also (nach der Auslegung der Kommission) um Kernbeschränkungen wie Preisabsprachen, greift Art. 101 I AEUV, unabhängig von der Bedeutung der beteiligten Unternehmen für den Markt. Die Prüfung der Spürbarkeit ist nicht erforderlich, soweit eine so genannte „Kernbeschränkung" betroffen ist. Bestimmte Verhaltensweisen haben nämlich nach ökonomischen Erfahrungssätzen fast ausnahmslos negative Auswirkungen auf den Wettbewerb. In diesen Fällen muss nicht eigens geprüft werden, ob die Auswirkungen auch im konkreten Einzelfall spürbar sind. 423

Die Kernbeschränkungen lassen sich regelmäßig als **Negativbeispiele den Gruppenfreistellungsverordnungen** (→ Rn. 55, 381; z.B. Art. 4 Vertikal-GVO) entnehmen. Für horizontale Beschränkungen findet sich eine Auflistung in den Leitlinien der Kommission zur Anwendbarkeit von Art. 81 EG-Vertrag auf Vereinbarungen über horizontale Zusammenarbeit (2001/C 3/02) und für vertikale Vereinbarungen in den Leitlinien der Kommission für vertikale Beschränkungen (2000/C291/01); zudem kann auf die Regelbeispiele des § 33a II 3 GWB zurückgegriffen werden. So ist etwa das Recht eines Einzelhändlers, den Verkaufspreis, seine Kunden und sein Tätigkeitsgebiet unabhängig von seinen Lieferanten zu bestimmen, als Kernelement des Wettbewerbs anerkannt. Ebenso sind Beschränkung von Produktion oder Absatz immer verboten. 424

b) Ermittlung der Spürbarkeit im Übrigen

Eine Wettbewerbsbeschränkung ist spürbar, wenn von der fraglichen Maßnahme **konkret feststellbare Veränderungen** der relevanten Produktions- oder Marktfaktoren zum Nachteil Dritter ausgehen, die nicht völlig geringfügig und unbedeutend sind. Hierdurch soll die Anwendung des Kartellverbots auf Bagatellkartelle ausgeschlossen werden („*de minimis* Regel"), da diese den Wettbewerb in seinem 425

Bestand nicht gefährden. Der eigentliche Grund dürfte vor allem auch Pragmatismus der zuständigen Behörden sein, da diese letztlich sonst der Vielzahl an Absprachen nicht Herr werden könnte. Denn als „freier Wettbewerb" wird selbstverständlich auch der Wettbewerb von Kleinstunternehmen geschützt.

426 Entscheidend ist dabei zunächst die Ermittlung des **relevanten Marktes** in räumlicher, örtlicher und zeitlicher Hinsicht. Daneben ist die Bedeutung der Vereinbarung in qualitativer und quantitativer Hinsicht zu untersuchen. Hierbei ist auch der Zweck der Handlung zu berücksichtigen – bei einer bezweckten Wettbewerbsbeschränkung sind geringere Anforderungen zu stellen. Praktisch ist hier erneut die **Bündeltheorie** (→Rn. 292, 384) zu berücksichtigen: Selbst wenn eine einzelne Vereinbarung nicht spürbar sein mag, kann die Gesamtheit von Vereinbarungen eine erhebliche Beeinträchtigung begründen.

427 Die Kommission gibt hierzu **Bekanntmachungen** heraus, die zwar keine Rechtswirkung entfalten, aber einen Anhaltspunkt zur Feststellung der „Spürbarkeit" bieten. Danach fallen horizontale Vereinbarungen erst bei mehr als 10% Marktanteil, vertikale Vereinbarungen sogar erst bei über 15% Marktanteil unter das Kartellverbot. Dahinter steht die Überlegung, dass eine Zusammenarbeit kleinerer Unternehmen sich oft gerade wettbewerbsfördernd auswirkt. Dies gilt freilich nicht für die sog. „Kernbeschränkungen" (→ Rn. 423 f.). Ebenfalls ähnlich wie die EU-Kommission hat das BKartA eine **„Bagatellbekanntmachung"** veröffentlicht. Danach fehlt es an der Spürbarkeit bei Marktanteilen von 10 % oder weniger (horizontale Absprache) bzw. 15% oder weniger (vertikale Absprache). Für den EuGH ist diese Bekanntmachung freilich nicht verbindlich, so dass auch bei Marktanteilen von 5% oder sogar bei noch geringeren Anteilen die Spürbarkeit bejaht wird.

5. Tatbestandsimmanente Schranken?

a) Nebenabreden/Immanenztheorie

428 Die Tatbestände des § 1 GWB und des Art. 101 I AEUV sind sehr weit und erfassen einige Fälle, in denen das Kartellverbot nicht gerechtfertigt erscheint. Wettbewerbsbeschränkende Nebenabreden sind nach der deutschen Rechtsprechung zu § 1 GWB zulässig, soweit sie zur Durchführung von **kartellrechtsneutralen** Verträgen unentbehrlich sind (früher so genannte „Immanenztheorie", heute spricht man allgemeiner von der Zulässigkeit von Nebenabreden).

Beispiele: 1. Wettbewerbsverbote für den Veräußerer in Unternehmensveräußerungsverträgen sind zulässig, soweit sie sich gegenständlich, räumlich und zeitlich (maximal 2 Jahre) auf das erforderliche Maß beschränken (EuGH

Slg. 1985, 2524, 2571 ff. – Remia/Nutricia). Entsprechendes gilt für Wettbewerbsverbote in Handelsvertreterverträgen, soweit der Handelsvertreter nach der konkreten Risikoverteilung nicht einem Eigenhändler gleichsteht (sog. **„unechter Handelsvertreter"**, EuGH Slg. 1966, 321, 387 f. – Grundig/Consten. **2.** Wettbewerbsverbote in Gesellschaftsverträgen für den persönlich haftenden Gesellschafter in Personengesellschaften sind grundsätzlich zulässig (vgl. §§ 112, 161 II HGB). **3.** Schließlich sind grundsätzlich Lizenzverträge über Immaterialgüterrechte (etwa Marken, Patente) nicht vom Kartellverbot erfasst. Ein Verstoß liegt aber vor, wenn die Lizenzvereinbarung über das zur Wahrung der Zuordnungs- und Wiedererkennungsfunktion hinausgeht.

b) Keine Rule of Reason

Die im US-Recht geläufige Rechtfertigung durch eine **„rule of reason"** (Standard Oil Co. of New Jersey v. United States, 221 U.S. 1 (1911)), etwa zugunsten von Gesundheits- oder Umweltschutz ist weder im deutschen noch im europäischen Kartellrecht anerkannt. Denn anders als nach dem amerikanischen Sherman-Act können im europäischen und deutschen Recht vergleichbare Ergebnisse systemgerecht durch eine Einzel- oder Gruppenfreistellung (§ 2 GWB bzw. des Art. 101 III AEUV; → Rn. 431 ff.) erreicht werden. **429**

Beispiel: Das „Duale System Deutschland" („Grüner Punkt") ist nicht etwa wegen seiner ökologischen Motivation generell vom Tatbestand des Kartellverbots freigestellt. Vielmehr ist es nur nach § 2 I GWB vom Kartellverbot freigestellt (siehe auch EuGH GRUR-RR 2009, 447 – Der Grüne Punkt).

II. Ausnahmen vom Kartellverbot (§ 2 GWB, Art. 101 III AEUV)

Wenn ein Verstoß gegen das Kartellverbot des § 1 GWB oder des Art. 101 I AEUV tatbestandlich (unter Beachtung der oben dargestellten Tatbestandsrestriktionen) bejaht wurde, ist zu prüfen, ob die Vereinbarung ausnahmsweise gerechtfertigt ist. Dies erfolgt zweckmäßig in drei Schritten: **430**

1. Zu prüfen sind zunächst **Gruppenfreistellungsverordnungen**. Diese konkretisieren (deklaratorisch) die Freistellungsvoraussetzungen nach Art. 101 III AEUV durch spezifische Anforderungen für bestimmte Typen von Vereinbarungen bzw. Märkte. Diese EU-Verordnungen gelten nach § 2 II GWB entsprechend auch für das deutsche Kartellverbot des § 1 GWB. **431**

2. Ergänzend bestehen **in Deutschland** noch immer privilegierende Regelungen für Mittelstandskartelle (§ 3 GWB) und die Preisbindung im Buch- und Zeitschriftenhandel (§ 30 GWB, § 5 I BuchpreisbindungsG), die nur das Verbot des § 1 GWB rechtfertigen, nicht jedoch Verstöße gegen Art. 101 I AEUV. **432**

433 **3.** Schließlich kann eine Rechtfertigung auch nach der **Generalklausel** des Art. 101 III AEUV bzw. des § 2 I GWB unmittelbar erfolgen.

1. Gruppenfreistellungsverordnungen

a) Freistellung

434 Die von der Kommission erlassenen Gruppenfreistellungsverordnungen bilden einen **„safe harbour"**, auf welchen sich Unternehmen bei Abschluss von Vereinbarungen verlassen können. Selbst wenn die Vereinbarung im Einzelfall nicht mit Art. 101 III AEUV vereinbar sein sollte, ist sie zunächst freigestellt und die entsprechende Freistellung muss erst nachträglich durch die Kommission entzogen werden. Zwar ist nach Art. 103 AEUV für den Erlass solcher Ausführungsvorschriften grundsätzlich der Rat zuständig, dieser hat jedoch der Kommission durch Ermächtigungsverordnungen die Befugnis eingeräumt, Ausführungsbestimmungen zu erlassen (vgl. Verordnung 19/65/EWG). Als Verordnung im Sinne von Art. 288 II AEUV gelten diese unmittelbar in allen Mitgliedstaaten, soweit diese das Europäische Wettbewerbsrecht anwenden; im deutschen GWB gelten sie aufgrund des ausdrücklichen Anwendungsbefehls des § 2 II GWB auch für Sachverhalte, die keine Zwischenstaatlichkeit aufweisen.

435 Gruppenfreistellungsverordnungen sind die **Vertikal-GVO** (VO 330/2010, neue Fassung ab Juni 2022), die GVO für den Kraftfahrzeugsektor (VO 461/2010), die Technologietransfer-GVO (VO 316/2014), die GVO über Spezialisierungsvereinbarungen (VO 1218/2010), die GVO für den Versicherungssektor (VO 267/2010) und die GVO über Vereinbarungen über Forschung und Entwicklung (VO 1217/2010). Diese Verordnungen bestimmen zumeist umfassend, dass bestimmte Vereinbarungen zulässig sind. Im Anschluss werden dann aber Ausnahmen benannt, insb. eine Marktanteilsschwelle, absolute Verbote, bei deren Vorliegen die gesamte Vereinbarung unwirksam ist (**„schwarze Klauseln"** bzw. „Kernbeschränkungen") und einzelne unwirksame Teile, welche aber den Rest der Vereinbarung unberührt lassen (**„graue Klauseln"**).

Beispiel: Nach Art. 2 I Vertikal-GVO sind vertikale Vereinbarungen „nach Maßgabe dieser Verordnung" freigestellt. Allerdings wird dies auf einen Marktanteil bis zu 30% von Anbieter bzw. Abnehmer am jeweiligen Markt begrenzt (Art. 3). Art. 4 listet dann die verbotenen Kernbeschränkungen auf („schwarze Klauseln"). Liegt eine dieser Regelungen vor, ist die gesamte Vereinbarung (und nicht nur der betroffene Teil) unwirksam. Dazu gehören etwa die Festsetzung des Endkundenpreises durch den Lieferanten oder Gebietsvereinbarungen. Art. 5

erklärt *einzelne* Regelungen für nicht automatisch freigestellt, („graue Klauseln“). Liegt eine solche Klausel vor, ist nur die jeweilige Klausel nichtig, die Vereinbarung im Übrigen bleibt aber wirksam. Hier finden sich vor allem langfristige Wettbewerbsverbote oder das Verbot, innerhalb eines selektiven Vertriebssystems Konkurrenzprodukte anzubieten.

Innerhalb der Gruppenfreistellungsverordnungen ist zu beachten, dass die **sektorspezifischen Freistellungen Vorrang** vor der Vertikal-GVO haben (Art. 2 V Vertikal-GVO), soweit nicht die jeweilige Sektoren-GVO abweichendes bestimmt. **436**

b) Entziehung der Freistellung

Selbst wenn eine Vereinbarung eine der Voraussetzungen des Art. 101 III AEUV nicht erfüllt, ist sie zunächst freigestellt, soweit der Tatbestand einer Gruppenfreistellungsverordnung erfüllt ist. Allerdings muss diese Befreiung nicht von Dauer sein: Die Kommission (Art. 29 I VO 1/2003) oder das BKartA als nationale Kartellbehörde (Art. 29 II VO 1/2003; nur klarstellend § 32d GWB) können **im Einzelfall** auf eine Beschwerde, aber auch von Amts wegen, die Vorteile einer Gruppenfreistellungsverordnung entziehen. Mitunter enthalten auch die Gruppenfreistellungsverordnungen besondere Befugnisse zur Entziehung: So erlaubt Art. 6 der Vertikal-GVO, die Freistellung für unanwendbar zu erklären, soweit vertikale Vereinbarungen mehr als 50% eines bestimmten Marktes abdecken. **437**

2. Besondere Freistellungstatbestände des GWB

a) Mittelstandskartelle, § 3 GWB

§ 3 GWB dient als eine von zwei verbleibenden deutschen Sonderregelungen nach dem Willen des Gesetzgebers dem **Mittelstandsschutz**. Dahinter steht die Überlegung, dass die strukturellen Nachteile mittelständischer Unternehmen gegenüber Großunternehmen durch zwischenbetriebliche Kooperation jedenfalls teilweise kompensiert werden können. Eine Definition des kleinen oder mittleren Unternehmens enthält das GWB nicht; die Kartellbehörden stellen insoweit auf die *relative* Größe der Beteiligten zu anderen Wettbewerbern und nicht auf *absolute* Zahlen (wie in § 35 GWB oder der KMU-Empfehlung K(2003) 1422. § 3 GWB darf nicht dazu führen, dass ein nach europäischem Kartellrecht (Art. 101 AEUV) verbotene Verhaltensweise erlaubt wird, Art. 3 II 1 VO 1/2003. Das bedeutet, dass in Ermangelung einer entsprechenden Regelung im europäischen Kartellrecht, eine Freistellung nur möglich ist, sofern die Zwischenstaatlichkeit verneint wird. Praktisch geht die EU-Kommission aber davon aus, dass KMU- **438**

Vereinbarungen regelmäßig keine Beeinträchtigung des zwischenstaatlichen Handels darstellen.

Voraussetzungen einer Rechtfertigung nach § 3 GWB

1. (horizontale) Wettbewerbsbeschränkung
2. Rationalisierung durch zwischenbetriebliche Zusammenarbeit
3. keine wesentliche Beeinträchtigung des Wettbewerbs auf dem relevanten Markt
4. Verbesserung der Wettbewerbsfähigkeit kleiner oder mittlerer Unternehmen

439 Voraussetzung ist zunächst eine **horizontale Wettbewerbsbeschränkung** („... *miteinander im Wettbewerb stehende Unternehmen* ...“), vertikale Vereinbarungen sind hingegen nur über die Generalklausel des § 2 I GWB zu rechtfertigen.

440 Die Vereinbarung muss die **„zwischenbetriebliche Zusammenarbeit“** zum Gegenstand haben, dies diente nach der alten Fassung der Abgrenzung zu den (nunmehr nur noch über die Generalklausel iVm der entsprechenden Gruppenfreistellungsverordnung zu rechtfertigenden) Spezialisierungskartellen. Diese Zusammenarbeit muss der **„Rationalisierung“** dienen. Dies ist der Fall, wenn sie durch Verbesserung des Kosten-Nutzen-Verhältnisses die wirtschaftliche Effizienz der Beteiligten fördern.

441 Weiterhin darf der Wettbewerb auf dem relevanten Markt **nicht wesentlich beeinträchtigt** werden. Dies ist der Fall, wenn trotz der Kooperation auf dem betroffenen Markt eine ausgewogene Wettbewerbsstruktur bestehen bleibt bzw. gefördert wird. Die Marktanteile sind insofern grundsätzlich ohne Bedeutung, allerdings dürfen die Unternehmen nur 10–15% Marktanteil haben, soweit Gegenstand der Vereinbarung auch die Preisgestaltung ist.

442 Schließlich muss die Vereinbarung dazu dienen, die **Wettbewerbsfähigkeit kleiner oder mittlerer Unternehmen zu verbessern**. Das Gesetz enthält keine Definition dieses Begriffs. Während einerseits auf die für die Fusionskontrolle entscheidenden absoluten Umsatzzahlen abzustellen ist, sollen andererseits die relativen Größenverhältnisse auf dem relevanten Markt entscheidend sein.

443 **Rechtsfolge** von § 3 GWB ist eine Fiktion: Wenn die Voraussetzungen von § 3 GWB vorliegen, wird zwingend angenommen, dass auch die Anforderungen der Generalklausel für die Freistellung (§ 2 I GWB) erfüllt sind. Auch wenn die Voraussetzungen des § 3 GWB nicht erfüllt sind, bleibt eine Freistellung nach § 2 I GWB möglich –

allerdings müssen dann die Voraussetzungen jeweils einzeln geprüft werden.

b) Preisbindung bei Verlagserzeugnissen

Das deutsche Recht kennt eine Preisbindung von Büchern und Zeitschriften bereits **seit 1888**. Praktisch wird dadurch Preiswettbewerb zwischen Buch- bzw. Zeitschriftenhändlern (insb. zwischen kleinen lokalen Buchhandlungen und großen Internetversandhändlern) vollständig ausgeschlossen. Gerechtfertigt wird dies durch die hinreichende Versorgung der Bevölkerung mit dem „Kulturgut Buch" durch Sicherung eines breiten Buchangebots und einer Vielzahl von Verkaufsstellen (ausdrücklich § 1 BuchpreisbindungsG), andererseits mit der Überallerhältlichkeit eines breiten Zeitschriftensortiments. Umfasst sind alle Erzeugnisse, die **traditionell im Buchhandel vertrieben werden** oder hauptsächlich Informations- oder Anleitungsaufgaben erfüllen. Dies gilt auch für andere Medien, soweit sie geeignet und bestimmt sind, Bücher oder Zeitschriften zu ersetzen (§ 30 I 2 GWB, § 2 I Nr. 3 Buchpreisbindungsgesetz). 444

§ 30 I GWB gilt ausdrücklich nur für **Zeitschriften**. Er *erlaubt* eine vertikale Preisbindung seitens der Verlage ggü. den Händlern – begründet aber keine Pflicht, einen einheitlichen Preis festzusetzen. Demgegenüber sieht § 5 I eine zwingende Pflicht vor, einen einheitlichen Festpreis für **Bücher** zu bestimmen. Die Preisbindungspflicht war erforderlich, da eine bloß freiwillige Bindung bei Büchern mit Art. 30 ff. und Art. 101 AEUV unvereinbar wäre. Bei Zeitschriften bestand dieses Problem nicht, da das wirtschaftliche Risiko des Vertriebs aufgrund des Rückgaberechts (**Remissionsrechts**) der Zeitschriftenhändler ohnehin beim Verlag (und nicht beim Kiosk u.ä.) lag. 445

Die Preisbindung betrifft die **gesamte Lieferkette** bis zum Endabnehmer (§ 3 Buchpreisbindungsgesetz, § 30 I GWB). Im Einzelfall kann die Preisbindung wegen Missbrauchs verboten werden (§ 30 III GWB). Das System muss nicht lückenlos sein. 446

Bei **Büchern** gilt die Preisbindung nur bei nationalen Verkaufsvorgängen (§ 4 I Buchpreisbindungsgesetz). Eine Diskriminierung einzelner Buchhändler ist verboten (§ 6 Buchpreisbindungsgesetz), sowohl gegenüber direkt belieferten Direktabnehmern, als auch gegenüber anderen (auch fachfremden) Geschäften. Ausnahmen von der Preisbindungspflicht finden sich in § 7 Buchpreisbindungsgesetz. Rechtsfolge einer Verletzung der Buchpreisbindung ist ein Anspruch auf Schadensersatz und Unterlassung, § 9 Buchpreisbindungsgesetz. 447

3. Einzelfreistellung aufgrund der Generalklausel (§ 2 I GWB, Art. 101 III AEUV)

448 Obwohl Art. 101 III AEUV selbst nach der Reform durch den Vertrag von Lissabon verlangt, dass eine Freistellung „erklärt" wird, gelten Vereinbarungen, die unter Art. 101 I AEUV fallen, aber zusätzlich die Voraussetzungen des Art. 101 III AEUV erfüllen, **automatisch als erlaubt**, ohne dass es einer vorherigen Entscheidung bedarf (**System der Legalausnahme, Art.** 1 II VO 1/2003). Dies bedeutet, dass weder die Kommission noch die deutschen Kartellbehörden eingeschaltet werden müssen, um die Zulässigkeit im Einzelfall zu überprüfen; selbst eine Anzeige ist nicht erforderlich. Die beteiligten Unternehmen sind vielmehr verpflichtet, **selbst zu prüfen**, ob ihre Vereinbarung zulässig oder verboten ist. Eine staatliche Prüfung, ob das Kartell tatsächlich zulässig ist, erfolgt erst im Nachhinein (***ex post*** **Kontrolle**), entweder durch die Kartellbehörden oder im Rahmen eines Zivilprozesses. Dies gilt auch für die Einzelfreistellung aufgrund der Generalklausel.

449 Die **Voraussetzungen** einer Einzelfreistellung werden in Art. 101 III AEUV bzw. § 2 I GWB aufgeführt. Diese (zwei positiven und zwei negativen) Voraussetzungen müssen kumulativ vorliegen. Fehlt auch nur eine der Voraussetzungen, ist die Vereinbarung zu untersagen.

Voraussetzungen einer Freistellung nach Art. 101 III AEUV (§ 2 I GWB)

1. **Effizienzsteigerung:** Die Vereinbarung trägt

   a) zur **Verbesserung der Warenerzeugung oder -verteilung**

   oder

   b) zur Förderung des **technischen oder wirtschaftlichen Fortschritts** bei.

2. Die Verbraucher werden **angemessen an dem durch das Kartell entstehenden Gewinn beteiligt.**
3. Die Vereinbarung erlegt den beteiligten Unternehmen **nur** Beschränkungen auf, die für die Verwirklichung dieser Ziele **unerlässlich** sind (Erforderlichkeit).
4. Die Vereinbarung darf den Beteiligten nicht die Möglichkeit eröffnen, für einen wesentlichen Teil der betreffenden Waren den **Wettbewerb auszuschalten**.

450 Dabei sind nach Auffassung der Kommission auch **Allgemeininteressen** wie Umweltschutz oder Marktzugang zu berücksichtigen. Der

Wortlaut gibt dies nur schwerlich her (denn die Umwelt ist eher nicht der Fortschritt und betrifft auch nicht Warenerzeugung oder -verteilung). Allerdings wäre die Alternative eine völlig freie Abwägung unter einer übergesetzlichen *„Rule of Reason"*, was ebenso wenig überzeugend wäre (→ Rn. 429).

Die Feststellung, ob die Voraussetzungen vorliegen, bereitet naturgemäß **erhebliche Schwierigkeiten**, da die zahlreichen unbestimmten Rechtsbegriffe in § 2 I GWB bzw. Art. 101 III AEUV eine Auslegung erheblich erschweren. Wie der früher angenommene weite Beurteilungsspielraum der Kommission bei der Freistellung, der vom EuGH nur auf Verfahrensfehler, Ermessensmissbrauch oder offenkundige Beurteilungsfehler überprüft werden konnte, auf die beteiligten Unternehmen übertragbar sein soll, ist unklar. Weiterhin droht eine uneinheitliche Anwendung von Art. 101 AEUV durch die Dezentralisierung der Prüfung. **451**

a) Spürbare, objektive Vorteile

Die wichtigste Voraussetzung für eine Freistellung ist das Vorliegen eines Beitrages zur Verbesserung der Warenerzeugung oder -verteilung oder zur Förderung des technischen oder wirtschaftlichen Fortschritts. Dies bedeutet, dass bei einer Abwägung die entstehenden Vorteile für die Verbraucher die mit dem Kartell verbundenen Nachteile **deutlich** überwiegen müssen. Diese müssen für den Binnenmarkt insgesamt eintreten. Die Vorteile können alternativ oder kumulativ in zwei Varianten vorliegen: **452**

– Mit der **„Verbesserung der Warenerzeugung oder -verteilung"** sollen Rationalisierungseffekte erfasst werden. **453**

  Beispiel: Einsparung von Kosten, Verbesserung des Warenangebots, bessere Durchdringung der Märkte; nicht hingegen Erhalt von Arbeitsplätzen oder Schutz der Umwelt

– Die **„Förderung des technischen oder wirtschaftlichen Fortschritts"** betrifft die schnellere Entwicklung oder Durchsetzung neuer Technologien durch gemeinsame Forschung. **454**

b) Angemessene Beteiligung der Verbraucher

Die Verbraucher müssen angemessen an dem mit der wettbewerbsbeschränkenden Maßnahme verbundenen Gewinn beteiligt werden. **„Verbraucher"** sind *alle* tatsächlichen und möglichen Abnehmer des Kartells auf allen Handelsstufen. Dies entspricht nicht dem Begriff des § 13 BGB (bzw. § 2 II UWG). **„Gewinn"** ist jeder mit der wettbewerbsbeschränkenden Maßnahme mit hoher Wahrscheinlichkeit verbundene Vorteil, nicht nur ein bilanziell erfassbarer Vermögensvorteil. **455**

456 Die Beteiligung der Verbraucher an dem Gewinn ist **„angemessen"**, wenn die Vorteile die aus der Vereinbarung resultierenden Nachteile überschreitet oder zumindest kompensiert.

c) Erforderlichkeit

457 Eine Vereinbarung ist trotz der mit ihr verbundenen Vorteile und angemessener Verbraucherbeteiligung dennoch unzulässig, wenn es zur Erreichung des geprüften Ziels (Rationalisierung bzw. Förderung des Fortschritts) **andere**, nicht wettbewerbsbeschränkende Mittel **gleicher Wirkung** gibt (§ 2 I Nr. 1 GWB, Art. 101 III lit. a) AEUV).

d) Keine mögliche Ausschaltung des Wettbewerbs

458 Für keinen der Beteiligten darf die Möglichkeiten zur **Ausschaltung des Wettbewerbs** für einen wesentlichen Teil der betreffenden Waren eröffnet werden. Es muss stets funktionsfähiger Wettbewerb erhalten bleiben, der noch in der Lage ist, eine Steuerungs- und Koordinierungsfunktion zu erfüllen. In keinem Fall darf die Freistellung einer Vereinbarung zur Begründung oder Verstärkung einer marktbeherrschenden Stellung führen. Tendenziell wird man dies bei einem Marktanteil bis zu 30% noch verneinen können, bei 50% wird hingegen jegliche Vereinbarung zur Ausschaltung des Wettbewerbs führen.

D. Durchsetzung

I. Zuständigkeit

459 Die nationalen Kartellbehörden und -gerichte (auch mehrerer Mitgliedstaaten, §§ 50a ff. GWB) sowie die Kommission **kooperieren** bei der Durchsetzung des Kartellrechts (Art. 11–14, 22, 35 VO 1/2003). Soweit ein Verfahren bei der Kommission anhängig ist, verlieren die nationalen Behörden ihre Zuständigkeit. Allerdings leben ihre Kompetenzen wieder auf, soweit die Kommission das Verfahren wegen mangelndem Unionsinteresse einstellt. Nach Art. 11 VI VO 1/2003 hat die Kommission dabei die Befugnis, ein Verfahren, das bereits vor den nationalen Wettbewerbsbehörden eingeleitet wurde, an sich zu ziehen (sog. Evokationsrecht).

1. Zuständigkeiten in Deutschland

460 Das deutsche GWB enthält in §§ 48 ff. GWB Vorschriften über **Kartellbehörden**. Für die Durchsetzung des GWB sind das **Bundeskartellamt** (heute mit Sitz in Bonn, früher in Berlin) sowie die Lan-

deswirtschaftsministerien als **Landeskartellbehörden** zuständig. Die Behörden arbeiten nach § 49 GWB zusammen. Das **BKartA** als selbstständige Bundesoberbehörde ist nur bei länderübergreifenden Wettbewerbsbeschränkungen sowie für die Anwendung der Art. 101, 102 AEUV zuständig (§§ 48 II, 50 I GWB). Im Übrigen sind die Landeswirtschaftsministerien zuständig. Das Bundeswirtschaftsministerium kann im Rahmen der Zusammenschlusskontrolle eine Ministererlaubnis (§ 42 GWB) erteilen. Im Bereich des Kartellverbots und der Missbrauchsaufsicht darf es dem BKartA allgemeine Weisungen erteilen (§ 52 GWB), die im Bundesanzeiger veröffentlicht werden und bestätigt die Geschäftsordnung des BKartA (§ 51 II 2 HS 2 GWB). Um die grundsätzlich justizähnlich ausgestaltete Entscheidungsfindung nicht zu beeinträchtigen, sind Einzelweisungen in laufenden Verfahren hingegen grundsätzlich unzulässig. Die aus fünf Fachleuten bestehende **Monopolkommission** (§ 44 GWB) mit Sitz in Köln ist keine „Kartellbehörde“, weil sie keine Eingriffsrechte, sondern nur beratende Aufgaben hat. Sie erstellt alle zwei Jahre ein „Hauptgutachten“ über die Entwicklung der Unternehmenskonzentration und die Anwendung von §§ 35–43 GWB. Sie kann nach Ermessen oder auf Auftrag der Bundesregierung weitere Gutachten anfertigen, hat aber keine behördlichen Befugnisse gegenüber dem Bürger.

Gegen Verfügungen (letztlich Verwaltungsakte im Sinne des § 35 VwVfG) oder Untätigkeit der Kartellbehörden ist nicht der Verwaltungsrechtsweg (§ 40 I VwGO), sondern nach § 73 IV GWB die **Beschwerde zum Kartellsenat beim OLG Düsseldorf** (bzw. bei den Landeskartellbehörden zu den insoweit zuständigen Oberlandesgerichten) eröffnet (→ Rn. 485). Das OLG ist insofern volle Tatsacheninstanz, es gilt (abweichend vom allgemeinen Zivilprozessrecht!) der Amtsermittlungsgrundsatz (§ 75 GWB). Gegen die Entscheidung des Oberlandesgerichts ist nach Zulassung (§ 77 I, II GWB) oder bei Vorliegen eines absoluten Beschwerdegrundes (§ 77 IV GWB) die Rechtsbeschwerde zum Kartellsenat (§ 94 GWB) beim BGH (§ 77 GWB) zulässig. Der BGH als Rechtsbeschwerdeinstanz überprüft dabei nur die ordnungsgemäße Rechtsanwendung (§ 77 GWB). Über bestimmte Verfügungen des BKartA nach § 19a, § 32a und § 32b GWB entscheidet der BGH im ersten und letzten Rechtszug als Beschwerdegericht (§ 73 V GWB) – das OLG wird also „übersprungen“. **461**

Für **zivilrechtliche Klagen aus dem GWB** sind sachlich ausschließlich die Landgerichte und dort funktionell die Kammern für Handelssachen zuständig (§ 87 GWB), auch soweit kartellrechtliche Fragen nur eine Vorfrage für die Entscheidung bilden (§ 87 S. 2 GWB). Für die Berufung ist insoweit der Kartellsenat beim Oberlan- **462** desgericht zuständig (§ 91 GWB), für die Revision der Kartellsenat beim BGH (§ 94 I Nr. 3 GWB).

2. Zuständigkeiten in Europa

463 **Kartellbehörde** ist primär die EU-Kommission. Daneben sind die Kartellbehörden der Mitgliedstaaten zur Anwendung des EU-Kartellrechts berechtigt und verpflichtet, wenn eine Wettbewerbsbeschränkung ihren Schwerpunkt im Inland hat (Art. 5 VO 1/2003; § 50 GWB). In Deutschland richtet sich dies nach § 50 I GWB nur an das BKartA, das daher auch Ansprechpartner für die Kommission und die Kartellbehörden der anderen Mitgliedstaaten ist (§ 50 II GWB). Die Kommission ist insoweit Spinne im Netz der nationalen Wettbewerbsbehörden der Mitgliedstaaten.

464 **Europäische Kartellgerichte** sind primär das „Gericht" (früher „Gericht erster Instanz (EuG)") und der Gerichtshof (früher „Europäischer Gerichtshof" (EuGH)). Auch insoweit sind aber die jeweiligen Kartellgerichte der Mitgliedstaaten zur Anwendung von EU-Kartellrecht berufen – nämlich, wenn der Ausgangsbescheid von einer nationalen Kartellbehörde ausging.

465 Für **zivilrechtliche Streitigkeiten** (§§ 33, 33a GWB) sind – auch bei Verletzung des EU-Kartellrechts – ausschließlich die Gerichte der Mitgliedstaaten zuständig. Der EuGH kann insoweit nur im Rahmen eines Vorabentscheidungsverfahrens (Art. 267 AEUV) zu einzelnen Rechtsfragen von den Gerichten der Mitgliedstaaten angerufen werden.

II. Staatliche Durchsetzung

466 Anders als im Lauterkeitsrecht werden die Vorschriften zur Verhinderung von Wettbewerbsbeschränkungen und zum Machtmissbrauch **primär durch staatliche Stellen** durchgesetzt. Während früher jede möglicherweise kartellrechtlich relevante Absprache bei den zuständigen Kartellbehörden anzumelden und zu genehmigen war, erfolgt die Prüfung der Zulässigkeit nun durch die Beteiligten selbst – erst bei einem entdeckten Verstoß werden Maßnahmen eingeleitet. Dies führt freilich dazu, dass einerseits starke Ermittlungsbefugnisse erforderlich sind, andererseits ein Anreiz für Kronzeugen zur Anzeige von Kartellverstößen geschaffen werden muss.

1. Maßnahmen und Sanktionen

467 Die deutschen Kartellbehörden können ein missbräuchliches Verhalten oder eine wettbewerbswidrige Absprache durch eine „Abstel-

lungsverfügung“ **untersagen** (§ 32 GWB); eine entsprechende Kompetenzgrundlage für die EU-Kommission findet sich in Art. 7 VO 1/2003. Beide erlauben „*alle erforderlichen Abhilfemaßnahmen verhaltensorientierter oder struktureller Art*“, „*die gegenüber der festgestellten Zuwiderhandlung verhältnismäßig und für eine wirksame Abstellung der Zuwiderhandlung erforderlich sind*“. Als Maßnahme „struktureller“ Art ist dabei die Zerschlagung bzw. Entflechtung gemeint – dies ist explizit nur subsidiär möglich, wenn es entweder keine verhaltensorientierte Maßnahme gibt oder ausnahmsweise die Strukturmaßnahme weniger belastend ist. Weiterhin kann auch festgestellt werden, dass ein inzwischen abgestelltes Verhalten gegen das GWB verstieß (§ 32 III GWB; Art. 7 I 4 VO 1/2003). Im Vorfeld können auch einstweilige Maßnahmen angeordnet werden (§ 32a GWB, Art. 8 VO 1/2003).

Nach der Mitteilung der Verfahrenseinleitung können die betroffe- 468
nen Unternehmen selbst Vorschläge zur Behebung machen. Die Kommission kann diese **Verpflichtungszusagen** für verbindlich erklären und so die Beeinträchtigung abstellen (Art. 9 VO 1/2003). Die Parallelregelung für das BKartA findet sich in § 32b GWB.

Nach Art. 23 VO 1/2003 kann die Kommission bei festgestellten 469
Verstößen **Bußgelder** verhängen. Voraussetzung ist dabei stets, dass ein Verschulden nachgewiesen werden kann, wobei das Verschulden von Mitarbeitern mit Vertretungsmacht zugerechnet werden kann. Zu unterscheiden sind „formelle Verstöße“ (Art. 23 I VO 1/2003) und „materielle Verstöße“ (Art. 23 II VO 1/2003). Im ersteren Fall (Verstoß gegen Auskunfts- und Mitwirkungspflichten nach Art. 17, 18, 20 VO 1/2003) kann bis zu 1% des im vorausgegangenen Geschäftsjahr erzielten Gesamtumsatzes als Bußgeld festgesetzt werden; die Verjährung beträgt 3 Jahre (Art. 25 I lit. a VO 1/2003). Im letzteren Fall (Verstoß gegen Art. 101, 102 AEUV; Missachtung von Verpflichtungszusagen oder einstweiligen Maßnahmen, Art. 8, 9 VO 1/2003 nicht eingehalten) können sogar bis zu 10% des im vorausgegangenen Geschäftsjahr erzielten Gesamtumsatzes festgesetzt werden; die Verjährung beträgt insoweit 5 Jahre (Art. 25 I lit. b VO 1/2003).

Beispiel: Im Jahr 2008 wurde gegen Microsoft ein Bußgeld von rund 899 Mio. Euro verhängt, gegen Intel im Jahr 2009 sogar ein Bußgeld in Höhe von über 1 Mrd. Euro; Spitzenreiter ist bislang Google mit einem Bußgeld von 4,34 Mrd. Euro.

Auch die **deutschen Kartellbehörden** können wegen Verstößen 470
gegen kartellrechtliche Regelungen Bußgelder verhängen (§§ 81a f. GWB). Allerdings knüpfen die §§ 81 ff. GWB im Grundsatz an das existierende Ordnungswidrigkeitenrecht an. Dies bringt eine Reihe von Problemen mit sich, da in Deutschland Geldbußen originär nur gegen

natürliche Personen verhängt werden können (der dann über § 9 OWiG die Eigenschaften des von ihr repräsentierten Verbands zugerechnet werden) – und erst über § 30 OWiG dann eine Zurechnung zur juristischen Person erfolgt. Dies führte vor allem im Hinblick auf die Zurechnung und die Bußgeldhöhe zu erheblichen Unterschieden zum europäischen Recht. Zuletzt in Umsetzung der ECN+-RL 2019/1 hat der deutsche Gesetzgeber versucht, diese Unterschiede durch Sonderregeln in den §§ 81a ff. GWB zu glätten (→ Rn. 265 f.). Darüber hinaus sind in §§ 82–82b besondere Verfahrensvorschriften geregelt – so verfügt die Kartellbehörde auch im gerichtlichen (Einspruchs-)Verfahren über dieselben Befugnisse wie die Staatsanwaltschaft. Ein wesentlicher Unterschied ist aber, dass die Kommission Bußgelder nur gegen die Unternehmen verhängt, die deutschen Behörden aber auch gegen einzelne Organmitglieder vorgehen dürfen.

471 Umstritten ist, inwieweit eine Gesellschaft bei ihren Organmitgliedern nach §§ 43 II GmbHG, 93 II AktG **Regress** nehmen kann. Hiergegen wird vor allem die Abschreckungsfunktion angeführt, die sich gerade gegen das Unternehmen (und die dahinterstehenden Investoren) richtet und nicht gegen die damaligen Organmitglieder persönlich. Zudem wird vielfach die Höhe als unverhältnismäßig empfunden und zumindest eine Vorteilsanrechnung befürwortet. Höchstrichterliche Rechtsprechung zu dieser Frage steht allerdings noch aus.

472 Ein ganz zentrales Mittel zur Aufdeckung von Kartellen sind **Kronzeugenanträge** (§§ 81h–81n GWB; Mitteilung der Kommission über den Erlass und die Ermäßigung von Geldbußen in Kartellsachen 2006/C 298/11). Man schätzt, dass rund 75% der ermittelten Kartelle durch Kronzeugen aufgeklärt wurden. Die entsprechenden Regelungen in den Mitgliedstaaten und auf Ebene der EU-Kommission wurden durch die ECN+-RL 2019/1 weitgehend harmonisiert. Ausgangspunkt ist ein Antrag (§ 81i GWB) bei der zuständigen Behörde, der umfassend das Kartell beschreibt und durch Beweismittel belegt. Wenn der Antragsteller umfassend zur Aufklärung mitwirkt, seine Teilnahme am Kartell beendet und sich kooperativ zeigt (§ 81j GWB), wird er entweder von der Geldbuße befreit (§ 81k GWB) oder die Geldbuße wird zumindest gemindert (§ 81l GWB). Da die Freistellung nur zugunsten des ersten Kronzeugen greift, besteht die Möglichkeit, sich die entsprechende Rangstelle durch einen „Marker" zu sichern (§ 81m GWB) und erst später die Details und Beweismittel nachzureichen. Gem. § 33e I 1 GWB führt ein erfolgreicher Kronzeugenantrag auch zu einer Privilegierung bei der Schadensersatzhaftung (→ Rn. 494).

473 **Zwangsgelder** (Art. 24 VO 1/2003) werden demgegenüber zur Verhinderung weiterer Verstöße festgesetzt, sie haben keine Kompensations- oder Präventionswirkung. Ein Verschulden ist daher nicht erforderlich; freilich muss die Einhaltung der Pflicht rechtlich und tatsächlich möglich sein. Sie können einen Umfang von bis zu 5% des im vorausgegangenen Geschäftsjahr erzielten durchschnittlichen Tagesumsatzes für jeden Tag des Verzugs erreichen. Bei Zuwiderhandlung gegen eine Abstellungsverfügung nach Art. 7 VO 1/2003, eine einstweilige Verfügung oder eine Verpflichtungszusage nach Art. 9 beträgt die Verjährung 5 Jahre (Art. 25 I lit. b VO 1/2003), bei Verstoß gegen Auskunftsverpflichtung oder die angeordnete Duldungspflicht von Nachprüfungen hingegen nur 3 Jahre (Art. 25 I lit. a VO 1/2003). Für das BKartA gilt insoweit das Bundesverwaltungsvollstreckungsgesetz (§ 86a GWB), für die Landeskartellbehörden das Vollstreckungsrecht des jeweiligen Bundeslandes. Allerdings ist auch hier (kartellrechtsspezifisch) ein umsatzabhängiges Zwangsgeld (von bis zu 5% des weltweiten Tagesgesamtumsatzes) vorgesehen (§ 86a S. 2 GWB).

Eine **Strafbarkeit** kommt allenfalls wegen Betruges (§ 263 I StGB) 474
oder wegen „Submissionsbetrug“ im Rahmen von Ausschreibungsverfahren (§ 298 SGV) in Betracht. Dabei kann gegen juristische Personen bzw. Personengesellschaften insoweit eine Geldbuße durch die Kartellbehörde (und nicht die Staatsanwaltschaft) verhängt werden, wenn gleichzeitig auch § 81 I, II Nr. 1, III GWB erfüllt ist.

Eine Besonderheit des deutschen Rechts ist die Möglichkeit zur 475
Gewinnabschöpfung bei vorsätzlichen Verstößen gegen das (deutsche oder europäische) Kartellverbot. Wie im UWG kann nach § 34 GWB der durch das verbotene Kartell erzielte Mehrgewinn zugunsten der Staatskasse abgeschöpft werden – anders als im UWG aber auch auf Anordnung des Kartellamtes (siehe § 34a GWB zur Befugnis von Verbänden). Die Höhe des Vorteils kann dabei nach § 34 IV 1 GWB geschätzt werden. Dabei werden Geldbußen und Verfall angerechnet; eine Härteregelung findet sich in § 34 III GWB. Praktisch wird bereits durch das Bußgeld der Gewinn abgeschöpft, so dass die Regelung praktisch keine Relevanz hat.

Eine ausdrückliche Feststellung, dass eine **Vereinbarung durch** 476
das Kartellrecht *nicht* verboten ist, erfolgt nur bei erheblichem rechtlichem und wirtschaftlichem Interesse bzw. bei entsprechender Ermessensausübung durch die Kartellbehörden (§ 32c GWB; Art. 10 VO 1/2003).

2. Verfahren

Verstöße gegen §§ 1, 19 ff. GWB werden ausschließlich in 477
Deutschland durch das BKartA und die Landeskartellbehörden verfolgt. Maßgeblich sind insoweit die §§ 54–62 GWB.

478 Demgegenüber können Verfahren wegen **Verstößen gegen Art. 101, 102 AEUV** sowohl bei der EU-Kommission als auch vor dem BKartA (aber nicht vor den Landeskartellbehörden) verfolgt werden. Insoweit gelten für das BKartA die bereits erwähnten §§ 54–62 GWB, für die EU-Kommission hingegen die VO 1/2003 sowie die zugehörige DurchführungsVO 773/2004.

a) Deutschland

479 Für das Verfahren vor dem BKartA gelten die Regelungen des **Verwaltungsverfahrensgesetzes des Bundes**, soweit nicht die §§ 54–62 GWB vorrangige Sonderregelungen enthalten. Entsprechend findet für das Verfahren der Landeskartellbehörden das VwVfG des jeweiligen Landes Anwendung. Entscheidungen der Kartellbehörden ergehen stets schriftlich und werden förmlich zugestellt (§ 61 GWB). Zuvor erfolgt regelmäßig (aber nicht zwingend) eine mündliche Verhandlung (§ 56 III GWB).

480 Den Kartellbehörden stehen umfassende **Ermittlungsbefugnisse** zu: § 59 GWB gewährt Auskunftsrechte (und zwar sogar bis Abschluss des gerichtlichen Verfahrens), wobei der „*nemo tenetur*"-Grundsatz zu beachten ist (§ 59 V GWB). Möglich ist nach § 59b GWB eine Durchsuchung aufgrund gerichtlicher Anordnung, nach § 58 I 1 GWB können Beweismittel beschlagnahmt werden, wofür eine gerichtliche Bestätigung innerhalb von drei Tagen erforderlich ist, soweit der Betroffene widerspricht oder abwesend ist (§ 58 II GWB entspricht insoweit § 98 II StPO).

481 Neben demjenigen, der die Einleitung des Verfahrens beantragt hat (§ 54 II Nr. 1 GWB) und denjenigen, gegen die sich das Verfahren richtet (§ 54 II Nr. 2 GWB), können auch weitere Personen durch Beiladung (§ 54 II Nr. 3 GWB) zu **Beteiligten des Verfahrens** werden. Wenn die Entscheidung in die Rechte eines Dritten eingreift, hat dieser einen einklagbaren Anspruch auf Verfahrensbeteiligung (sog. „notwendige Beiladung", § 13 II 2 VwVfG). Erfolgt die Beiladung nicht, darf der Betreffende gegen die Entscheidung selbst dann vorgehen, wenn diese im Verhältnis zu den anderen Verfahrensbeteiligten unanfechtbar ist. Regelmäßig steht hingegen die Beiladung im Ermessen der Behörde (sog. „einfache Beiladung").

b) Europa

482 Auch das Verfahren vor der EU-Kommission kann aufgrund einer Beschwerde oder von Amts wegen eingeleitet werden. Beschwerdebefugt ist nach Art. 7 II VO 1/2003 (iVm Art. 5 ff. VO 773/2004) jede natürliche oder juristische Person, die ein berechtigtes Interesse darlegt. Diese Beschwerde kann ohne Einleitung eines Verfahrens (Art. 2

IV VO 773/2004) zurückgewiesen werden (1) wegen fehlender Beschwerdebefugnis, (2) mangels unionsweiter Bedeutung, (3) mangels hinreichenden Belegs einer Zuwiderhandlung oder (4) weil bereits eine nationale Behörde mit dem Gegenstand befasst war/ist (Art. 13 VO 1/2003). Ohne berechtigtes Interesse kann jeder EU-Mitgliedstaat die Einleitung eines Verfahrens beantragen. Bei Untätigkeit der Kommission besteht die Möglichkeit der Untätigkeitsklage (Art. 265 AEUV). Es gilt anders als im Strafprozessrecht umfassend das Opportunitätsprinzip, d.h. es besteht keine Pflicht zum Einschreiten.

Da die Kommission **unmittelbar** gegenüber Unternehmen in den **483** Mitgliedstaaten tätig wird, werden ihr in Art. 17 VO 1/2003 **Untersuchungsbefugnisse**, in Art. 18 VO 1/2003 ein Auskunftsrecht und in Art. 19 VO 1/2003 das Recht zur Befragung eingeräumt (siehe deren Ausgestaltung durch Art. 3 ff. VO 773/2004).

3. Rechtsweg

Gegen Maßnahmen der EU-Kommission können die unmittelbar **484** und individuell Betroffenen (insbesondere die Adressaten) **Klage beim Gericht der EU** (Art. 263 IV AEUV) erheben; gegen eine nachteilige Entscheidung ist die Revision vor dem Gerichtshof als zweiter Instanz möglich (der die Klage dann wieder an das Gericht zurückverweisen kann).

Gegen Maßnahmen der nationalen Kartellbehörden besteht nach **485** § 73 I 1 GWB die Möglichkeit zur **Beschwerde** (§ 73 IV, V GWB), → Rn. 461. Insoweit gilt Anwaltszwang (§ 64 S. 1 GWB), die Kartellbehörde kann sich durch eines ihrer Mitglieder vertreten lassen (§ 64 S. 2 GWB). Wie in der VwGO gibt es eine Klagefrist als Prozessvoraussetzung – diese beträgt einen Monat ab Zustellung (§ 74 I 1 GWB), die Begründung ist innerhalb von zwei Monaten nach Zustellung einzureichen (§ 74 III 1 GWB). Die notwendigen Kosten werden erstattet, wenn dies der Billigkeit entspricht (§ 71 S. 1 GWB); wobei zwingend demjenigen die Kosten aufzuerlegen sind, der diese durch grobes Verschulden oder ein unbegründetes Rechtsmittel verursacht hat (§ 71 S. 2 GWB). Beteiligt am Gerichtsverfahren sind grundsätzlich neben dem Beschwerdeführer und der Kartellbehörde auch Personen und Personenvereinigungen, deren Interessen durch die Entscheidung erheblich berührt werden und die die Kartellbehörde auf ihren Antrag zu dem Verfahren beigeladen hat (§ 63 GWB, „Kontinuität der Verfahrensbeteiligung“). Eine Beiladung durch das Gericht wie in § 65 I VwGO ist hingegen im GWB nicht vorgesehen. Gegen die Entscheidung ist die Rechtsbeschwerde statthaft (§§ 77, 94 GWB), wenn diese vom OLG zugelassen wurde (§ 77 GWB) oder eine Nichtzulassungsbeschwerde (§ 78 GWB) erfolgreich war. Die Beschwerde hat grundsätzlich keine aufschiebende Wirkung (§ 66 GWB), diese kann aber von dem Beschwerdegericht angeordnet werden (§ 67 III 3, IV 1 GWB). Bei Unsicherheit bei der Auslegung von Art. 101, 102 AEUV können die nationalen Gerichte gem. Art. 267 AEUV Einzelfragen dem Gerichtshof zur Vorabentscheidung vorlegen.

III. Private Durchsetzung

486 In den vergangenen Jahrzehnten hat die **Durchsetzung des Kartellrechts durch nicht staatliche Stellen** (Konkurrenten, Lieferanten, Abnehmer, etc.) stark zugenommen. Ähnlich wie im UWG regeln §§ 33, 33a, 34a GWB hierzu Unterlassungs- und Beseitigungsansprüche, Schadensersatzansprüche und die Möglichkeit der Gewinnabschöpfung durch Verbände. Hierdurch werden die Behörden entlastet und es kann unmittelbar der erlittene Schaden kompensiert werden. Die effektive Durchsetzung des Kartellrechts wird gefördert (EuGH GRUR 2002, 367 – Courage). Praktisch wird nicht nur ein Anreiz zur Meldung von Kartellen gegeben, sondern auch eine deutlich intensivere Abschreckung erreicht. Die zivilrechtlichen Folgen richten sich sowohl bei einem Verstoß gegen §§ 1, 18 ff. GWB sowie bei Zuwiderhandlung gegen Art. 101, 102 AEUV grundsätzlich ausschließlich nach deutschem Recht.

487 Ein Verstoß gegen § 1 GWB als **gesetzliches Verbot** führt nach § 134 BGB zur Unwirksamkeit der Vereinbarung. Bei einem Verstoß gegen Art. 101 AEUV folgt die Unwirksamkeit (*ex tunc*) unmittelbar aus Art. 101 II AEUV; bei einem Verstoß gegen Art. 102 AEUV ist hingegen wieder auf § 134 BGB zurückzugreifen. Aus dem nichtigen Vertrag folgt weder ein Erfüllungsanspruch noch ein Anspruch eines Beteiligten auf Schadensersatz statt der Leistung im Sinne von § 280 I, III BGB. Ausnahmsweise denkbar ist allerdings der Ersatz des Vertrauensschadens nach §§ 280 I, 311 II, 241 II BGB, soweit eine Partei gezielt die Unwissenheit der anderen bei Abschluss der Vereinbarung ausgenutzt hat. Die Rückabwicklung bereits erbrachter Leistungen erfolgt nach Bereicherungsrecht (§§ 812 ff. BGB), insbesondere kann daher die Einrede der Entreicherung (§ 818 III BGB) erhoben werden.

488 Gem. § 139 BGB führt ein Kartellverstoß idR zur **Nichtigkeit der gesamten Vereinbarung**, wenn nicht anzunehmen ist, dass die Parteien die Vereinbarung auch ohne den nichtigen Teil geschlossen hätten, was ggf. durch eine salvatorische Klausel indiziert wird. Bei Personengesellschaften greifen die Grundsätze der fehlerhaften Gesellschaft (Wirksamkeit *ex tunc*, Auflösung *ex nunc*) aufgrund des überwiegenden öffentlichen Interesses nicht ein – kartellrechtswidrige Gesellschaften sind also von Anfang an nichtig. Bei Kapitalgesellschaften sind aufgrund der höheren Selbständigkeit und der Registereintragung hingegen Auflösung und Registerlöschung nach allgemeinen gesellschaftsrechtlichen Regeln erforderlich. Verträge, die der Durchführung, Verstärkung oder Ausdehnung der verbotenen Wettbewerbsbeschränkung dienen (sog. **„Ausführungsverträge"**) sind grundsätzlich ebenfalls nichtig; als Grenze ist auch insoweit § 139 BGB heranzuziehen. Nicht unwirksam sind vom eigentlichen Kartellzweck unabhängige Verträge mit unbeteiligten Dritten (sog. **„Folgeverträge"**). Diese können aber ggf. Schadensersatz (§ 33a GWB) oder Unterlassung (§ 33 I GWB) verlangen.

Beispiel: Marktaufteilung und Kollegenlieferungsvertrag (d.h. die Verabredung untereinander fehlende Waren durch Nachkauf auszugleichen) sind beide unwirksam, da sie sich gegenseitig bedingen.

Anders als nach Art. 101 AEUV folgt die Unwirksamkeit von aufgrund eines **Machtmissbrauchs iSv Art. 102 S. 1 AEUV bzw. § 19 I GWB** erzwungenen Verträgen nicht aus Europarecht, sondern aus § 134 BGB. Ein spiegelbildlich naheliegender Kontrahierungszwang (als Naturalrestitution im Rahmen von § 33a I GWB iVm § 249 I BGB) wird hingegen nur ganz ausnahmsweise bejaht. **489**

Beispiel: Ein Lehrer hatte einen Bauernhof geerbt, und wollte auf diesem (nebenberuflich) Zuckerrüben anbauen. Die EU erlaubt jedoch den Verkauf von Zucker nur im Rahmen fester Quoten pro Mitgliedstaaten. Die Zuckerfabriken entscheiden, wie viele Zuckerrüben sie von den Bauern erwerben. Der Lehrer bot seine Zuckerrüben einer nahegelegenen Zuckerfabrik an, welche jedoch ablehnte, weil die ihr zugeteilte Quote vollständig durch seit über 20 Jahren bewährte Rübenanbauer erfüllt wurden. Der BGH (BGH NJW-RR 1991, 825 – Zuckerrübenanlieferungsrecht) bezweifelte in seiner Entscheidung, dass hier der Nachfragemarkt richtig abgegrenzt wurde (denn es hätte auch andere Fabriken sowie eine Genossenschaft als Abnehmer gegeben, für die nicht festgestellt wurde, dass sie die Rüben nicht abgenommen hätten). Es sei aber sicher nicht richtig, dass „der Kreis der Rübenlieferanten zu einer geschlossenen Gesellschaft werde und weitere Rübenanbauer keinen Zugang zu dem Markt erhalten könnten". Ein Kontrahierungszwang sei jedoch problematisch, da hierdurch der Entscheidungsspielraum der Fabrik unangemessen beeinträchtigt würde – erforderlich sei eine umfassende Abwägung. So sei die Möglichkeit in Betracht zu ziehen, das abhängige Unternehmen in den engeren Kreis der im Einzelfall nach bestimmten objektiven Auswahlkriterien zu berücksichtigenden Anbieter einzubeziehen.

Der zivilrechtliche **Unterlassungsanspruch** (§ 33 I GWB) dient ei- **490**
nem ähnlichen Zweck wie die behördliche Untersagung (Art. 7 VO 1/2003; § 32 GWB). Wie im UWG ist Wiederholungs- oder Erstbegehungsgefahr erforderlich, die Anknüpfung ist rein objektiv. Verschul-

den ist nicht erforderlich. Zu beachten ist, dass die Verbote des § 19a II GWB erst eingreifen, wenn eine entsprechende Verfügung des BKartA erlassen wurde.

Prüfungsschema § 33 GWB

1. Verstoß gegen Art. 101/102 GWB/gegen die Verfügung einer Kartellbehörde
2. Betroffener (= Aktivlegitimation)
3. Passivlegitimation (= Kartellanten)
4. Fortdauern der Beeinträchtigung/Wiederholungsgefahr

491 Nach klassischem deutschem Verständnis dient Schadensersatz eigentlich nur der **Kompensation einer Vermögenseinbuße (§ 249 BGB).** Die verhaltenssteuernde Wirkung (Abschreckung der Schädiger) ist eine allenfalls mittelbar geduldete Nebenfolge. Im Kartellrecht wird der **Schadensersatzanspruch** jedoch gerade umgekehrt primär zu **generalpräventiven Zwecken** instrumentalisiert und die Kompensation als (erwünschte) Begleitfolge erachtet: Aus Sicht des EuGH wäre die praktische Wirksamkeit des Kartellverbots beeinträchtigt, wenn nicht **jedermann** Schadensersatz verlangen könnte (EuGH EuZW 2001, 715 Rn. 26 – *Courage*; EuZW 2006, 529 Rn. 60 – *Manfredi).* Deshalb kann bei einem Verstoß gegen das Kartellverbot jeder, der durch das Kartell geschädigt wurde, also z.B. der Endabnehmer, aber auch der Zwischenhändler, Ersatz des jeweilig entstandenen Schadens verlangen. Deshalb ist der Schadensersatzanspruch sehr weitgehend und erhöht damit die Kurssetzungskraft der gemeinschaftlichen Wettbewerbsregeln. Er trägt wesentlich zur Aufrechterhaltung eines wirksamen Wettbewerbs in der Gemeinschaft bei.

Beispiele: Konkurrenten können Schadensersatz etwa aufgrund einer Absprache verlangen, aufgrund welcher Händler nur Produkte von Kartellbeteiligten anbieten durften und so ihre Produkte nicht verkaufen konnten. **Verbraucher** können aufgrund eines Preiskartells, das zu überhöhten Preisen führt, Schadensersatz verlangen. Selbst den **an der Vereinbarung beteiligten Unternehmen** können Schadensersatzansprüche gegen die Mit-Kartellanten wegen Verstoßes gegen Art. 101 AEUV zustehen (EuGH EuZW 2001, 715 Rn. 17 ff. – Courage). **Boykottierte** sind durch § 21 GWB geschützt, haben aber regelmäßig nur Ansprüche gegen den Verrufer, nicht gegen diejenigen Unternehmen, die sie boykottieren.

Prüfungsschema § 33 a GWB

1. Verstoß gegen § 33 I GWB = Verstoß gegen Art. 101/102 AEUV/Verfügung der Kartellbehörde
2. Verschulden (Vorsatz oder Fahrlässigkeit) der Passivlegitimierten
3. Aktivlegitimation: Betroffener (=jedermann)
4. Schaden des Betroffenen, Berechnung gemäß §§ 249 ff. BGB

Gem. § 33a II 1 GWB wird in Umsetzung von Art. 17 II KartellschadensersatzRL (RL 2014/104) widerleglich vermutet, dass Kartelle einen **Schaden** verursachen. Dabei muss der Schaden nicht unmittelbar durch die Kartellanten entstanden sein, Betroffener kann man insb. auch unter dem sog. **Umbrella-Effekt** (Preisschirmeffekt) sein: Auch die am Kartell nicht beteiligten Konkurrenten lassen sich von den beobachteten hohen Marktpreisen mitziehen und werden tendenziell höhere Preise fordern. In Behinderungsfällen kann der Verlust der betroffenen Unternehmen, insbesondere deren entgangener Gewinn, ersetzt werden. In Ausbeutungsfällen ist eine Nachzahlung bis zur angemessenen Gegenleistung möglich (deren Wert ist gemäß § 287 ZPO zu schätzen). Bei einer Liefersperre kann grundsätzlich nur Unterlassung der Belieferung Dritter verlangt werden. **492**

Die große Zahl der Anspruchsberechtigten kann zu einer Schadenskumulierung führen: Wenn sich etwa Zuckerhersteller verabreden, höhere Preise zu verlangen, ist sowohl der Endverbraucher, der zu teure Kuchen, Schokolade, etc. kauft, anspruchsberechtigt als auch der Bäcker, Konditor, Süßwarenhersteller etc. Damit der Kartellant nicht doppelt zahlen muss, regelt § 33c GWB die sog. **„passing-on-defense“**. Danach kann der Schaden ausnahmsweise nicht ersetzt verlangt werden, wenn der konkrete Preisaufschlag unverändert weitergereicht wurde. Selbstverständlich können dann aber die Marktteilnehmer auf letzter Stufe, die letztlich die Mehrkosten allein und unkompensiert tragen mussten, Ersatz nach § 33a I GWB verlangen. **493**

Die Kartellanten haften nach § 33d GWB als **Gesamtschuldner** – sie müssen Regress im Innenverhältnis suchen. Hier findet sich allerdings eine Privilegierung für Kronzeugen, d.h. die Beteiligten, die ein Kartell aufgedeckt haben: Diese haften nur ihren eigenen Kunden, oder wenn der Schaden durch die anderen Kartellanten nicht gedeckt werden kann (§ 33e I 1 GWB, → Rn. 472). Ein Vergleich wirkt nur zwischen den konkret beteiligten Personen (§ 33f I 1 GWB), allerdings wird Anspruch desjenigen Geschädigten, der sich vergleicht, gegen die **494** anderen um den Anteil derjenigen, die an dem Vergleich teilnehmen gemindert (§ 33f I 2 GWB). Wenn nichts anderes vereinbart ist, lebt die gesamtschuldnerische Haftung für den nicht vom Vergleich umfassten Schaden wieder auf, soweit dieser von den anderen Gesamtschuldnern vollständig ersetzt wird (§ 33f I 3, 4 GWB). Die Verjährung des Anspruchs läuft 5 Jahre und beginnt frühestens mit der Beendigung des Verstoßes (§ 33h GWB) – wichtig ist vor allem die Hemmung durch behördliche Maßnahmen (§ 33h VI GWB).

495 Ähnlich wie im UWG ist eine **Verbandsklage** vorgesehen (§ 33 IV GWB) und zwar wie dort sowohl durch Wirtschaftsverbände (wo man leider versäumt hat, die Voraussetzungen an §§ 8 III Nr. 2, 8b UWG anzupassen, so dass hier nicht die Listeneintragung, sondern das tatsächliche Vorliegen der Voraussetzungen zu prüfen ist) als auch durch Verbraucherschutzverbände. Verbände haben zwar keinen eigenen Schaden iSv § 33a GWB, können aber wie nach § 10 UWG (→ Rn. 92) die kartellrechtswidrig erzielten Gewinne zugunsten der Staatskasse abschöpfen (§ 34a GWB).

496 Ausschließlich sachlich **zuständig** ist (streitwertunabhängig) das Landgericht (§ 87 S. 1 GWB), dort die Kammer für Handelssachen (§ 95 II Nr. 1 GVG), auch wenn es nur um eine kartellrechtliche Vorfrage geht. Dabei können die Länder kartellrechtliche Streitigkeiten bei einem Landgericht konzentrieren, das dann ausschließlich örtlich zuständig ist (§ 95 GWB iVm § 89 GWB). Gegen die Entscheidungen besteht die Möglichkeit zur Berufung (§ 511 ZPO) zum Kartellsenat eines ggf. hiermit speziell betrauten OLG im jeweiligen Bundesland (§§ 91, 92 GWB), hiergegen besteht die Möglichkeit der Revision (§§ 542 ff. ZPO) zum Kartellsenat des BGH (§ 94 GWB). Wie nach § 12 III UWG kann auch nach § 89a GWB eine Streitwertreduktion beantragt werden.

497 §§ 89b, 89c, 89d GWB regeln in Umsetzung von Vorgaben der KartellschadensersatzRL 2014/104/EU **Erleichterungen** gegenüber dem normalerweise geltenden Beibringungsgrundsatz – im Fokus steht hier der Auskunftsanspruch aus § 33g GWB. Dieser erleichtert die Darlegung und den Beweis insoweit, als die jeweilige Gegenpartei bereits bei bloßer Glaubhaftmachung eines Schadensersatzanspruchs zur Auskunft (§ 33g X GWB) und zur Herausgabe von Beweismitteln (§ 33g I GWB für den Geschädigten, § 33g II GWB für den Anspruchsgegner) verpflichtet ist. Die Ausnahmen von dieser Pflicht sind sehr eng gefasst (§ 33g III-VI GWB). Damit wird eine Mitwirkungspflicht zu Gunsten der Gegenpartei begründet, die unserem Zivilprozessrecht weitgehend (siehe aber §§ 138 I, II, 142 f. ZPO) unbekannt ist. Gemäß § 33b GWB sind die Zivilgerichte an Entscheidungen der Kartellbehörde (Bußgelder, Untersagung) **gebunden** (sog. Tatbestandswirkung). Hat diese einen Kartellverstoß festgestellt, so ist er im Zivilprozess zu unterstellen, dies gilt innerhalb des gesamten „Unternehmens“ im kartellrechtlichen Sinne, auch wenn der konkrete Beklagte am Verwaltungsverfahren nicht beteiligt war (→ Rn. 264 ff.). Dies bedeutet in der Praxis, dass sich die Kartellbetroffenen regelmäßig an ein abgeschlossenes Kartellverfahren anhängen, um Unsicherheiten so weit wie möglich zu entgehen. Damit wird freilich in der Praxis der Vorteil der privaten Durchsetzung erheblich vermindert – denn die Privaten werden in der Regel die Kartellbehörde informieren und deren Ermittlungstätigkeit abwarten.

Nach § 90 I 1 GWB sind die Kartellbehörden (zu den Landeskar- **498** tellbehörden siehe § 90 III GWB) über Gerichtsstreitigkeiten, die Kartellrecht betreffen, zu **informieren**. Sie können „zur Wahrung des öffentlichen Interesses“ entweder einen Vertreter zum Verfahren entsenden oder Stellungnahmen (als „*amicus curiae*“) abgeben. Das Gericht kann um Stellungnahmen zur Höhe eines Schadens bitten (§ 90 V GWB). Nach § 90a II 1 GWB kann auch die EU-Kommission Stellungnahmen übermitteln, nach § 90a III 1 GWB darf auch das Gericht aktiv um Stellungnahme bitten.

E. Fusionskontrolle (§§ 35 ff. GWB, FKVO)

Die Kontrolle von Unternehmenszusammenschlüssen ist eine Form **499** der **Marktstrukturkontrolle**. Sie soll die **Konzentration der Verfügungsmacht über unternehmerische Ressourcen** und damit die Entstehung marktbeherrschenden Stellungen als Wettbewerbsgefahr bereits im Vorfeld verhindern. Damit kann man vor allem eine „Entflechtung“ (Zerschlagung) großer Unternehmen als bislang vor allem in den USA relevante härteste Regulierungsmöglichkeit, vermeiden. Es geht aber um Extremfälle: Seit der Einführung der europäischen Fusionskontrolle 1990 wurden nur 27 von ca. 7.000 angemeldeten Fusionen durch die EU-Kommission untersagt.

Beispiel: In den letzten Jahren war etwa über die Übernahme des Wearables Herstellers Fitbit durch Google oder den Zusammenschluss von Fiat Chrysler Automobiles und Peugeot S.A zu entscheiden.

Die Fusionskontrolle ist gegenüber dem Verbot missbräuchlicher **500** Ausübung einer marktbeherrschenden Stellung und dem Verbot wettbewerbsbeschränkender Vereinbarungen auf europäische Ebene eine neue Entwicklung. Weder der EUV noch der AEUV enthalten **Regelungen** zur Fusionskontrolle (vgl. aber Art. 66 EGKS). Auch die Mitgliedstaaten führten ihre nationalen Zusammenschlusskontrollregelungen erst deutlich nach Gründung der EWG ein (in Deutschland etwa erst mit der zweiten GWB-Novelle 1973).

501 Nachdem die EU-Kommission und der EuGH auf Fusionen Art. 101, 102 AEUV anwandten (EuGH NJW 1973, 966 – Continental Can; EuGH NJW 1988, 3083 – BAT und Reynolds), fürchteten die Mitgliedstaaten eine „wilde Kontrolle" von Zusammenschlüssen ohne geordnete Rechtsgrundlage. Daher wurde nach 1973 begonnenen Beratungen schließlich am 21. Dezember 1989 die Fusionskontrollverordnung als zentrale Rechtsgrundlage erlassen. Grund für die langen Verzögerungen war der grundlegende Streit zwischen den Mitgliedstaaten, ob die Zusammenschlusskontrolle eher **„wettbewerblich"** oder **„industriepolitisch"** ausgestaltet werden sollte. Während vor allem Frankreich industriepolitische Aspekte betonte, setzte sich letztlich der deutsche Wunsch nach einer (fast) ausschließlich wettbewerblichen Ausrichtung durch. Die geltende Fassung trat zum 1. Mai 2004 in Kraft.

I. Voraussetzungen (FKVO, §§ 35 ff. GWB)

502 Die Voraussetzungen und das Verfahren der deutschen Fusionskontrolle sind der Fusionskontrollverordnung zwar angenähert, weisen aber Unterschiede im Einzelnen auf. Sowohl nach den §§ 35 ff. GWB als auch nach der Fusionskontrollverordnung ist zweistufig zwischen den **Aufgreifkriterien** (welche den Anwendungsbereich der Fusionskontrolle festlegen) und den **Eingreifkriterien** (aufgrund derer ein Zusammenschluss im Einzelfall untersagt wird) zu unterscheiden.

Prüfung der Fusionskontrolle

1. Aufgreifkriterien
   a) Zusammenschluss
   b) Umsatzschwellen
2. Eingreifkriterien
   a) SIEC-Test
   b) Marktbeherrschende Stellung (Regelfall)
3. Ausnahmen (deutsches Recht)
   a) Abwägungsklausel
   b) Ministererlaubnis

1. Aufgreifkriterien (Art. 1 FKVO, § 35 GWB)

Erst wenn die **Aufgreifkriterien** (§ 35 GWB; Art. 1 FKVO) vorliegen, befassen sich das BKartA bzw. die EU-Kommission überhaupt mit dem Zusammenschluss. § 35 GWB und Art. 1 FKVO regeln insofern den **Anwendungsbereich** der Regelungen über die Fusionskontrolle: **503**

a) Zusammenschluss (Art. 3 FKVO, § 37 GWB)

Für eine **Zusammenschluss**kontrolle muss natürlich zunächst einmal ein zu kontrollierender **Zusammenschluss** vorliegen. Art. 3 FKVO und § 37 GWB enthalten insofern **abschließende** Auflistungen der Zusammenschlusstatbestände. Entscheidendes Merkmal ist dabei, dass die Veränderung der Struktur der beteiligten Unternehmen **dauerhaft** und nicht nur vorübergehend ist. Im Vergleich dazu greift die deutsche Kontrolle **früher**, da bereits ein Minderheitserwerb von 25% genügt (§ 37 Nr. 3 GWB) und die Generalklausel des § 37 Nr. 4 GWB sogar jeden „wettbewerblich erheblichen Einfluss" als Zusammenschluss fingiert. Letztlich werden jedoch die meisten Fälle einen Kontrollerwerb darstellen, der sowohl auf europäischer als auch auf nationaler Ebene einen Zusammenschluss darstellt. **504**

aa) Europarecht (Art. 3 I FKVO)

Im europäischen Recht sind zwei verschiedene Varianten des Zusammenschlusses zu unterscheiden (Art. 3 FKVO): **505**

- Eine **„Fusion"** iSv. Art. 3 I lit a FKVO liegt in jedem Fall bei einer umwandlungsrechtlichen Verschmelzung (§ 2 UmwG; Art. 89, 90 GesellschaftsrechtsRL 2017/1132) durch Neugründung oder Aufnahme vor (rechtliche Fusion). Dabei gehen alle Vermögenswerte kraft Gesamtrechtsnachfolge auf den neuen Rechtsträger über; mindestens einer der Beteiligten hört auf zu Existieren. Erfasst ist aber auch eine bloß wirtschaftliche Fusion. Darunter versteht die EU-Kommission jede Vereinbarung, die zur Entstehung einer wirtschaftlichen Einheit führt. Dies betrifft insbesondere Unternehmensverträge im Sinne von §§ 291 ff. AktG; in Betracht kommt aber auch ein *Asset Deal*, bei dem von einem Unternehmen nur noch eine leere Hülle verbleibt. Praktisch sind diese Fälle sehr selten (5% der Anmeldungen). **506**
- **„Kontrollerlangung"** iSv. Art. 3 I lit. b FKVO bedeutet, dass die unmittelbare oder mittelbare Entscheidungsbefugnis über die Gesamtheit oder über Teile eines oder mehrerer anderer Unternehmen erworben wird (Art. 3 II FKVO); es handelt sich insoweit um ein Minus zur Fusion. Dies kann insbesondere dann geschehen, wenn **507**

dadurch Stimmrechtsmehrheit entsteht, wesentliche Vermögensbestandteile erworben werden, besondere Zusatzrechte bei einer Minderheitsbeteiligung bestehen oder sonstige Mittel, wie z.B. personelle Verflechtungen hinzukommen. Praktisch geht es dabei vor allem um Stimmrechte (Stichwort: „Share Deal") – die dadurch entstehende Kontrolle kann aber durch vertragliche Vereinbarungen (Entherrschungsverträge) oder faktische Umstände (Hauptversammlungspräsenz bei börsennotierten Gesellschaften) höher oder niedriger angesetzt werden. Bei einem *Asset Deal* gibt es insoweit große Gemeinsamkeiten mit der Fusion iSv Art. 3 I lit. a GKVO. Soweit Art. 3 II lit. b FKVO ausdrücklich Verträge erwähnt, geht es dabei insb. um Beherrschungsverträge iSv § 291 AktG. Bei Kontrolle „in sonstiger Weise" geht es um eine wirtschaftliche Abhängigkeit (etwa von einem zentralen Lieferanten).

bb) Deutsches Recht (§ 37 I GWB)

508 Ausgangstatbestand im deutschen Recht ist der **„Vermögenserwerb"** (§ 37 I Nr. 1 GWB). Dieser setzt einen faktischen Marktaustritt des Veräußerers voraus, der entsprechend zu einem Marktmachtzuwachs (bzw. zu einem erstmaligen Markteintritt) des Erwerbs geführt hat. Wichtigster Fall des Vermögenserwerbs ist damit (wie bei der Fusion iSv Art. 3 I lit. a FKVO) die Verschmelzung iSv§ 2 UmwG (welches u.a. Art. 89, 90 GesellschaftsrechtsRL 2019/1 umsetzt); möglich sind aber auch eine Auf- oder Abspaltung zur Aufnahme (§ 123 I Nr. 1, II Nr. 1 UmwG) oder ein schlichter *Asset Deal*, bei dem die wesentlichen Vermögensgegenstände (wozu sogar nur eine einzige Marke gehören kann, vgl. BGH NJW 1993, 264 – Warenzeichenerwerb) einzeln übertragen werden. Was ein **„wesentlicher"** Vermögensteil im Sinne von § 37 I Nr. 1 GWB ist, kann entweder quantitativ (80–90%) oder qualitativ bestimmt werden. Maßgeblich ist, dass die Marktposition des Erwerbers durch den zusätzlichen Vermögensgegenstand signifikant verändert wird.

509 Der **„Kontrollerwerb"** (§ 37 I Nr. 2 GWB) wurde im deutschen Recht als Generalklausel ergänzt, um diejenigen Fälle zu erfassen, die in der europäischen Fusionskontrolle nach Art. 3 I lit. b FKVO als Zusammenschluss gelten und nicht durch die anderen beiden Varianten des § 37 I GWB erfasst sind. Voraussetzung ist ein bestimmender Einfluss auf das andere Unternehmen, wodurch dieses nicht mehr als eigenständige (autonome) Einheit am Markt teilnehmen kann (sondern jedenfalls auf dem betroffenen Markt ausschließlich fremdbestimmt agiert). Da § 37 I Nr. 1 GWB nur für „wesentliche" Vermögensteile gilt, muss dies auch für § 37 I Nr. 2 GWB gelten, um Widersprüche zu vermeiden.

Scheinbar sehr leicht zu prüfen ist der **„Anteilserwerb"** (§ 37 I Nr. 3 GWB): Wer die dort genannten Schwellen überschreiten würde, muss stets den Zusammenschluss vorab anmelden. Um wie viel der Schwellenwert überschritten wird, ist nicht relevant – wer von 0% auf 30% einsteigt wird ebenso behandelt wie derjenige, der unmittelbar 99% der Aktien kauft. Irrelevant ist, ob der Erwerb kraft Rechtsgeschäfts oder kraft Gesetzes (etwa durch gesetzliche Erbfolge, Einziehung von GmbH-Geschäftsanteilen iSv §§ 21, 34 GmbHG oder Anwachsung in den Personengesellschaften) erfolgt. Konsequent regeln § 37 I Nr. 3 S. 2, S. 3 GWB die Zurechnung fremder Anteile, um Umgehungen durch Strohleute zu verhindern. **510**

Schließlich enthält das deutsche Recht mit § 37 I Nr. 4 GWB einen Auffangtatbestand – die **„sonstige Verbindung"** – diese soll jede auch nur indirekte Einflussnahme erfassen. Da noch nicht einmal 25% der Stimmrechte vorhanden sein müssen (sonst läge bereits ein Anteilserwerb vor) sind erhebliche Plusfaktoren (Organidentität, Entsenderechte in den Aufsichtsrat) erforderlich. **511**

cc) Gemeinschaftsunternehmen (Art. 3 IV FKVO)

„Gemeinschaftsunternehmen" sind Unternehmen, die der gemeinsamen Kontrolle durch mindestens zwei andere Unternehmen im Sinne von Art. 3 I lit. b FKVO, § 37 I Nr. 2 GWB unterliegen und ihrerseits eigene Zwecke verfolgen (**„joint ventures"**). Im deutschen Recht befreit die Genehmigung eines Zusammenschlusses nach §§ 35 ff. GWB nicht von den Anforderungen des Kartellverbots (sog. **Zweischrankentheorie,** → Rn. 416). Im Hinblick auf das europäische Kartellverbot des Art. 101 AEUV ist diese Zurückhaltung des deutschen Rechts selbstverständlich – denn das nationale Kartellrecht kann nicht das vorrangige europäische Primärrecht verdrängen. Über den durch die gemeinsame Tochter unmittelbar betroffenen Bereich hinaus werden die Muttergesellschaften ggf. auch darüber hinaus zu einer parallelen Ausrichtung ihrer Tätigkeiten neigen („Spillover-Effekt") – so dass entsprechende Gemeinschaftsunternehmen grds. vorsichtig zu begutachten sind. Etwa die Hälfte aller bei der EU-Kommission angemeldeten Zusammenschlüsse sind derartige Gemeinschaftsunternehmen. **512**

Der europäischen Fusionskontrolle unterliegen nur Gemeinschaftsunternehmen, die auf Dauer alle Funktionen einer selbständigen wirtschaftlichen Einheit erfüllen (sog. **„Vollfunktionsgemeinschaftsunternehmen"**, Art. 3 IV FKVO). Hierzu müssen sie als selbstständige Anbieter und Nachfrager am Markt auftreten und die für ihre Tätigkeit erforderlichen Ressourcen aufweisen – in Abgrenzung zu rein internen Betriebseinheiten (etwa bei Forschung und Entwicklung). Soweit ein **513**

Gemeinschaftsunternehmen ohne eigenen Zugang zum Markt nur derartige Hilfsfunktionen wahrnimmt, greift ausschließlich die Kontrolle am Maßstab von § 1 GWB, Art. 101 I AEUV. Es sind zwei Typen von Gemeinschaftsunternehmen zu unterscheiden:

514 – Bei **kooperativen Gemeinschaftsunternehmen** wird durch die Gründung eine **Abstimmung des Verhaltens** der weiterhin auf diesem Markt aktiven Gründer bezweckt oder bewirkt. Eine solche Koordinierung liegt jedenfalls dann **nicht vor**, wenn die Gründer nicht im Bereich der Gemeinschaftsunternehmens tätig sind. Sind die Gründer und das Gemeinschaftsunternehmen umgekehrt im selben Markt tätig, liegt im Zweifel eine Koordinierung vor.

515 – Bei **konzentrativen Gemeinschaftsunternehmen** haben die Gründer keine Aktivitäten (mehr) auf dem Geschäftsfeld des Gemeinschaftsunternehmens. Es liegt gerade keine wettbewerbsbeschränkende Vereinbarung im Sinne von Art. 101 I AEUV, § 1 GWB vor. Vielmehr ist Prüfungsmaßstab ausschließlich die Fusionskontrolle.

516 Für das deutsche Kartellrecht regelt § 37 I Nr. 3 S. 3 GWB eine **Fiktion** der Teilfusion der Muttergesellschaften einer Gesellschaft. Diese gilt unabhängig davon, ob es sich um ein kooperatives oder ein konzentratives Gemeinschaftsunternehmen handelt. Praktisch hat diese Regelung vor allem bei der Ermittlung des Umsatzes nach § 35 GWB Bedeutung. Rechtlich liegen also drei Zusammenschlüsse vor: Einerseits (**horizontal**) zwischen den Müttern, andererseits (**vertikal**) zwischen jeder Mutter und der gemeinsamen Tochter. Selbstverständlich gilt diese Fiktion nur für den Markt, auf dem das Gemeinschaftsunternehmen tätig ist. Diese Fiktion betrifft aber gerade nicht den Kontrollerwerb (Nr. 2), sondern nur den Anteilserwerb (Nr. 3); gegen eine Analogie spricht bereits die Systematik des Gesetzes. Erforderlich ist insoweit also nicht der „Kontrollerwerb“, sondern der Erwerb von 25% bzw. 50% der Stimmen oder Anteile.

dd) Ausnahmen (§ 37 III GWB, Art. 3 V a FKVO)

517 § 37 III GWB und Art. 3 V a FKVO privilegieren unter bestimmten Umständen **Kredit- und Finanzinstitute sowie Versicherungen**. Die Regelungen sollen verhindern, dass jede Übernahme junger Aktien bei der Gründung oder Kapitalerhöhungen einer Fusionskontrolle unterworfen werden. Allerdings dürfen die **Stimmrechte** aus den Anteilen nicht ausgeübt werden und die **Veräußerung** muss innerhalb eines Jahres erfolgen.

518 Privilegiert sind darüber hinaus Fälle, in denen ein **Träger eines öffentlichen Mandats** (z.B. ein Insolvenzverwalter) aufgrund des nationalen Insolvenzrechts, nach nationalem Liquidationsrecht oder in sonstiger Eigenschaft die Kontrolle übernimmt (Art. 3 V b FKVO).

Schließlich ist der Kontrollerwerb durch Beteiligungsgesellschaften privilegiert (Art. 3 V c FKVO), sofern die Stimmrechte nicht zur Kontrolle des Wettbewerbsverhaltens genutzt werden, sondern nur zum Erhalt des vollen Wertes der Investition.

b) Umsatzschwellen (§ 35 GWB/Art. 1 FKVO)

Der Zusammenschluss muss bestimmte **Umsatzschwellen** überschreiten (§ 35 I, Ia GWB). Die europäische Fusionskontrolle kann darüber hinaus trotz Unterschreiten der insoweit geltenden Schwellen eingreifen, soweit ein Antrag nach Art. 4 V FKVO gestellt wird, dem kein betroffener Mitgliedstaat widerspricht. 519

1. Die **niedrigste Schwelle** findet sich in § 35 Ia GWB. Danach genügt es, dass alle beteiligten Unternehmen insgesamt weltweit Umsätze von 500 Mio. Euro erzielt haben, eines der beteiligten Unternehmen mehr als 50 Mio. Euro Umsatz im Inland erzielt hat und die anderen beteiligten Unternehmen nicht mehr als 17, 5 Mio. Euro Umsatz im Inland erzielen. Zusätzlich muss aber für den Erwerb eine Gegenleistung von über 400 Mio. Euro gezahlt werden (§ 35 Ia Nr. 3 GWB) und das Zielunternehmen in erheblichem Umfang im Inland tätig sein (§ 35 Ia Nr. 4 GWB). Damit sollen innovative **Startups** vor einer Übernahme geschützt werden. 520

2. Die **„normale" Umsatzschwelle** des deutschen Fusionskontrollrechts (§ 35 I GWB) ist demgegenüber in Bezug auf die anderen beteiligten Unternehmen höher: Zwar müssen wiederum weltweit Umsätze von über 500 Mio. Euro erzielt werden. Jedoch muss mindestens ein Unternehmen mehr als 50 Mio. Umsatz in Deutschland erzielen und mindestens ein anderes Unternehmen mehr als 17, 5 Mio. Euro. 521

3. Die Umsatzschwelle nach Art. **1 III FKVO** verlangt einen (a) weltweiten Gesamtumsatz von über 2,5 Mrd. Euro, von denen wiederum (b) in mindestens drei Mitgliedstaaten jeweils über 100 Mio. erreicht wurden und (c) in jedem von mindestens drei dieser Staaten der Gesamtumsatz von mindestens zwei Unternehmen bei je mehr als 25 Mio. Euro liegt und (d) der gemeinschaftsweite Gesamtumsatz von mindestens zwei beteiligten Unternehmen über 100 Mio. Euro liegt und die Unternehmen in mindestens drei Mitgliedstaaten in erheblichem Umfang tätig sind. Sie dürfen daher nicht 2/3 ihres gemeinschaftsweiten Gesamtumsatzes in demselben Mitgliedstaat erzielen (Art. 1 III, 2. HS FKVO). Hierdurch soll eine Belastung durch mehrere parallele Kontrollverfahren vor den Behörden verschiedener Staaten vermieden werden. 522

4. Der **Normalfall der europäischen Fusionskontrolle** findet sich schließlich in Art. 1 II FKVO. Danach ist (a) ein weltweiter Gesamtumsatz von 5 Mrd. Euro und (b) ein gemeinschaftsweiter Gesamtum- 523

satz von mindestens zwei beteiligten Unternehmen von je mehr als 250 Mio. Euro erforderlich. Ausgenommen sind Fälle mit überwiegend nationaler Bedeutung, was sich dadurch äußern muss, dass jeweils mehr als 2/3 des gemeinschaftsweiten Umsatzes in demselben Mitgliedstaat erzielt werden (Art. 1 II, 2. HS FKVO).

524 Im **deutschen Recht** (§ 38 GWB) sind die Umsatzerlöse im Sinne des HGB, d.h. Erlöse aus Verkauf, Vermietung oder Verpachtung oder für typische Dienstleistungen nach Abzug von Erlösschmälerungen und Umsatzsteuer (§ 277 I HGB) maßgeblich. Bei Fusionen im Medienbereich sind alle Umsätze mit acht zu multiplizieren (§ 38 III GWB). Es geht also um einen gemeinsamen weltweiten Umsatz von „nur" 62,5 Mio. Euro und 3,125 Mio. Euro bzw. 625.000 Euro im Inland. Privilegiert ist hingegen der Handel mit Waren – dort sind nur ¾ der Umsatzerlöse in Ansatz zu bringen (§ 38 II GWB). Dahinter steht die Überlegung, dass der Umsatz im Handel die Bedeutung für den Markt nur unvollständig widerspiegelt.

525 Im **europäischen Recht** sind nach Art. 5 FKVO ebenfalls alle Umsätze zusammenzuzählen und Erlösschmälerungen, Mehrwertsteuer und andere umsatzbezogene Steuern (Tabaksteuer, etc.) abzuziehen. Berücksichtigt werden auch die Umsätze von anderen Unternehmen, auf die bestimmender Einfluss genommen werden kann. Zur Konkretisierung hat die EU-Kommission eine erläuternde Mitteilung erlassen. Eine Herabsetzung oder Heraufsetzung des Wertes durch Multiplikation ist hier nicht vorgesehen.

526 Bei einem **Teilerwerb** ist nach § 38 V 1 GWB bzw. Art. 5 II FKVO selbstverständlich nur der Umsatz des veräußerten Teils maßgeblich.

527 § 35 III GWB regelt das **Verhältnis des GWB zur FKVO**: Soweit die Umsatzschwellen des Art. 1 FKVO erreicht sind („gemeinschaftsweite Bedeutung") sind die §§ 35 ff. GWB nicht mehr anzuwenden. Daher ist es in der Klausur sinnvoll, erst die Anwendbarkeit der FKVO zu prüfen, und erst dann diejenige der §§ 35 ff. GWB.

2. Eingreifkriterien (§ 36 GWB, Art. 2 FKVO)

528 Die **Eingreifkriterien** (§ 36 GWB, Art. 2 FKVO) bestimmen, ob ein Zusammenschluss im Einzelfall untersagt wird. Es handelt sich also um die materiellen Voraussetzungen, die das BKartA bzw. die EU-Kommission prüfen.

529 Unzulässig ist ein Zusammenschluss nach dem sowohl im deutschen als auch im europäischen Recht geltenden **SIEC-Test** („*Significant Impediment to Effective Competition*"), wenn „wirksamer Wettbewerb im Gemeinsamen Markt oder in einem wesentlichen Teil desselben erheblich behindert würde" (§ 36 I 1 GWB, Art. 2 III FKVO, → Rn. 535).

Praktisch besser handhabbar ist der als Regelbeispiel („insbesondere") gekennzeichnete Marktmachttest („Begründung oder Verstärkung einer beherrschenden Stellung").

a) Regelbeispiel: Marktbeherrschende Stellung

Was eine marktbeherrschende Stellung ist, wird genauso **wie beim Missbrauchsverbot** beurteilt: Entweder das durch den Zusammenschluss entstehende Unternehmen ist bereits als solches (einzel-)marktbeherrschend (→ Rn. 301 ff.) oder es entsteht durch die Fusion ein Oligopol mehrerer Unternehmen, die jeweils eine (kollektiv-)marktbeherrschende Stellung einnehmen (→ Rn. 295, 305). Für das deutsche Recht kann daher auf die Kriterien von § 18 III, IIIa GWB (→ Rn. 306 ff.) sowie die Vermutungen nach § 18 IV, VI GWB → Rn. 309 ff.) zurückgegriffen werden. Entscheidend ist die Situation *nach* dem vollzogenen Zusammenschluss (fiktive *ex post* Situation), während bei § 19 GWB und Art. 102 AEUV die Lage im Zeitpunkt der Missbrauchshandlung (tatsächliche *ex ante* Situation) maßgeblich ist. Die Prognose muss alle Aspekte der beteiligten Unternehmen und des konkreten Marktes berücksichtigen. Dabei wird der zu prognostizierende Zeitraum auf 3–5 Jahre begrenzt, da die weitere Zukunft kaum vorhersehbar ist. **530**

Beispiel: Eine kollektive Marktbeherrschung droht insbesondere, wenn durch den Zusammenschluss ein bislang besonders dynamischer Wettbewerber (sog. „Maverick") vom Markt verschwindet (der durch Innovationen oder aggressive Preissetzung bislang hinreichenden Außenwettbewerb unter den Oligopolisten gewährleistete).

Auf hochkonzentrierten Märkten können bereits kleinste Veränderungen der Marktanteile den noch vorhandenen Wettbewerb gefährden. Zur Ermittlung der Marktkonzentration wird traditionell der so genannte **Herfindahl-Hirschman-Index** herangezogen. Dabei handelt es sich um einen Wert zwischen 0 (= bislang nicht existenter Markt bzw. unüberschaubare Streuung) und 10.000 (= Monopol), der die Marktkonzentration angibt. Hierzu werden (nur) die Marktanteile der 50 größten Unternehmen (bzw. wenn es weniger als 50 Beteiligte auf dem Markt gibt, nur diese) in Prozent mit sich selbst multipliziert und dann addiert. **531**

Beispiel: Auf einem Markt sind nur 5 Anbieter tätig. a) Jede Firma hat einen Marktanteil von 20%. Der HHI würde dann $20^2+20^2+20^2+20^2+20^2$ betragen (also 2.400). Das ist der niedrigst mögliche Wert bei nur 5 Marktteilnehmern (!). b) Eine Firma produziert 80%, die anderen nur jeweils 5%. Der HHI betrüge dann $80^2+5^2+5^2+5^2+5^2$ (also 6.500).

532 Nach Ziff. 19 der **Leitlinien zur Bewertung horizontaler Zusammenschlüsse** (2004/C 31/03) hat die EU-Kommission bei einem HHI von unter 1.000 **nach** dem Zusammenschluss regelmäßig keine wettbewerblichen Bedenken (das bedeutet freilich, dass mindestens 10 Teilnehmer am Markt beteiligt sein müssen). Im Übrigen (Ziff. 20 der Leitlinien) wird aber stets auch die Größe der Veränderung (Deltawert) untersucht: Bei einer Konzentration im Bereich zwischen 1.000 und 2.000 ist eine Veränderung von weniger als 250 unbedenklich, bei einer Konzentration von über 2.000 sind meist nur Änderungen von 150 akzeptabel (wobei natürlich dort besondere Umstände schnell bejaht werden). Der Wert von 1.000 ist dabei schnell erreicht (sobald einer einen Marktanteil von 25% hat, steigert es den HHI bereits um 25·25=625). In der Praxis ist die HHI-Prüfung freilich auf dem Rückzug – dazu wird auf neuere ökonomische Erkenntnisse und vor allem auf die durch den HHI nicht abgebildeten nicht koordinierten Wirkungen (Ziff. 24–26 der Leitlinien) verwiesen.

533 Die Fusion ist nicht nur zu untersagen, wenn eine marktbeherrschende Stellung erstmalig (zugunsten des betreffenden Unternehmens) begründet wird, sondern auch dann, wenn sich dessen **marktbeherrschende Position weiter verstärkt**. Ansonsten wäre ein bereits weitgehend verhärteter Markt quasi auf ewig zementiert, da der Marktbeherrscher seine Position beliebig weiter ausbauen könnte. Irrelevant ist, ob diese Verstärkung „erheblich" ist (BGH GRUR 2021, 1555 – CTS Eventim/Four Artists) oder wie groß der Markt ist. Ebenso muss es nicht notwendig zu einer messbaren Erhöhung des Marktanteils kommen. Es genügt auch die bloße Abschreckung oder Schwächung von Wettbewerbern. Allerdings ist diese weite Auslegung des „Verstärkens" zu einer Zeit entwickelt worden, als es das weitergehende Kriterium des SIEC-Tests noch nicht gab. Insoweit liegt es nahe, dies unter die Generalklausel (→ Rn. 535 ff.) und nicht unter das Regelbeispiel zu subsumieren. In diesem Rahmen dürfte jede (auch geringfügige) Verstärkung einer bereits vorhandenen marktbeherrschenden Stellung „erheblich" im Sinne des SIEC-Tests sein, denn es gilt den letzten Funken freien Wettbewerbs soweit möglich zu erhalten.

534 Bei **horizontalen Zusammenschlüssen** unter Konkurrenten werden die Marktanteile der beteiligten Unternehmen schlicht addiert. Im Einzelfall kann es aber sein, dass der dabei ermittelte Wert zu hoch ist – etwa weil ein Teil der Abnehmer aus Angst vor Abhängigkeit auf einen dritten Anbieter ausweicht. Bei **vertikalen Zusammenschlüssen** (zwischen Abnehmer und Lieferant) geht es um den Zugang zu den Beschaffungs- und Absatzmärkten (§ 18 III Nr. 3 GWB): Es ist davon auszugehen, dass das integrierte Unternehmen seine Konkurrenten nicht mehr so wie vorher beliefert, so dass diese höhere Kosten haben

und damit auch höhere Preise verlangen müssen. Schließlich steht bei **konglomeraten Zusammenschlüssen** (zwischen verschiedenen Märkten) die Steigerung der Finanzkraft (§ 18 III Nr. 2 GWB) und die Nutzung möglicher Synergieeffekte (bei einer Produktnähe der beteiligten Unternehmen) im Vordergrund. Hier ist denkbar, dass Produkte gebündelt werden und so ein Markt zum Erliegen kommt oder bestimmte Substitute als ungeeignet wegfallen. Im Regelfall wird bei einem konglomeraten Zusammenschluss aber keine Wettbewerbsbeeinträchtigung auftreten.

b) Generalklausel: erhebliche Behinderung wirksamen Wettbewerbs

In den bereits unter die Begründung einer marktbeherrschenden Stellung fallenden Konstellationen kollektiver Marktbeherrschung erfolgt eine stillschweigende Koordinierung des Verhaltens innerhalb des Oligopols – man spricht insoweit von den **„koordinierten" Effekten** des Zusammenschlusses. Ein Zusammenschluss zwischen zwei bislang besonders intensiv konkurrierenden Unternehmen kann den Wettbewerb aber auch gefährden, wenn dadurch weder Einzel- noch Kollektivmarktbeherrschung (→ Rn. 530) begründet bzw. verstärkt wird (sog. „Heinz-Beechnut"-Konstellation). Soweit aus Sicht der Marktgegenseite nur die am Zusammenschluss beteiligten Unternehmen unmittelbar und vollständig austauschbar waren („engste Wettbewerber"), werden die Abnehmer nämlich nicht vollständig auf die noch verbleibenden Marktteilnehmer ausweichen können oder wollen. 535

Beispiel: Bei einem Zusammenschluss von Vodafone und O2 wäre die Telekom für viele Kunden aus dem günstigen Preissegment keine echte Alternative – solange also die Preise des neuen, zusammengeschlossenen Anbieters unter denen der Telekom bleiben, könnte dieser die Preise erhöhen. Bei einem Zusammenschluss der Telekom mit Vodafone bestünde diese Gefahr hingegen nicht – hier würde weiterhin O2 als valide Ausweichoption verbleiben; bei einem Zusammenschluss der Telekom mit O2 würde die Telekom eine stärkere Konkurrenz für Vodafone im Low Budget-Bereich bilden.

Während daher die am Zusammenschluss beteiligten Unternehmen vor der Fusion vor allem befürchten mussten, bei Preiserhöhungen Kunden an den jeweils anderen Teil zu verlieren, gibt der danach weggefallene Konkurrenzdruck einen Anreiz für einseitige Preiserhöhungen, die unabhängig vom Verhalten der verbleibenden Konkurrenz erfolgen (sog. **„unilaterale" bzw. „nicht koordinierte" Effekte**). Ein derartiges Verhalten des zusammengeschlossenen Unternehmens (Erstrundeneffekte) wird dann ggf. auch die am Zusammenschluss beteiligten Unternehmen zu entsprechenden Verhaltensänderungen veranlassen, ohne dass dabei die Voraussetzungen für eine gemeinsame 536

Marktbeherrschung vorliegen (sog. Zweitrundeneffekte). Diese Konstellationen soll auf europäischer Ebene seit 2004 und im deutschen Recht seit 2013 die Generalklausel der „erheblichen Behinderung wirksamen Wettbewerbs“ (**SIEC-Test** („*Significant Impediment to Effective Competition*“), erfassen. In der Behördenpraxis ist dies freilich mit erheblicher Unsicherheit verbunden; entsprechend unklar sind auch die Ziffern 24–38 der Leitlinien zur Bewertung horizontaler Zusammenschlüsse (2004/C 31/03) formuliert. Das EuG hat insoweit zuletzt gefordert, dass kumulativ (1) der Nachweis eines besonders engen Wettbewerbsverhältnisses zwischen den Beteiligten und (2) der Nachweis konkreter, erheblicher Zweitrundeneffekte erforderlich sei (EuG NZKart 2020, 378 – CK Telecoms). Die Frage ist derzeit beim EuGH anhängig.

Beispiel: Bei der Übernahme des britischen Telekomanbieters Telefónica UK durch Hutchison 3G UK läge der dadurch entstehende neue Anbieter mit einem Marktanteil von 30–40% ungefähr auf Höhe der British Telecom (ebenfalls 30–40%) und knapp vor Vodafone (nur 20–30%). Dies genügte weder für eine Einzelmarktbeherrschung noch gab es die für eine Gruppenmarktbeherrschung erforderliche Koordinationstendenz unter den Marktteilnehmern. Die EU-Kommission befürchtete hier jedoch starke nicht-koordinierte Effekte: Es würden Preiserhöhungen und Auswahlbeschränkungen zu Lasten der Endverbraucher drohen, die bestehenden Network Sharing-Verträge würden praktisch unterminiert und so die Infrastruktur gefährdet und schließlich würde die Schwächung des Wettbewerbs unter den Netzanbietern Mobilfunkanbieter ohne eigenes Netz gefährden. Das EuG (NZKart 2020, 378 – CK Telecoms) verlangte hingegen den Nachweis, dass (1) bestehender erheblicher Wettbewerbsdruck zwischen den zusammengeschlossenen Parteien beseitigt wird (Erstrundeneffekt) und (2) zusätzlich der Druck auf die verbleibenden Marktteilnehmer „erheblich“ gemindert wird (Gefahr für Zweitrundeneffekte).

537 Die Behinderung muss **gerade aufgrund des Zusammenschlusses** zu erwarten sein. Maßgeblich hierfür ist die *conditio sine qua non*-Formel. Es genügt jedoch Mitursächlichkeit neben anderen Umständen, etwa Insolvenzen anderer Unternehmen. Sie müssen also prüfen, ob die Behinderung in ihrer konkreten Gestalt auch unabhängig vom Zusammenschluss aufgetreten wäre. Ausgeschlossen werden sollen dadurch insbesondere sog. **„Sanierungsfusionen“**, bei denen ein marktmächtiges Unternehmen ein anderes Unternehmen vor der Insolvenz bewahrt, indem es dieses kauft. In diesem Fall würde die Zahl der Wettbewerber (und damit auch der „wirksame“ Wettbewerb) automatisch selbst dann verringert, wenn der Zusammenschluss nicht erfolgt wäre (sog. **„failing company defense“**, **„Sanierungsprivileg“**, → Rn. 541). Denn ein insolventes Unternehmen übt keinen Preisdruck mehr auf die Konkurrenz aus. Andererseits greift dieser Einwand nicht, wenn es einen anderen Erwerber gibt (so dass die Konkurrenz erhalten bleiben könnte), aber der Marktbeherrscher ein „besseres“ Angebot macht (siehe auch § 36 I 2 Nr. 3 GWB als Sonderfall, → Rn. 542). Dann muss das Unternehmen an den Wettbewerber gehen. Zudem sind Konstellationen denkbar, in denen der Anteil des Erwerbers über denjenigen des insolventen Unternehmens hinaus vergrößert wird (etwa durch Synergieeffekte oder größere Abschreckung). Auch dann ist die Fusion zu untersagen. Wie immer bei Entscheidungen von Gerichten und Behörden kommt dem **Beurteilungszeitpunkt** erhebliche Bedeutung zu. Maßgeblich ist nicht der Zeitpunkt der Anmeldung, sondern derjenige der Entscheidung der Behörde und ggf. der des überprüfenden Gerichts. Dies kann sowohl zugunsten als auch zu Lasten der Unternehmen wirken: Steigt die Konzentration auf dem Markt bis zur Entscheidung, ist eine bei Anmeldung scheinbar mögliche Fusion zu untersagen; hat es zwischenzeitlich einen neuen Marktzutritt gegeben, kann ein anfänglich zu untersagender Zusammenschluss zuzulassen sein.

c) Gemeinschaftsunternehmen (Art. 2 IV, V FKVO)

Kooperative Gemeinschaftsunternehmen (→ Rn. 514), welche 538
gleichzeitig das Verhalten der Muttergesellschaften abstimmen, unterliegen auch der Kontrolle anhand des Kartellverbots (Art. 101 I AEUV bzw. § 1 GWB, sog. **Zweischrankentheorie**, → Rn. 416). Es ist also durchaus denkbar, dass die Schaffung eines Gemeinschaftsunternehmen **sowohl** nach § 1 GWB **als auch** nach § 36 I GWB untersagt wird. Soweit ein konzentratives Gemeinschaftsunternehmen hingegen nicht in Konkurrenz zu seinen Muttergesellschaften tritt und rein autonom agiert, entfällt die zusätzliche Kontrolle anhand von Art. 101 I AEUV bzw. § 1 GWB. Art. 2 V FKVO versucht, die relevanten Kriterien zu präzisieren (aber als Sekundärrecht natürlich nicht den Maßstab des Primärrechts verengen kann): Einerseits soll auf die Präsenz der Gründer auf dem Markt des Gemeinschaftsunternehmens oder eines eng verwandten Marktes, andererseits auf die Möglichkeit zur Ausschaltung von Wettbewerb durch die Gründung abzustellen sein. Auch die **deutsche** Rechtsprechung bejaht eine **„Doppelkontrolle“** nur bei konzentrativen Gemeinschaftsunternehmen.

d) Ausnahmen

Nach der **Abwägungsklausel** (§ 36 I 2 Nr. 1 GWB) können die be- 539
teiligten Unternehmen nachweisen, dass durch den Zusammenschluss Verbesserungen eintreten, welche die negativen Folgen überwiegen. Dabei geht es um die Markt*struktur* (insb. Erschließung neuer Märkte, Sanierungsfusionen) und nicht um ein angekündigtes Markt*verhalten* (etwa günstigere Preise für die Gegenseite) oder sonstige, außerwett-

bewerbliche Aspekte (Erhalt von Arbeitsplätzen, Förderung des Wirtschaftsstandorts). Wie für die negativen Effekte ist auch insoweit Kausalität des Zusammenschlusses im Sinne einer *conditio sine qua non* erforderlich.

540 Im europäischen Recht erfolgt die **Abwägung** bei der Feststellung der „erheblichen Behinderung wirksamen Wettbewerbs", vgl. Art. 2 I FKVO, ErwG 29 S. 2 FKVO). Zu berücksichtigen ist dabei insbesondere auch die Entwicklung des technischen und wirtschaftlichen Fortschritts, sofern diese dem Verbraucher dient und den Wettbewerb nicht behindert (Art. 2 I 2 lit. b FKVO). Insofern gelten die Ausführungen zur Rechtfertigung nach Art. 101 III AEUV (→ Rn. 448 ff.) entsprechend. Wie bei jeder Abwägung gilt, dass die Anforderungen an die Effizienzgewinne mit den drohenden Nachteilen steigen – und zwar sowohl im Hinblick auf den Umfang als auch im Hinblick auf deren Wahrscheinlichkeit. Die Unternehmen sind insoweit darlegungs- und beweisbelastet.

541 Anerkannt ist weiterhin die **„failing company defense"** (**„Sanierungsprivileg"**, → Rn. 536). Voraussetzung dafür ist, dass ein Unternehmen wegen Insolvenz o.ä. den Markt verlassen muss und dessen Aktiva bei einem Verbot der Fusion für den Markt verloren gingen. Dann ist ein Zusammenschluss mit einem Konkurrenten zulässig, soweit keine Möglichkeit besteht, die weniger wettbewerbsbeschränkend wäre.

Beispiel: Der Zusammenschluss der Kali- und Steinsalzaktivitäten der BASF-Tochter „Kali und Salz AG" mit der „Mitteldeutschen Kali AG" (in der die Kali- und Steinsalzaktivitäten der ehemaligen Deutschen Demokratischen Republik zusammengefasst waren) erfolgte in einer GmbH. An dieser GmbH sollten die „Kali und Salz AG" zu 51% und die Treuhandanstalt zu 49% beteiligt sein . Der Zusammenschluss war nur zulässig, weil die „Mitteldeutsche Kali AG" nicht wirtschaftlich lebensfähig und so deren Ausscheiden aus dem Markt ohnehin unausweichlich war. Die Verschlechterung des Wettbewerbs durch eine Verringerung der Anbieter wäre also auch unabhängig vom Zusammenschluss eingetreten (EuGH Slg. I 1998, 1375 – Kali+Salz/MdK/ Treuhand).

542 Das deutsche **Sanierungsprivileg für Pressefusionen** (§ 36 I 2 Nr. 3 GWB) ermöglicht die Übernahme kleiner oder mittlerer Zeitschriften- oder Zeitschriftenverlage durch größere Wettbewerber. Voraussetzung ist, dass die Verlage in den letzten drei Jahren jeweils einen Verlust gemacht haben und ohne Zusammenschluss ihre Existenz gefährdet wäre. Zudem darf kein anderer Erwerber auffindbar ist, bei dem der Zusammenschluss den Wettbewerb nicht in gleicher Weise beeinträchtigen würde.

543 Die **Bagatellmarktklausel** (§ 36 I 2 Nr. 2 GWB) schließt eine Untersagung aus, wenn der betroffene Markt seit mindestens 5 Jahren

existiert und auf dem gesamten Markt im letzten Kalenderjahr weniger als 20 Mio. Euro umgesetzt wurden. Dies gilt nicht, wenn es sich um einen unentgeltlichen Markt iSv § 18 IIa GWB oder einen Fall des § 35 Ia GWB handelt. Maßgeblich ist allein der nationale Markt (also der deutsche Markt) – insoweit ist die Abgrenzung enger als in § 18 II GWB. Addiert werden alle Marktteilnehmer. Damit sollen sehr kleine Märkte („*de minimis*") ausgenommen werden, aber auch Märkte, die an Bedeutung verlieren. Demgegenüber soll die 5-Jahresfrist verhindern, dass neu entdeckte Wachstumsmärkte bereits in einer Frühphase durch hohe Konzentration gefährdet werden.

II. Verfahren

Da die Zusammenschlusskontrolle anders als das Kartellverbot und das Missbrauchsverbot nicht erst repressiv auf bereits bestehende Verletzungen reagiert, sondern diese **präventiv verhindern soll**, droht eine erhebliche Einschränkung der unternehmerischen Freiheit. Daher ist für die Fusionskontrolle ein straff organisiertes, durch kurze Fristen gekennzeichnetes Verfahren vorgesehen. Der Grundablauf ist dabei auf deutscher wie auf europäischer Ebene identisch. 544

1. Anmeldung (§ 39 I GWB, Art. 4 FKVO)

Jeder Zusammenschluss, der die Voraussetzungen von §§ 35, 37 GWB erfüllt, ist beim BKartA vor dem Vollzug **anzumelden** (§ 39 I 1 GWB). Die Anmeldung erfolgt nicht (mehr) auf Papier, sondern per De-Mail oder per qualifiziert elektronisch signierter E-Mail. Neben den beteiligten Unternehmen (§ 39 II Nr. 1 GWB) ist auch der Veräußerer von Anteilen verpflichtet (§ 39 II Nr. 2 GWB). Den Inhalt der Anmeldung regelt § 39 III GWB (Form des Zusammenschlusses, Bezeichnung und Sitz der Beteiligten, Art des Geschäftsbetriebes, Umsätze, Marktanteile, Beteiligungshöhe, Zustellungsbevollmächtigter). Weitergehende Auskunftsansprüche ergeben sich aus § 39 V GWB. 545

Bei einer **Verweisung von der EU-Kommission** (Art. 9 FKVO, → Rn. 561) ist eine gesonderte Anmeldung nicht erforderlich, soweit die Angaben nach § 39 III GWB bereits in deutscher Sprache vorliegen (§ 39 IV 1 GWB). 546

In ähnlicher Weise sieht Art. 4 I UA 1 FKVO vor, dass **Zusammenschlüsse von gemeinschaftsweiter Bedeutung** iSv Art. 1 II, III FKVO iVm Art. 3 FKVO (→ Rn. 522 f.) vor ihrem Vollzug bei der EU-Kommission anzumelden sind. Für bloß beabsichtigte Zusammenschlüsse gilt dabei Art. 4 I UA 2, 3 FKVO, während im Übrigen die Anmeldung erst nach Vertragsschluss, Veröffentlichung des Übernah- 547 meangebots oder Erwerb einer die Kontrolle begründenden Beteiligung erfolgen muss (Art. 4 I UA 1 FKVO). Für die Formalia gibt es eine eigene Durchführungsverordnung (VO 802/2004), die u.a. Formblätter hierfür vorsieht. Anmeldepflichtig sind bei einer Fusion alle beteiligten Unternehmen; bei einem gemeinsamen Kontrollerwerb (*joint control*) sind ebenfalls alle Beteiligten anmeldepflichtig (Art. 4 II 1 FKVO). Erwirbt hingegen nur ein Unternehmen die Kontrolle über ein anderes, ist nur der Erwerber anmeldepflichtig.

2. Vorverfahren (§ 40 I GWB; Art. 6, 10 I FKVO)

548 Im **Vorverfahren** prüft das BKartA, ob ein Hauptprüfverfahren einzuleiten ist. Dies ist der Fall, wenn eine weitere Prüfung des Zusammenschlusses erforderlich ist (§ 40 I 2 GWB). Es soll also kursorisch vorab geprüft werden, ob der Zusammenschluss „offensichtlich unbedenklich" ist. In diesem Fall muss das BKartA einfach nur die Frist abwarten. Nichts anderes gilt für das Vorverfahren vor der EU-Kommission (Art. 6 I FKVO): Auch dort wird nur geprüft, ob die FKVO überhaupt auf das angemeldete Verhalten Anwendung findet (Art. 6 I lit. a FKVO) und kein Anlass zu ernsthaften Bedenken besteht (Art. 6 I lit. b FKVO). Im Übrigen ist das Hauptverfahren einzuleiten, wenn es „Anlass zu ernsthaften Bedenken" gibt (Art. 6 I lit. c FKVO).

549 Das Vorverfahren **dauert** in Deutschland einen Monat, beginnend mit Eingang der vollständigen Anmeldung (§ 40 I 1 GWB); das europäische Vorverfahren dauert hingegen 25 Arbeitstage (Art. 10 I FKVO). Solange Angaben nach § 40 III GWB fehlen, läuft keine Frist. Eine Fristverlängerung oder Wiedereinsetzung ist im deutschen Recht nicht vorgesehen. Verstreicht die Frist ohne eine Erklärung zur Einleitung des Hauptverfahrens, gilt der Zusammenschluss als genehmigt und eine Untersagung ist nicht mehr möglich (vgl. Art. 10 VI FKVO, § 40 I 1 GWB).

550 Das europäische Vorverfahren wird hingegen auf 35 Arbeitstage verlängert, wenn ein **Mitgliedstaat sein besonderes Interesse am Verfahren mitteilt** (Art. 10 I UA 2 FKVO iVm Art. 9 II FKVO) oder die beteiligten Unternehmen sich bereiterklären, Verpflichtungen einzugehen, um etwaige Bedenken hinsichtlich der Vereinbarkeit mit dem Binnenmarkt auszuräumen. Aus diesem Grund kann die EU-Kommission auch (anders als das BKartA) bereits im Vorverfahren den Zusammenschluss für vereinbar mit dem Gemeinsamen Markt erklären (Art. 6 II UA 1 FKVO) und dies ggf. mit Bedingungen und Auflagen verbinden (Art. 6 II UA 2 FKVO). Die Entscheidung kann widerrufen werden, wenn sie auf unrichtigen Angaben beruht (Art. 6 III lit. a FKVO) oder gegen Auflagen verstoßen wird (Art. 6 III lit. b FKVO).

Zudem kennt die FKVO ganz allgemein eine **Hemmung** (Art. 10 IV FKVO), wenn auf Grund von Umständen, die von einem beteiligten Unternehmen zu vertreten sind, Auskunftsverlangen nach Art. 11 FKVO erforderlich werden oder eine Nachprüfung nach Art. 13 FKVO angeordnet werden muss. Eine entsprechende Generalklausel kennt das deutsche Recht nicht; hier wird allein an die Vollständigkeit der Unterlagen angeknüpft: Solange Informationen fehlen, beginnt die Frist noch nicht zu laufen. 551

3. Haupt(prüf-)verfahren (§ 40 II bis VI GWB)

Das deutsche Hauptprüfverfahren wird durch die **Mitteilung des BKartA** nach § 40 I 1 GWB eingeleitet. Es endet entweder mit einer Untersagung (§ 40 II 1, 1. Var. GWB) oder eine Freigabe (§ 40 II 1, 2. Var. GWB), die auch mit Auflagen und Bedingungen versehen werden kann (§ 40 III GWB). Derartige Nebenbestimmungen müssen der Sicherstellung von Verpflichtungen dienen und dürfen keine dauerhafte Verhaltenskontrolle implizieren. Es gilt der Verhältnismäßigkeitsgrundsatz, so dass stets das mildeste, zur Zweckerreichung geeignete, Mittel zu wählen ist. So mögen etwa einzelne Unternehmensteile an die Konkurrenz zu veräußern sein. 552

Auch im Hauptprüfverfahren führt das **Schweigen des BKartA** zur Genehmigung des Zusammenschlusses (§ 40 II 2 GWB): Die Frist beträgt insoweit fünf Monate, wobei umfangreiche Hemmungs- und Ausschlusstatbestände vorgesehen sind (§ 40 II 3–5 GWB). Die Frist beginnt nicht etwa mit der Einleitung des Hauptprüfverfahrens, sondern zeitgleich mit der Frist des Vorverfahrens: Bei Eingang der vollständigen Anmeldung. Es geht also nicht um 1+5=6 Monate, sondern um insgesamt 5 Monate. 553

Eine einmal erteilte Freigabe kann nachträglich **widerrufen oder geändert** werden, wenn sie auf unrichtigen Angaben beruht, arglistig herbeigeführt wurde oder gegen eine Auflage verstoßen wird (§ 40 IIIa 1 GWB). Insoweit werden die §§ 48 f. VwVfG verdrängt. Zudem ist in diesen Fällen eine Entflechtung möglich (§ 40 IIIa 2 GWB iVm § 41 IV GWB). 554

Die Rechtslage **auf europäischer Ebene** ist ähnlich. Auch dort bedarf es einer Entscheidung zur Verfahrenseinleitung (Art. 6 I lit. c FKVO). Allerdings ist dort die Entscheidungsfrist mit 90 Arbeitstagen (Art. 10 III 1 FKVO) etwas länger. Die drei Entscheidungsvarianten finden sich in Art. 8 FKVO: Einerseits kommt eine Vereinbarkeitserklärung in Betracht (Art. 8 II UA 1 FKVO), die aber auch mit Bedingungen und Auflagen versehen werden kann (Art. 8 II UA 2 FKVO); andererseits ist eine Unvereinbarkeitserklärung möglich (Art. 8 III 555

FKVO). Die FKVO erlaubt eine Fristverlängerung auf 105 Arbeitstage, soweit innerhalb von 55 Arbeitstagen nach der Verfahrenseinleitung von den beteiligten Unternehmen Verpflichtungszusagen angeboten werden (Art. 10 III UA 1 S. 2 FKVO). Die Frist ist gehemmt, soweit die EU-Kommission aufgrund von den Antragstellern zu vertretenden Umständen Auskünfte anfordern oder Nachprüfungen anordnen muss (Art. 10 IV FKVO). Wie beim **BKartA** führt ein Schweigen bis zum Fristablauf dazu, dass der Zusammenschluss als mit dem Gemeinsamen Markt vereinbar „gilt" (Genehmigungsfiktion).

556 Zur Klärung offener Fragen stehen der Kommission umfangreiche **Auskunft- und Nachprüfungsbefugnisse** zu (Art. 11, Art. 13 FKVO). Bei der europäischen Fusionskontrolle haben zudem die Mitgliedstaaten eine Nachprüfungsbefugnis (Art. 12 FKVO, entspricht weitgehend Art. 22 II VO 1/2003). Praktisch besonders bedeutsam ist die Anhörung Beteiligter und Dritter (Art. 18 FKVO). Die an der Fusion Beteiligten haben dabei ein Recht auf Verteidigung und Akteneinsicht. Dritte können gehört werden, soweit dies aus Sicht der EU-Kommission erforderlich ist (Art. 18 IV FKVO).

4. Mitgliedstaatliches und gemeinschaftsweites Verfahren

557 Soweit ein Verfahren der europäischen Fusionskontrolle unterliegt, sind die Mitgliedstaaten grds. von der Prüfung des Zusammenschlusses ausgeschlossen. Als Ausgleich verpflichtet Art. 19 FKVO die EU-Kommission zu einer engen und stetigen **Zusammenarbeit mit den nationalen Kartellbehörden**. Dazu gehört insb. die Übermittlung der Anmeldungen und der wichtigsten Schriftstücke (Art. 19 I FKVO), im erstgenannten Fall sogar mit fester Frist von drei Tagen.

558 Über einen **Beratenden Ausschuss** werden die Behörden der Mitgliedstaaten an der Entscheidungsfindung beteiligt (Art. 19 III, IV FKVO). Dieser ist nicht nur vor der Freigabe oder Untersagung anzuhören, sondern u.a. auch vor der Verhängung von Geldbußen oder Zwangsgeldern. Stellungnahmen des Beratenden Ausschusses erfolgen schriftlich (Art. 19 VI FKVO). Sie werden den Adressaten der Entscheidung gemeinsam mit der Entscheidung übermittelt (Art. 19 VII 1 FKVO) und veröffentlicht. Die Stellungnahmen sind, soweit wie möglich zu berücksichtigen. Eine Bindungswirkung haben die Stellungnahmen jedoch nicht.

559 Zuständig bleiben die Mitgliedstaaten für Maßnahmen zum Schutz Berechtigter, mit den allgemeinen Grundsätzen und den übrigen Bestimmungen des Gemeinschaftsrechts vereinbarer **Interessen** (Art. 21 IV UA 1 FKVO). Allerdings muss es dabei um Interessen gehen, welche gerade nicht im Schutz des Wettbewerbs als solchen bestehen, wobei

Art. 21 IV UA 2 FKVO Konstellationen auflistet, die stets als berechtigte Interessen gelten (Fiktion): Öffentliche (innere und äußere) Sicherheit (Art. 346 I lit. b AEUV), Medienvielfalt, sektorspezifische Fachaufsicht (insb. Banken und Versicherung). In allen anderen Fällen muss die EU-Kommission das Interesse im Einzelfall anerkennen (Art. 21 IV UA 3 FKVO).

Ein Mitgliedstaat kann verlangen, dass die EU-Kommission einen **560** Zusammenschluss prüft, **obwohl dieser keine gemeinschaftsweite Bedeutung** hat, aber den Handel zwischen den Mitgliedstaaten beeinträchtigt und den Wettbewerb beim beantragenden Staat sogar erheblich zu beeinträchtigen droht (Art. 22 I FKVO).

Die EU-Kommission kann die Prüfung eines Unternehmenszusam- **561** menschlusses trotz gemeinschaftsweiter Bedeutung an die zuständige Behörde eines Mitgliedstaates **verweisen** (Art. 9 FKVO). Voraussetzung dafür ist ein Antrag eines Mitgliedstaates, der sich durch den Zusammenschluss in „erheblicher" Weise beeinträchtigt sieht (Art. 9 II lit. a FKVO) oder „ein Zusammenschluss den Wettbewerb auf einem Markt, in diesem Mitgliedstaat beeinträchtigen würde, der alle Merkmale eines gesonderten Marktes aufweist und keinen wesentlichen Teil des Gemeinsamen Marktes darstellt" (Art. 9 II lit. b FKVO).

5. Ministererlaubnis (§ 42 GWB)

Im deutschen Recht gibt es (anders als in der FKVO) nach § 42 I 1 **562** GWB die Möglichkeit des Bundeswirtschaftsministeriums, einen Zusammenschluss **aus politischen Gründen zu erlauben**. Voraussetzung ist ein schriftlicher Antrag der betroffenen Unternehmen innerhalb eines Monats seit Zustellung der Untersagung oder einer Auflösungsanordnung (§ 42 III GWB). Die Frist wird verlängert, soweit Rechtsmittel gegen die Untersagung bzw. Auflösung eingelegt wurde – dann endet sie erst mit Unanfechtbarkeit der Entscheidung.

§ 42 IV GWB sieht eine **Entscheidungsfrist** von vier Monaten für **563** die Entscheidung vor. Eine Verlängerung muss das Bundeswirtschaftsministerium gegenüber dem Bundestag (schriftlich) rechtfertigen. Sofern innerhalb von sechs Monaten keine Erlaubnis erteilt wird, gilt die Genehmigung als verweigert, wobei eine Verlängerung um bis zu zwei Monate auf Antrag möglich ist.

Die Ministererlaubnis ist seit jeher ökonomisch und politisch um- **564** stritten, da sie ein hohes Missbrauchspotential bietet. Das Gesetz verlangt nur generalklauselartig, dass „im Einzelfall die Wettbewerbsbeschränkung von gesamtwirtschaftlichen Vorteilen des Zusammenschlusses aufgewogen wird" (Fall 1) oder „der Zusammenschluss durch ein überragendes Interesse der Allgemeinheit gerechtfertigt ist"

(Fall 2). Betont wird, dass auch „die Wettbewerbsfähigkeit der beteiligten Unternehmen auf Märkten außerhalb des Geltungsbereichs dieses Gesetzes zu berücksichtigen" ist, d.h. eine mögliche Aktivität im Ausland (§ 42 I 2 GWB). Andererseits darf (selbstverständlich) durch den Zusammenschluss die marktwirtschaftliche Ordnung nicht gefährdet werden. Zur Konkretisierung hat das Bundesministerium Leitlinien erlassen.

565 Um eine gewisse wissenschaftliche Grundlage zu gewährleisten ist vor der Entscheidung eine **Stellungnahme der Monopolkommission** einzuholen (§ 42 V 1 GWB). Hierfür gibt es eine Frist von zwei Monaten ab Aufforderung (§ 42 V 3 GWB). Etwaige Abweichungen des Ministers von deren Empfehlung sind zu begründen (§ 42 I 4 GWB). Ebenfalls Stellung nehmen dürfen die obersten Landesbehörden (Ministerien), in deren Gebiet die beteiligten Unternehmen ihren Sitz haben. Eine Begründung ist hier aber bei Abweichung nicht erforderlich. Schließlich ist bei Zusammenschlüssen „im Bereich der bundesweiten Verbreitung von Fernsehprogrammen durch private Veranstalter" auch die Kommission zur Ermittlung der Konzentration im Medienbereich zur Stellungnahme berechtigt. Für diese Stellungnahmen gibt es keine Fristen.

566 Inhaltlich kann der Minister den Zusammenschluss uneingeschränkt freigeben, aber auch **Bedingungen und Auflagen** aussprechen (§ 42 II 1 GWB), wobei auch hier keine dauernde Verhaltenskontrolle möglich ist. Die Ministererlaubnis kann nachträglich bei Täuschung oder Verstoß gegen Auflagen widerrufen werden.

6. Rechtsfolgen fehlender Anmeldung oder fehlender Erlaubnis

567 Ein Zusammenschluss, welcher der Fusionskontrolle unterliegt, darf erst vollzogen werden, wenn er freigegeben ist. Jeder **vorherige Vollzug** ist daher verboten (§ 41 I 1 GWB, Art. 7 I FKVO). Untersagt ist auch die bloße „Mitwirkung" an einem Vollzug durch Dritte. Rechtsgeschäfte, die gegen dieses Verbot verstoßen, sind nach § 41 I 2 GWB nichtig (eines Rückgriffs auf § 134 BGB bedarf es daher nicht). Im Europarecht ist hingegen eine Form schwebender Unwirksamkeit vorgesehen (Art. 7 IV FKVO). Das Geschäft wird geheilt, wenn die EU-Kommission eine Entscheidung nach Art. 6 I lit. b FKVO oder Art. 8 I, II, III FKVO erlässt oder durch schlichte Untätigkeit die Vermutung des Art. 7 IV FKVO eintritt und der Zusammenschluss als mit dem gemeinsamen Markt vereinbar gilt.

568 Zur Durchsetzung der Anmeldepflicht und des Vollzugsverbots können **Geldbußen** verhängt werden (Art. 14 FKVO, § 81 II Nr. 1,

Nr. 3, Nr. 4 GWB). Zudem können Verfügungen durch **Zwangsgelder** durchgesetzt werden (Art. 15 FKVO, § 86a GWB).

Nach Art. 7 II FKVO und § 41 Ia GWB sind **öffentliche Übernahmeangebote** (nach dem WpÜG) und „Reihen" von Wertpapiergeschäften mit mehreren Veräußerern (also: kein Paketerwerb) privilegiert, sofern der Zusammenschluss unverzüglich angemeldet wird und der Erwerber seine mit den Anteilen verbundenen Stimmrechte nicht (ausnahmsweise nur zum Erhalt des Wertes der Investition) bis zur Erteilung einer Befreiung ausübt. In diesen Fällen dient das Stimmrechtsverbot als Minus zum vollen Vollzugsverbot. Ziel ist der Schutz des Kapitalmarktes vor der mit Nichtigkeit verbundener Unsicherheit. Es handelt sich nicht um eine Heilung, sondern um eine echte Ausnahme, so dass das Verbot von Anfang an nicht eingreift. 569

Ausnahmsweise kann ein unwirksames Vollzugsgeschäft **geheilt** werden (§ 41 I 3 GWB). Zum einen geht es um *registerpflichtige Geschäfte*, welche durch Eintragung Publizität erlangt haben (Grundstücksgeschäfte, § 41 I 3 Nr. 1 GWB; gesellschaftsrechtliche Vorgänge, § 41 I 3 Nr. 2 GWB). Zum anderen enthält § 41 I 3 Nr. 3 GWB eine Generalausnahme, welche Ausfluss des Verhältnismäßigkeitsprinzips ist: Alle Rechtsgeschäfte werden geheilt, wenn der Zusammenschluss nachtraglich angezeigt wird und ein Entflechtungsverfahren (§ 41 III GWB) nicht durchgeführt werden darf (da der Zusammenschluss wegen Fehlens der Eingreifkriterien nicht nach § 36 GWB zu untersagen ist), eine Ministererlaubnis erteilt wurde (§ 42 GWB) oder die Wettbewerbsbeschränkung nach § 41 III 2, 3 GWB beseitigt wurde. 570

Ausnahmsweise können **Befreiungen** vom Vollzugsverbot erteilt werden, soweit „wichtige Gründe" hierfür geltend gemacht werden (§ 41 II 1 GWB). Dazu gehört insb. die Abwendung schwerer Schäden von den beteiligten Unternehmen oder Dritten (§ 41 II 1 GWB). Diese Freigabe impliziert die Erlaubnis des Vollzugs. 571

§ 41 III GWB sieht eine **Entflechtungsmöglichkeit** vor: Nach S. 1 „ist" der Zusammenschluss aufzulösen. Welche Maßnahmen hierzu erforderlich sind, bestimmt das BKartA (§ 41 III 2 GWB); die Durchsetzung kann mit Zwangsmitteln erzwungen werden (§ 41 IV GWB). 572

Stichwortverzeichnis

Die Zahlen verweisen auf Randziffern.